1001 secrets et astuces

1001 secrets et astuces

Mamie et ses compagnons

Belles au naturel !

Le bricolage, un art à découvrir

Les idées culinaires de Mamie

Fleurs et plantes verdoyantes dans le jardin de Mamie

Fée du logis

Grand-mère à l'attaque des petits bobos

Un linge parfait en un rien de temps

Les ingénieuses astuces de Grand-mère

Les astuces de grands-mères ça vous dit quelque chose ? Mais si, souvenez-vous, ces trésors d'ingéniosité transmis de mères en filles depuis des dizaines d'années. Tous ces petits trucs qui rendent la vie bien plus simple ! Pendant que certaines dépensent des fortunes en produits d'entretien ou cosmétiques industriels, nos aïeules, elles, étaient ingénieuses. Elles ouvraient simplement leurs placards qui étaient remplis de produits miracles ! En un tour de main elles réalisaient des cosmétiques, des remèdes magiques ou encore des nettoyants efficaces. Vous avez les mains irritées ? Une pomme de terre fait parfaitement l'affaire ! Des kilos en trop ? C'est l'heure d'une diète au citron ! Un mal de dos qui fait souffrir ? Un oignon haché et la douleur s'enfuit ! Une tache disgracieuse sur un vêtement ! De la laque et le tour est joué ! Découvrez plus de 1250 secrets de grands-mères répertoriés par catégories : animaux, beauté, bricolage, jardin, maison, santé, vêtements. En prime vous réaliserez facilement des économies ! Merci qui ? Merci Mamie !

Mamie et ses compagnons

Grand-mère a toujours aimé nos amis poilus ! Pour en prendre soin et remédier aux petits ennuis qu'ils causent, elle était astucieuse avec des produits naturels. Pas une puce ou une griffure ne lui résistait ! Chat, chien, canari ou rongeur, Mamie savait toujours faire leur bonheur.

Protéger ses plantes d'intérieur

Votre chat s'en donne à cœur joie, en se jetant sur vos plantes et pour les mordiller. Comment faire pour qu'il les laisse tranquille ? Les chats détestent l'odeur du citron. Pelez un citron et coupez les épluchures en petits morceaux. Mixez-les avec un peu de marc de café et disposez ce mélange dans la terre de vos plantes.

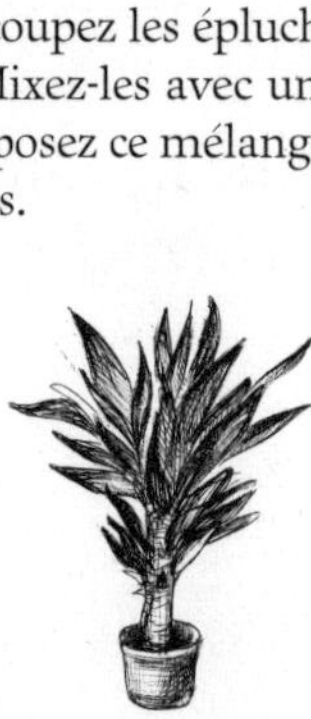

Antipuces citronné

Réalisez ce shampooing antipuces pour vos animaux de compagnie. Ajoutez 20 gouttes d'huile essentielle de citron à une base lavante neutre. Ce shampooing va éradiquer les puces instantanément. Procédez à 2 shampooings dans la semaine pour les éliminer totalement.

Protéger votre chien

Le citron est l'allié de votre compagnon à poils ! Préparez cette infusion : dans 50 cl d'eau bouillante, jetez 1 citron coupé en petits morceaux. Faites bouillir 2 minutes. Laissez refroidir, filtrez et versez dans un vaporisateur. Aspergez votre animal : cela fera fuir les puces et désodorisera son pelage.

Que faire avec un chien qui ne mange pas ?

Vous n'en démordrez pas, ce sera croquettes ou rien. D'ailleurs, c'est le vétérinaire qui vous l'a conseillé. Mais Médor ne l'entend pas de cette oreille et dénigre sa gamelle. Ne cédez pas ! Retirez sa gamelle au bout de 20 minutes. Quand il aura compris qu'il n'aura rien d'autre, votre chien mangera ses croquettes.

Contre les tiques

Les tiques s'accrochent à la peau de votre animal, en y plantant leurs chélicères. Il ne faut pas tirer sur une tique, vous n'arracheriez que le corps, et la tête resterait plantée. Aidez votre compagnon en versant sur la tique ce mélange : 1 cuillère à café d'éther et 1 de jus de citron. Au bout de 30 minutes, réitérez l'opération. Recommencez 5 fois. Alors, vous pouvez essayer de retirer le parasite.

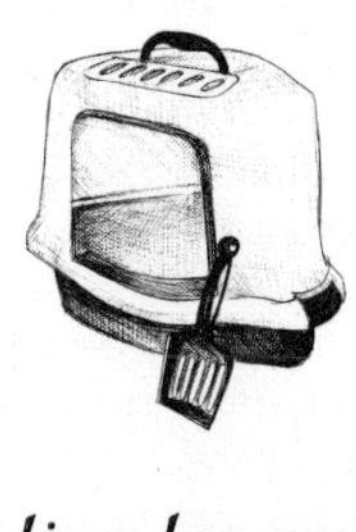

Adieu les puces dans la literie

Votre chat a eu la bonne idée de se coucher sur votre lit alors qu'il était colonisé par des puces ? Et voilà la literie infestée à son tour... Pour éliminer les parasites, glissez quelques feuilles de noyer séchées dans le drap-housse et dans les taies d'oreillers. Les puces devraient déguerpir rapido.

Apaiser un chien qui pleure

Si votre chien a tendance à pleurer lorsqu'il est seul, ou la nuit quand la maisonnée est calme, prenez l'habitude de lui préparer une bouillotte que vous placerez dans une couverture dans son panier. La chaleur réconfortera votre animal. Bien sûr, veillez à ce que la bouillotte soit bien fermée.

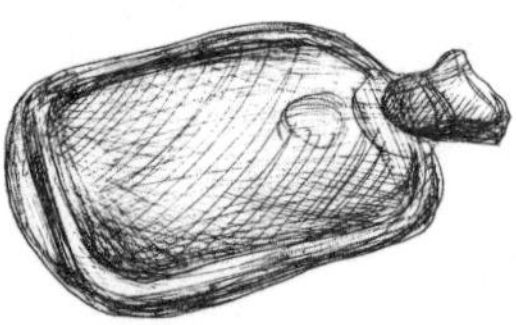

Un chat au poil soyeux

Vous aimez le caresser, votre matou, quel que soit son aspect... Mais quand même, vous préférez son poil doux, brillant et soyeux. Pour lui rendre l'éclat qu'il mérite, ajoutez un tout petit morceau de beurre dans sa gamelle à chaque repas. En cure de 2 semaines, à renouveler régulièrement.

Aider le chat à avaler ses boules de poils

Comment faciliter le passage d'une boule de poils dans le gosier de votre chat et éviter qu'il s'irrite la gorge ? Avec de l'huile ! Imbibez généreusement l'une de ses pattes avant d'huile de cuisine (à son goût de préférence). Et voilà, lorsqu'il fera sa toilette, la boule de poils passera plus facilement.

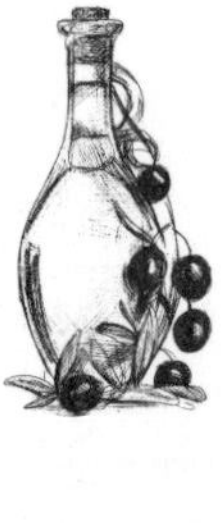

Un vermifuge naturel pour les chiens

Grand-mère a la chance de connaître un éleveur de chevaux. Chaque fois qu'elle veut vermifuger son chien, elle lui demande un peu d'ongle râpé (le sabot). Elle glisse quelques paillettes dans la pâtée du toutou et le tour est joué. Bien sûr, elle a tout de même recours à un médicament à large spectre une fois par an.

Nettoyer une cage à oiseaux

Assainir la cage de votre oiseau ? Rien de plus simple : un peu de bicarbonate de soude sur 1 éponge mouillée et le tour est joué. Vous n'avez plus qu'à frotter barreaux et bac. Saupoudrez-en ensuite un peu au fond du bac et placez du papier journal par-dessus. Les odeurs seront atténuées et les parasites passeront leur chemin.

Un bain 2 en 1

Votre chien a besoin d'un bon bain ! Saupoudrez sur son pelage du bicarbonate de soude. Laissez agir pendant 2 heures. Procédez ensuite au lavage de votre compagnon, rincez-le et brossez-le soigneusement. Grâce au bicarbonate, ses poils retrouveront brillance et douceur. Et les puces hésiteront plutôt deux fois qu'une avant d'élire domicile sur votre chien !

Assainir le panier du chien

Le bicarbonate aura un double effet si vous en saupoudrez le fond du panier de votre chien et son coussin. Non seulement il neutralisera les mauvaises odeurs, mais il repoussera également les vilains parasites (en particulier les puces) qui y ont élu domicile. Votre compagnon va pouvoir confortablement se reposer dans son panier.

Shampooing antiparasites

Votre animal est sans cesse embêté par ces satanées puces. Voici un shampooing sec qui les dissuadera une bonne fois pour toutes : faites pénétrer dans la fourrure de votre compagnon du bicarbonate de soude. Il doit bien pénétrer entre les poils. Au bout d'une dizaine de minutes, brossez-le soigneusement.

Neutraliser les odeurs de déjections

Chiots et chatons ne sont pas encore habitués à faire leurs besoins là où il faut. Si votre tapis se retrouve souillé et que, même après avoir nettoyé, la tache et l'odeur persistent, pulvérisez cette solution : 60 g de bicarbonate de soude dilués dans 1 litre d'eau. Laissez agir 15 minutes, laissez sécher naturellement. Et adieu les odeurs.

Une gamelle toujours propre

Vous avez beau nettoyer la gamelle de votre animal, l'odeur persiste quelque peu. Pour la laver de fond en comble et pour qu'elle sente bon, plongez-la dans de l'eau dans laquelle vous aurez dilué du bicarbonate de soude à raison de 4 cuillères à soupe pour 1 litre d'eau. Rincez, essuyez, le tour est joué.

Nettoyer les joujoux de Médor

Les jouets de vos animaux de compagnie traînent dans tous les recoins de la maison et du jardin. Plutôt moyen niveau hygiène ! Pour les nettoyer à fond, rien de tel qu'un bon bain au bicarbonate. Faites-les tremper dans 1 litre d'eau additionnée de 4 cuillères à soupe de bicarbonate de soude. Rincez bien.

Une cage à hamster propre

Il est d'usage de nettoyer la cage de son rongeur 1 fois par semaine. Pour ce faire, utilisez une éponge imbibée d'eau et d'un peu de bicarbonate de soude. Frottez les barreaux et le bac avec. Rincez et essuyez. Le petit nid douillet de votre hamster est propre !

Contre la mauvaise haleine

Votre compagnon poilu adore vous faire la fête lorsque vous rentrez du travail le soir. Et cela s'accompagne de coups de patte et de coups de langue dont vous vous passeriez bien tant votre chien a mauvaise haleine ! Vous atténuerez son odeur en procédant à un brossage de dents avec du bicarbonate de soude. N'oubliez pas de bien rincer !

Blessure à la mâchoire

Votre chien s'est blessé à la mâchoire en mordant un hérisson ? Pas de panique, voici comment enlever les piquants : mélangez 2 cuillères à café de bicarbonate de soude dans 15 cl de vinaigre. Passez ce mélange sur la partie endolorie. Laissez agir 10 minutes puis renouvelez l'opération. Vous pourrez ensuite enlever les piquants avec une pince.

Un chien blanc tout beau

Le poil terne, l'éclat en berne, votre chien fait grise mine. Pour y remédier et lui rendre toute la brillance qu'il mérite, saupoudrez sa fourrure de fécule de pomme de terre. Ensuite, frottez-le bien dans tous les sens. Finissez par un brossage avec une brosse à poils durs pour éliminer le surplus.

Un chien qui sent bon

Deux jours à peine après son bain, votre chien ne sent déjà plus la rose. Pire, il sent carrément mauvais ! Pour y remédier sans shampooing, qui pourrait lui abîmer la peau, frottez son poil avec un gant mouillé dans une infusion de romarin (une poignée de romarin pour 1 litre d'eau). Médor sentira bon !

Comment empêcher le chien de creuser ?

Marre de trouver chaque jour le même trou dans le jardin ? Malgré tous vos efforts, votre chien, en bon terrier, creuse et recreuse toujours au même endroit… Pour l'en empêcher, essayez de placer ses excréments au fond de son trou et recouvrez de terre. Il ne recommencera pas.

Éliminer les puces dans la maison

Lorsque ses chats ramènent des puces à la maison, grand-mère ne leur laisse pas le temps de s'installer. Elle glisse illico un collier antipuces dans le sac de son aspirateur puis le passe minutieusement dans les moindres recoins de sa maison. Et bien sûr, elle met aussi des colliers à ses chats !

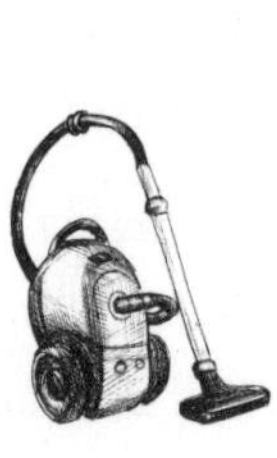

Chasser les puces de votre animal

Ce qu'il faut savoir ? Les puces ne supportent pas l'odeur de la menthe. Du coup, lorsque vous savez votre chien ou votre chat attaqué, allez cueillir quelques feuilles de menthe fraîche et frottez-en tout son poil, de la tête aux pattes en passant par la queue. Les intruses ne resteront pas !

Un chien propre sans shampooing

Pour que votre chien retrouve un poil soyeux, brillant et en pleine santé sans pour autant le mettre dans la baignoire faute de temps, frottez son poil avec une bonne dose de talc. Laissez agir au moins cinq minutes (en évitant qu'il s'ébroue si possible) et brossez-le. Le talc va absorber les saletés et les odeurs.

La litière du chat plus facile à nettoyer

Une corvée le nettoyage de la litière ? Pas si vous appliquez cette astuce toute simple ! Enduisez simplement le fond de celle-ci avec de l'huile de cuisine après l'avoir rincée. Ainsi, la prochaine fois, les grains de litière ne pourront plus y adhérer et le nettoyage vous prendra deux fois moins de temps !

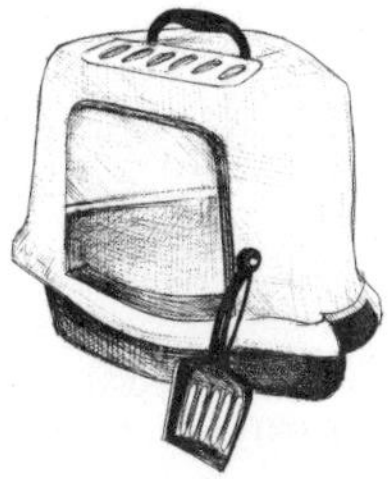

Comment dresser votre chat ?

Fini le minou maître à la maison ! C'est décidé, vous allez le mater ce matou ! Et pour cela, inutile d'avoir recours à la violence. Utilisez tout bêtement un vaporisateur d'eau pour le rappeler à l'ordre à chaque bêtise. Et pour une portée encore plus longue, empruntez le pistolet à eau de vos enfants…

Pour faire briller le poil de votre chien

Vous le savez, il n'est pas recommandé de laver trop souvent Médor sous peine de lui causer des problèmes de peau. Mais vous souhaitez tout de même qu'il garde un poil doux et brillant… Ajoutez alors une pincée de persil haché à sa nourriture. Tout le monde aura envie de le caresser !

Éviter que le chat retourne la terre des plantes

Le problème avec votre matou, c'est qu'il aime les plantes au moins autant que vous… Mais pas de la même façon ! Lui préfère s'en amuser et adore retourner la terre, creuser… Il en met partout ! Pour l'en éloigner, déposez des écorces d'oranges fraîches dans les bacs, à même la terre.

Un répulsif contre les chats

Pour que son chat arrête de faire pipi n'importe où dans la maison, grand-mère a une astuce toute simple. Elle place une noisette de dentifrice à la menthe partout où il a l'habitude de faire ses besoins pour marquer son territoire. Les chats n'aiment pas l'odeur de la menthe et lui préfèrent de loin leur litière.

Soigner l'eczéma de votre chien

Pour soulager rapidement votre animal en cas d'eczéma, mélangez un peu de soufre à de l'huile d'olive et badigeonnez doucement la partie abîmée. N'ayez crainte, même s'il se lèche, inutile de recourir à la collerette, ce mélange n'est pas toxique pour lui. Seule l'odeur dégagée devrait vous incommoder.

Éviter que votre chien ne mange trop vite

Médor est gourmand et vide sa gamelle en moins de temps qu'il ne vous en faut pour la remplir ? Pas de problème ! Déposez simplement au fond quelques pierres, assez grosses, que vous aurez bien sûr nettoyées. Cela l'obligera à trier et à chercher sa nourriture entre les cailloux, et à le ralentir du coup.

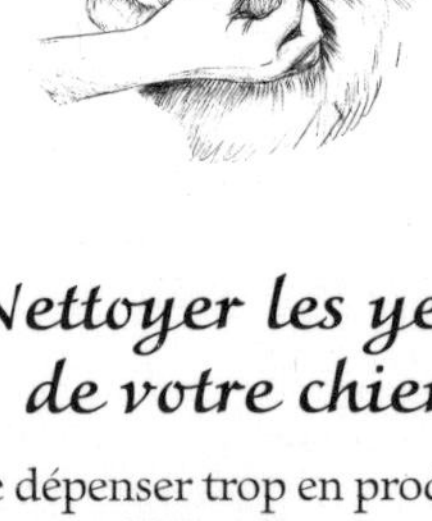

Nettoyer les yeux de votre chien

Inutile de dépenser trop en produits spécifiques ! Si votre chien a les yeux qui coulent, nettoyez-les délicatement avec un coton imbibé d'eau de bleuet. Un moyen économique et naturel de le soulager. En plus, l'eau de bleuet se conserve plus longtemps qu'un collyre. Du tout bon !

Soigner votre chat plus facilement

Si votre chat ne prend pas de médicament sans se débattre et vous lacérer les bras, immobilisez-le en l'enveloppant fermement dans une serviette éponge. Disposez ensuite le cachet au fond de sa gorge et attendez deux minutes avant de le relâcher pour vous assurer qu'il l'aura avalé.

Soigner une conjonctivite

Si votre animal a les yeux rouges, il souffre peut-être d'une conjonctivite. Pour le soulager, appliquez durant 10 minutes sur chaque œil une compresse trempée dans une infusion de camomille. Au moment d'ôter la compresse, pressez-la un peu afin de faire tomber quelques gouttes dans l'œil.

Faire prendre un médicament à votre chat

Pas toujours facile de soigner matou… Pourtant, avec une astuce toute simple, vous devriez pouvoir vous faciliter la vie… et la sienne. Réduisez le cachet en poudre et laissez-le se dissoudre dans un peu d'eau. Placez ensuite la mixture sur le museau de votre chat. En se léchant, il avalera son médicament.

Un poil soyeux…

Pour que votre animal retrouve un poil brillant et soyeux, ajoutez simplement un peu d'huile de cuisine (quelle qu'elle soit) dans ses croquettes ou sa pâtée. Bien sûr, veillez à ne pas trop enrichir son alimentation sous peine de lui faire prendre quelques bourrelets. Son pelage sera plus doux dès les premiers jours !

Dissuader un chat qui fait ses griffes

Si votre matou a la fâcheuse habitude de faire ses griffes sur le papier peint de l'entrée, essayez un répulsif maison, économique et particulièrement efficace qui n'est autre que le poivre. Mieux, une sauce pimentée type Tabasco. À appliquer au pied du mur que votre chat a pris pour cible...

Le plein d'énergie pour le canari

Votre canari est déprimé ? Voilà plusieurs jours qu'il ne chante plus ? Pas d'inquiétude, il est fort possible que votre oiseau s'ennuie, tout simplement... Pour lui donner l'impression qu'il a de la compagnie, glissez un miroir dans sa cage, il devrait de nouveau enchanter vos oreilles de ses chants mélodieux...

Le canari qui chante

Si votre canari a cessé ses vocalises depuis quelque temps, essayez cette astuce ! Faites macérer une poignée de menthe fraîche dans de l'huile d'olive pendant 3 semaines. Ensuite, badigeonnez les barreaux de sa cage de cette préparation. Voilà qui devrait rendre sa voix à votre canari.

Retirer une tique

Contrairement à une idée reçue, l'éther n'est pas du tout recommandé pour ôter une tique. Mieux vaut en effet la badigeonner d'huile de cuisine avant d'user de la pince à épiler. En revanche, veillez à toujours tourner dans le sens inverse des aiguilles d'une montre et à retirer la tête de la plaie.

Un animal au poil brillant !

Comme nous, nos animaux ont parfois besoin de compléments alimentaires pour être au top. Leur atout beauté ? Un poil soyeux, brillant et souple. Pour cela, rien de plus simple… Faites-leur faire une cure de levure de bière. 1 gélule par jour, dans la gamelle ou dans une friandise, en cure de 1 mois.

Un antipuces naturel

Pour fabriquer un antipuces maison, placez 1 gousse d'ail pilée dans un morceau d'aliment dont l'odeur va forcément attirer votre animal, comme du pâté, du camembert ou encore du poisson. En passant dans le sang, l'ail donnera une odeur à sa peau et celle-ci éloignera les puces pour quelque temps.

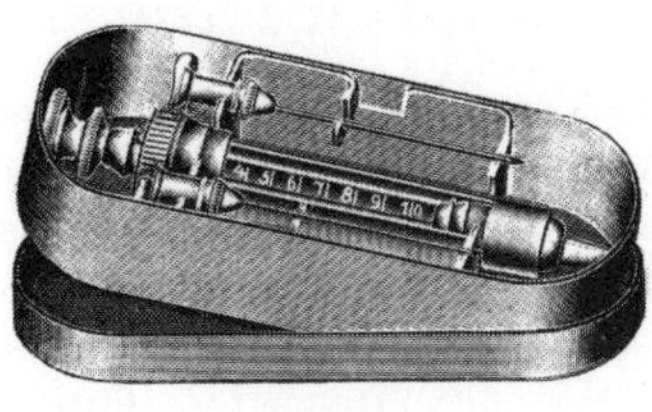

Un vermifuge maison pour le chat

Si votre matou fait le difficile pour avaler un médicament, voilà une mixture qui fera office de vermifuge et qu'il devrait ingurgiter plus aisément. Mélangez une 1/2 cuillère à café de jus d'ail avec un peu d'huile d'olive. La posologie ? À jeun, le matin, pendant 4 jours. À renouveler 3 semaines plus tard.

Tache de vomi dans la voiture

Votre chiot n'a malheureusement pas bien vécu le trajet en voiture ? Commencez par retirer ce que vous pouvez. Rincez la trace restante à l'eau gazeuse et frottez avec de l'eau vinaigrée. Pour ce qui est des odeurs, il vous suffit de placer toute une nuit dans votre voiture un bol rempli de vinaigre.

Démangeaisons et peau sèche

Si votre compagnon présente des infections de la peau, dermatites, peau sèche, entraînant des démangeaisons, faites-lui prendre un bain et rincez-le avec une solution composée de trois quarts d'eau tiède et d'un quart de vinaigre de cidre. Les légères brûlures seront soulagées en appliquant dessus un coton imbibé de vinaigre de cidre.

Nettoyer la litière du chat

Pour nettoyer efficacement la litière de votre chat, remplissez-la à moitié d'eau tiède et versez-y 10 cl de vinaigre blanc. Laissez agir une dizaine de minutes. Videz le bac et saupoudrez de bicarbonate de soude. Frottez, puis rincez. Déposez quelques gouttes d'eau de Javel en son fond, cela attirera votre compagnon.

Nettoyer une cage à oiseau

Désinfectez et décrassez l'habitat de votre compagnon ailé. Utilisez un mélange d'eau et de vinaigre à parts égales. Laissez agir quelques minutes. Sur les traces tenaces, frottez à l'aide d'une brosse à dents trempée dans du vinaigre. Rincez à l'eau claire. Faites prendre à l'abreuvoir et à la mangeoire un bain de vinaigre blanc.

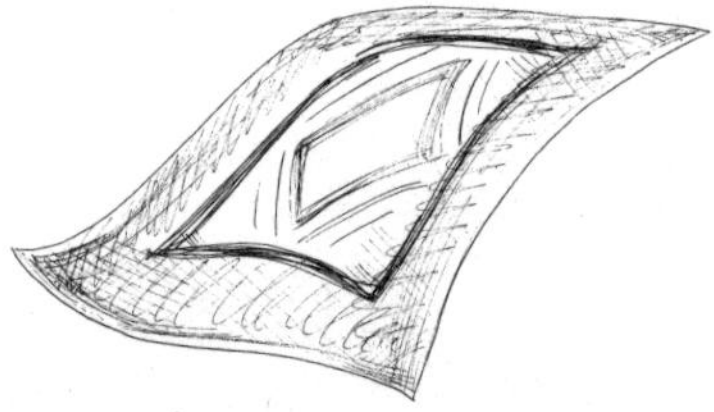

Tache d'urine sur moquette et tapis

Votre chaton a fait ses besoins sur votre tapis ? Utilisez du papier absorbant et tamponnez la tache d'urine. Versez ensuite du vinaigre blanc sur la marque. Frottez, puis reversez un peu de vinaigre et laissez sécher. Adieu la trace et adieu les odeurs !

Tache d'urine sur sol dur

Votre animal de compagnie n'a pu se retenir… et voilà une belle flaque sur votre parquet. Première chose à faire, épongez avec du papier absorbant. Ensuite, un bon coup de serpillière trempée dans un mélange d'eau et de vinaigre blanc, et le tour est joué !

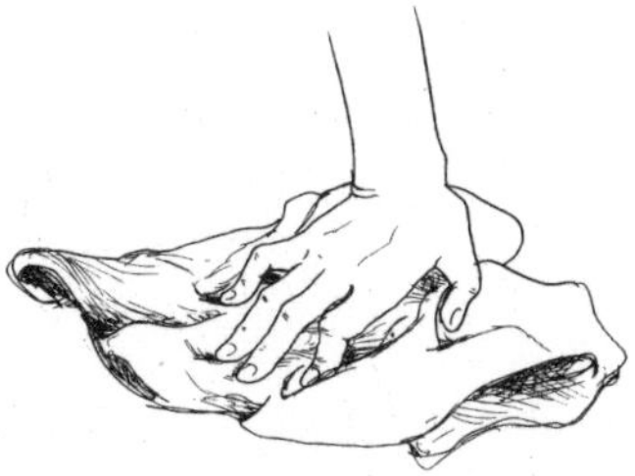

À bas les puces

Vous ne comptez plus les puces qui ont élu domicile sur votre chien. Pour en venir à bout, préparez une solution d'eau et de vinaigre de cidre à parts égales. Appliquez ce produit sur le pelage de votre animal. Frottez énergiquement pour que le produit pénètre bien. Vous pouvez ajouter davantage de vinaigre pour plus d'efficacité.

Nettoyer la cage d'un rongeur

Les rongeurs ont l'habitude de souiller leur cage à un même endroit, en général dans un coin. L'idée de devoir gratter une couche d'excréments ne vous enchante pas. Ne vous fatiguez pas : laissez faire le vinaigre blanc. Aspergez-en la marque, laissez agir, puis frottez. Cela part tout seul ! Rincez à l'eau claire.

En prévention des puces

Créez une solution pour vos compagnons à poils, afin que les puces arrêtent de venir s'y loger ! Il vous suffit de verser 2 cuillères à soupe de vinaigre de cidre dans 1 litre d'eau. Utilisez ce mélange comme après-shampooing. Laissez votre animal sécher naturellement.

Belles au naturel !

Nous sommes nombreux à connaître les bienfaits de la nature et des produits maison. Mais seul Grand-mère en détient les secrets. Elle sait comment confectionner un hydratant à l'huile d'amande douce ou un exfoliant citronné et connaît les milles vertus de la lavande, de l'avocat et du concombre. Cosmétiques et crèmes, déodorants et masques, elle nous dévoile ses recettes d'antan pour être belle naturellement.

Regard nickel

Votre regard en dit long sur votre état de fatigue ? Des cernes creusent votre œil éteint alors que les gonflements et les poches vous donnent un air de cocker triste. Le froid est un remède utilisé depuis des décennies pour atténuer ces désagréments. Entreposez quelques disques de coton au congélateur, vous n'aurez plus qu'à les laisser « décongeler » sur les yeux les jours de fatigue.

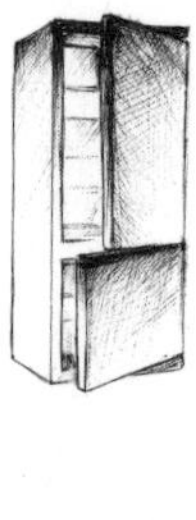

Le concombre contre les poches

Malheur ! Vous avez une journée très importante de prévue, et vous voilà affublée au réveil de poches et de cernes qui vont mettre à mal votre image ! Plutôt que de courir acheter des crèmes dispendieuses, coupez tout simplement deux rondelles épaisses de concombre et laissez poser une petite vingtaine de minutes sur vos yeux.

L'anticernes préféré de Grand-mère

Nos grands-mères avaient toujours dans leur armoire à pharmacie de l'eau de bleuet. Cette eau est connue notamment pour ces vertus décongestionnantes. Voilà qui tombe bien, après une petite nuit. Sur les cernes, elle fait en effet des miracles. À appliquer en tapotant du doigt. Seul bémol, cette eau a une odeur un peu tenace.

Atténuer les cernes

Des poches disgracieuses teintées de bleu soulignent vos yeux ? Ce sont des cernes, tout simplement. Pour les limiter, avant de vous maquiller, pensez à cette astuce toute simple et économique : des sachets de thé tiédis. Laissez poser aussi longtemps que possible (au moins 15 minutes), puis rincez doucement à l'eau.

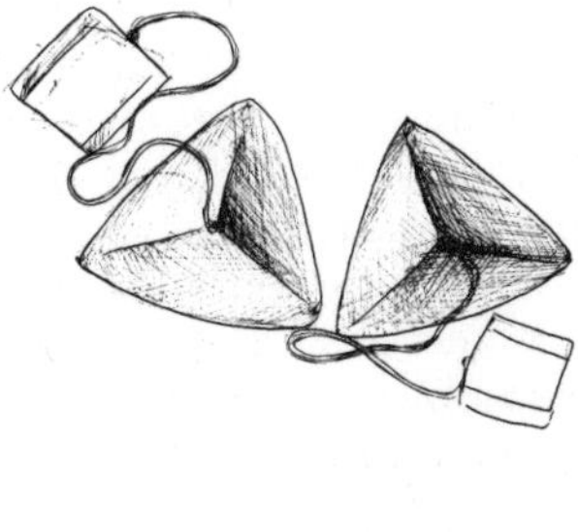

Un masque tonifiant pour la peau

Voilà un soin qui redonnera de l'éclat à votre peau ! Hachez menu une petite poignée de persil et mélangez-la avec 3 cuillères à soupe de fromage blanc, quelle que soit la marque. Appliquez sur le visage et laissez agir une bonne trentaine de minutes avant de rincer à l'eau claire. Votre visage respire la santé !

Des fraises contre les pores dilatés

Pour resserrer les pores, rien de tel qu'un masque astringent. Pour cela, mélangez une dizaine de fraises avec 1 yaourt nature, 1 cuillère à soupe d'huile d'olive et 1 autre de fécule de pomme de terre. Écrasez et malaxez le tout. Appliquez en masque et laissez poser 20 minutes avant de rincer à l'eau claire.

Détoxifier la peau naturellement

Votre teint fait grise mine ? Essayez un soin détox maison ! Mettez à bouillir quelques feuilles d'eucalyptus dans de l'eau pendant au moins 10 minutes. Placez ensuite votre visage au-dessus d'un bol rempli de cette préparation pour profiter de sa vapeur et nettoyez la peau avec un coton imbibé de cette décoction.

Fini les pieds qui sentent mauvais !

Que diriez-vous d'un bain de pied au rince-bouche ? Eh oui, les rince-bouche contiennent souvent de l'essence de thym, reconnue pour éliminer les bactéries responsables des mauvaises odeurs. En revanche, assurez-vous que vos pieds ne présentent aucune lésion avant de les plonger dans la bassine.

Des cheveux brillants de santé

Il faut souffrir pour être belle, c'est bien connu. Et malheureusement, c'est également parfois vrai. En effet, pour des cheveux brillants, mieux vaut les laver… à l'eau froide ! Cela contribuera à resserrer leurs écailles et leur donnera tonus et éclat ! Pas facile mais tellement efficace.

Contre les pieds malodorants

Pour éviter d'avoir honte dans un magasin de chaussures au moment de l'essayage à cause d'odeurs suspectes, essayez le bain de pied au thé noir. Laissez infuser 2 sachets de thé dans 500 ml d'eau pendant 20 minutes. Diluez ensuite dans 2 litres d'eau et mettez les pieds à tremper pendant 30 minutes.

À la place de la mousse à raser...

... Essayez la mayonnaise ! Bizarre oui. Voire écœurant. Et pourtant... En cas de pénurie de mousse à raser, ses composants gras hydrateront la peau, aideront à faire glisser le rasoir et adouciront l'attaque de la lame. Peu ragoûtant certes, mais très efficace. En dernier recours quand même.

Du concombre en après-rasage

Le rasage irrite la peau et provoque parfois des sensations de brûlure très désagréables. Pour apaiser le feu lié au passage du rasoir et rafraîchir la peau, appliquez des rondelles de concombre sur les lésions. Autre possibilité : peler le concombre et l'écraser en purée. Soulagement garanti !

Du dentifrice pour se raser !

En panne de mousse à raser ? Pas de problème, essayez de la remplacer par du dentifrice. S'il est à la menthe, il vous procurera en plus une sensation de fraîcheur sur la peau après le rasage. Et quoi qu'il en soit, il facilitera le passage de la lame. Bonne idée !

Contre le feu du rasoir

Pour apaiser les irritations dues au passage du rasoir, essayez l'avocat ! En effet, réduite en purée et appliquée directement sur la peau, sa pulpe, riche en vitamines et en huiles essentielles calmantes, fait des miracles. Votre peau reste douce et les rougeurs disparaissent. Mieux, même la sensation de feu a disparu.

Exit l'acné

Voici un remède naturel efficace contre l'acné : mélangez 1 cuillère à café de miel, connu pour ses vertus antiseptiques et cicatrisantes, avec 1 cuillère à café de noix de muscade en poudre. Appliquez la pâte obtenue sur les boutons et laissez agir pendant une bonne vingtaine de minutes. Rincez à l'eau claire.

Rebooster son regard !

Nuit difficile ? Soirée trop arrosée ? Fini les yeux gonflés et les paupières de boxeur avec un emplâtre de pulpe de pommes que vous aurez préalablement cuites à l'eau ou au four. Ainsi, votre regard pétillera de nouveau et vos yeux n'auront plus l'air de deux œufs pochés !

Contre les paupières gonflées

Préparez une décoction de cerfeuil, à raison de 60 g par litre d'eau et portez-la à ébullition. Laissez ensuite infuser 1 heure et filtrez. Imbibez enfin un coton de cette solution et appliquez en compresse sur chaque œil. Vos paupières auront désenflé en moins de temps qu'il n'en faut pour cligner de l'œil !

Fabriquer un baume à lèvres

Mélangez au bain-marie 2 cuillères à café de cire d'abeille, 1 cuillère à café de jojoba, 1 d'huile d'olive et 1 d'huile d'argan. Appliquez cette mixture chaque fois que vos lèvres vous semblent sèches ou gercées. L'idéal ? Une couche épaisse avant de dormir : le lendemain, vos baisers auront une autre saveur…

Du pissenlit contre les pellicules

Essayez le jus de pissenlit pour dire adieu à ces vilaines pellicules ! Mettez une poignée de pissenlit dans la centrifugeuse et utilisez le jus obtenu en guise de compresses. Laissez-les agir une dizaine de minutes. Une toute petite semaine de ce traitement et vos cheveux devraient éclater de santé !

Fini les pellicules !

Contre les pellicules, Grand-mère connaît un truc surprenant mais efficace : un cataplasme d'épinards. Elle fait bouillir des feuilles d'épinard qu'elle laisse poser sur le cuir chevelu pendant une petite quinzaine de minutes. Elle masse ensuite le cuir chevelu. En maximum trois applications, les pellicules disparaissent !

Des sels de bain maison

Pour vous délasser dans un bain parfumé et tout ce qu'il y a de naturel, versez une cinquantaine de gouttes d'huile essentielle de lavande dans 1 kg de gros sel marin. Bien sûr, ne laissez pas le sel dans son emballage d'origine mais versez-le plutôt dans un bocal hermétique. Une poignée suffira ensuite à parfumer votre bain.

Un masque contre les cheveux gras

Mixez 1 jaune d'œuf, 4 cuillères à soupe d'huile de noisette, 1 orange sans la peau et 10 g de poudre de noisette. Appliquez cette préparation en masque que vous laisserez poser 30 minutes, les cheveux dans une serviette chaude. Rincez avec un shampooing très doux.

Du thym contre les cheveux gras

Préparez vous-même votre eau de rinçage à utiliser après le shampooing... Mélangez du thym à de l'eau minérale et utilisez cette préparation en dernière eau de rinçage. Cela devrait aider à réguler la production de sébum au niveau du cuir chevelu. Peu à peu, vos cheveux devraient graisser moins vite.

Fini les cheveux électriques !

Lorsque vous retirez votre bonnet en laine, essayez un vêtement dans un magasin ou simplement lorsque vous les coiffez, vos cheveux ont parfois tendance à être électriques et à rebiquer dans tous les sens ? Pas de problème ! Passez simplement vos mains humides dessus et les voilà disciplinés... Facile !

Des seins fermes

Vous connaissez forcément cette astuce qui consiste à terminer le bain ou la douche par un jet d'eau froide... Pas facile, mais imparable pour raffermir l'épiderme. Eh bien pour un résultat encore plus probant, essayer le jus de pomme pur en lotion ! Aspergez votre poitrine et osez les décolletés !

Du rhum en eau de rinçage !

Pour des cheveux soyeux, essayez cette eau de rinçage certes surprenante, mais par ailleurs particulièrement efficace. Mélangez à parts égales du rhum et de l'eau de rose fraîche (infusion filtrée de pétales de rose dans de l'eau bouillante). Vos cheveux retrouvent douceur et brillance dès le premier shampooing.

Des boucles qui durent

Que les cheveux lisses se rassurent, il est possible de les boucler. Mieux, les bouclent peuvent même résister au vent ! Il suffit en effet d'utiliser des rouleaux et… de la bière ! Humectez-en la chevelure avant de poser les rouleaux, la bière agita comme un fixateur très efficace. Bonus : elle accélère le séchage.

Rebooster les cheveux raplapla

Les cheveux plats ont besoin d'être nourris de l'intérieur. Pour cela, saupoudrez simplement vos salades, yaourts, omelettes, céréales… de 1 cuillère à soupe de germe de blé, riche en magnésium, zinc, phosphore, fer, etc. et source de protéines et de vitamines. Un vrai complément alimentaire beauté !

De la lavande contre les boutons

Le stress, un déséquilibre hormonal, l'alimentation… Et hop ! On concurrencerait presque l'ado de la maison. Pour éliminer ces quelques boutons disgracieux, mélangez une poignée de fleurs de lavande fraîches à un peu de crème fraîche et 2 cuillères à soupe d'huile d'olive. Laissez poser 20 minutes puis rincez.

Un soin pour les peaux grasses

Rougeurs, peau qui brille et autres boutons ne font pas la joie des coquettes. No problem : mélangez 4 cuillères à soupe d'argile verte en poudre avec 1 cuillère à soupe d'huile de noisette et un peu d'eau tiède. Appliquez la pâte obtenue pendant 10 minutes puis rincez. Résultat garanti.

Une peau éclatante de santé

Votre teint fait grise mine ? Voici une recette gourmande qui lui redonnera de l'éclat. Mélanger 2 cuillères à soupe de fromage blanc avec 2 cuillères à café de miel et un peu de jus de pamplemousse frais. Laisser poser ce masque 15 minutes et rincer à l'aide d'un gant tiède. Le truc en plus ? Un rinçage à l'eau de rose.

Une infusion pour soulager la peau irritée

Le froid, le vent, la pluie… L'hiver, le climat ne fait pas de cadeau à la peau de notre visage, particulièrement exposée. Qu'à cela ne tienne. Lorsque vous buvez une infusion de tilleul pour vous réchauffer, pensez à en garder un fond à appliquer sur le visage à l'aide d'un coton. Votre peau vous dira merci.

Un masque éclat rapide

1 jaune d'œuf battu mélangé à 3 bonnes cuillères à soupe d'huile d'olive : voilà un masque anti-teint terne simple, naturel et ultra-rapide à préparer. Posé sur le visage une fois par semaine, une vingtaine de minutes : fini la grise mine, votre peau retrouve éclat et tonus !

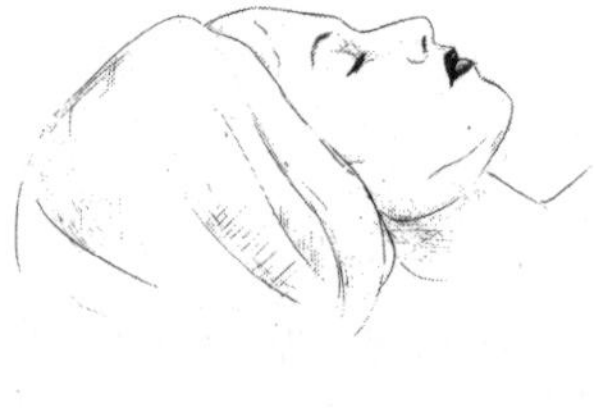

Cresson versus comédons

Faites bouillir deux bottes de cresson préalablement lavées dans un petit volume d'eau. Mixez la préparation et laissez refroidir. Une solution astringente que vous appliquerez matin et soir à l'aide d'un coton, sans frotter, en tapotant délicatement. Idéal pour la zone T du visage, souvent plus grasse.

Du jus d'orange contre les pores dilatés

Pour un grain de peau affiné, un teint pur et éclatant, que diriez-vous d'un verre de jus d'orange ? Eh non, pas à boire mais bel et bien en guise de lotion astringente. Pour cela, mélangez 1 volume d'eau de rose à 3 volumes de jus d'orange et vos pores dilatés ne seront bientôt plus qu'un lointain souvenir.

Une épilation indolore

Fini de souffrir pour être belle ! Et fini de larmoyer devant le miroir grossissant en épilant ses sourcils ! Comment ? En les tamponnant simplement à l'aide d'un coton imbibé d'alcool à 90°. Il suffit ensuite de laisser sécher avant de dégainer votre pince à épiler. Vous voyez, vous ne sentez rien…

On arrête de rougir

Un compliment, une discussion coquine, un discours en public… À la moindre occasion, vous rougissez. Essayez cette astuce : dès que vous sentez le rouge vous monter aux joues, pincez-vous assez fort, mais discrètement, le lobe de l'oreille. Il deviendra écarlate et vos joues ne changeront pas de couleur. Personne n'y verra que du feu !

Une seconde peau pour les talons et les coudes

Les callosités sur les talons et les coudes, malgré les gommages et autres crèmes hydratantes, vous n'en venez pas à bout. Grand-mère a la solution : des feuilles de thé ! Il suffit de les frotter chaque jour sur les callosités et elles disparaîtront peu à peu. En effet, les feuilles de thé préviennent la formation de kératine.

Des mains toutes douces

Mains sèches, abîmées ou irritées ont trouvé leur soin. Râpez une pomme de terre crue et mélangez-la dans un bol à 3 cuillères à soupe d'huile d'olive. Appliquez ensuite la pâte obtenue sur vos mains et laissez agir une petite quinzaine de minutes… Rincez et profitez de vos mains hydratées et nourries en profondeur.

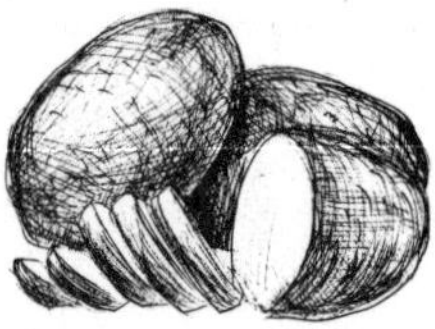

Un bain de bouche maison

Que diriez-vous d'une petite recette maison qui fait des miracles pour l'haleine ? Mélangez quelques pétales de rose, 3 grains de café et quelques feuilles de menthe à 50 cl d'eau. Faites bouillir le tout. À utiliser une fois refroidi à n'importe quel moment de la journée !

Fini les lèvres gercées !

Une recette gourmande pour un baume à lèvres économique et efficace. Il suffit pour cela d'ajouter quelques gouttes de jus de pamplemousse frais à un yaourt nature. Appliquez ensuite cette mixture sur les lèvres et laissez agir au minimum 30 minutes. Une fois rincées à l'eau tiède, vos lèvres gercées sont apaisées et hydratées !

Raviver un mascara

Votre mascara fait grise mine ? Trop sec, trop épais, brosse trop chargée à l'application… Qu'à cela ne tienne. Versez simplement quelques gouttes de bleuet dans le tube et vous retrouverez rapidement un regard de biche grâce à votre mascara réhydraté. En plus, il aura repris du service pour un bon moment !

Une seconde vie pour un mascara trop sec

Halte au gaspillage ! Un mascara qui aurait séché n'est pas forcément bon pour la poubelle. Essayez notamment de badigeonner la brosse d'une crème hydratante bien onctueuse et épaisse. Après quelques va-et-vient, votre mascara devrait pouvoir servir encore plusieurs jours.

Du bois contre les pellicules

Marre de voir les épaules de votre mari constellées de taches blanches ? Les pellicules peuvent être une vraie calamité. Pour y remédier, faites bouillir 70 g de bois de panama dans 1 litre d'eau pendant 15 minutes. Une solution à utiliser comme un shampooing une fois par semaine minimum.

Faire disparaître les points noirs

Stop ! On arrête de se triturer le visage à l'aide d'un tire-comédon ou de ses ongles à la moindre imperfection ! Les points noirs n'en sont que plus visibles une fois tout rougis… Alors qu'avec un peu de jus de persil chaque jour tamponné à l'aide d'un coton, ils auront vite fait de disparaître.

Un masque pour déboucher les pores

Les peaux grasses ont besoin d'être asséchées et tonifiées en douceur. Pour cela, rien de mieux qu'un masque à la mangue. Écrasez la mangue de façon à obtenir une bouillie que vous étalerez ensuite sur votre visage par de légers massages circulaires. Laissez sécher quelques instants, rincez et admirez.

Une lotion maison pour peaux grasses

Fini la peau qui luit grâce à une lotion astringente à base de menthe poivrée ! Laissez infuser 30 minutes 2 cuillères à soupe de menthe dans une tasse d'eau chaude. Filtrez, laissez refroidir et appliquez sur le visage à l'aide d'un coton. À conserver 5 jours au réfrigérateur.

Des ongles en pleine forme

Pour favoriser la pousse des ongles, Grand-mère a un secret… Elle boit des infusions d'ortie ! Jusqu'à 1 litre par jour. Riche en minéraux et en silicate, l'ortie a des vertus nourrissantes indéniables. Bonus : elle aide à soigner les problèmes de peau type acné, eczéma ou psoriasis.

La fin des ongles cassants

Les ongles striés, secs et cassants ont besoin d'être intensément nourris. La bonne idée ? Les enduire d'une bonne couche de vaseline au coucher et porter des gants de soie toute la nuit. Au réveil, le dessèchement ne sera plus qu'un mauvais souvenir. Et les mains peuvent aussi en profiter !

Estomper les rides

Moins coûteuse et au moins aussi efficace que les crèmes : la papaye. Lavez-la, épluchez-la, écrasez un peu de pulpe avec une petite poignée de flocons d'avoine broyés (pour l'effet gommant). Appliquez la mixture et laissez agir une dizaine de minutes. Retirez à l'aide d'un gant de toilette.

Un masque nourrissant pour cheveux secs

C'est souvent dans la cuisine que l'on trouve les meilleurs alliés beauté. Pour des cheveux soyeux, souples et brillants, pensez à leur donner de la mayonnaise. L'œuf qu'elle contient apporte aux cheveux les protéines dont ils ont besoin. En masque durant 1 heure, à rincer très soigneusement bien sûr.

Du bain de bouche pour les cheveux

Pour les cheveux très gras, badigeonnez votre cuir chevelu avec un coton imbibé d'une solution à base d'infusion d'hamamélis (faire infuser une poignée de feuilles séchées dans de l'eau chaude) et de… bain de bouche (peu importe la marque). Tous deux astringents, ils resserreront les pores et limiteront la production de sébum.

Hydrater les cheveux secs

Pour nourrir et renforcer les cheveux secs, rien de tel qu'un avocat bien mûr. Une fois pelé, mélangez-le avec 1 cuillère à café d'huile de jojoba et 1 cuillère à café d'huile de germe de blé. Appliquez après le shampooing et laissez agir 30 minutes. Une fois rincés, vos cheveux sont hydratés des racines aux pointes.

Une eau de rinçage pour cheveux gras

Vous avez les cheveux gras ? Plutôt qu'un après-shampooing qui reconstitue le film gras du cheveu, optez pour un rinçage avec une infusion de romarin ! Mélangez 2 cuillères à soupe de romarin séché à de l'eau bouillante. Laissez infuser 20 minutes puis filtrez. À utiliser (froid) à la fin de chaque rinçage !

Du persil pour le teint

Teint brouillé ? Épiderme terne ? Faites bouillir un bouquet de persil pendant 15 minutes dans 50 cl d'eau. Lavez-vous le visage chaque jour avec cette décoction que vous aurez préalablement fait tiédir. Votre visage retrouvera tout son éclat en quelques jours seulement !

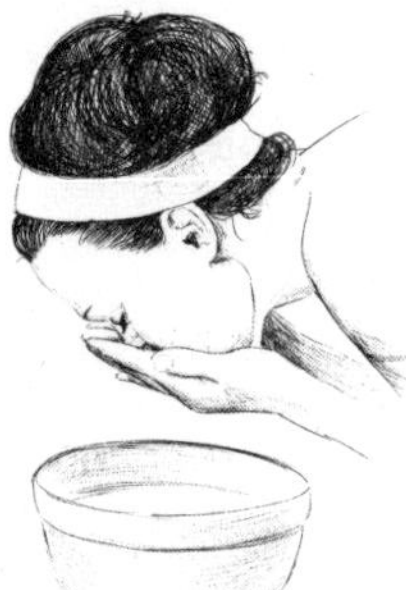

Du café pour rafraîchir la bouche

Juste avant un rendez-vous galant, après un repas fort en goût ou un verre de vin, croquer un grain de café permet de rapidement rafraîchir l'haleine en attendant le brossage. Moins efficace qu'un chewing-gum à la menthe mais tellement plus naturel.

Exit la mauvaise haleine

Lorsque Mamie mangeait de l'ail, elle finissait toujours son repas en mâchant une branche de persil frais pendant au moins 15 minutes sans l'avaler. Elle mangeait ensuite une pomme. On pouvait l'embrasser autant qu'on voulait, aucune odeur d'ail, si ce n'est dans nos propres bouches !

Contre la chute des cheveux

En période de grand stress, il peut arriver que l'on perde ses cheveux. Pour en ralentir la chute, frictionnez-vous le cuir chevelu avec des graines de persil écrasées et dormez ensuite avec cette mixture. Utilisez un shampooing doux le lendemain et renouvelez l'opération durant 15 jours.

Raviver la couleur des cheveux

Avec le temps, vos cheveux deviennent ternes. Pour leur redonner un coup d'éclat et de beaux reflets, utilisez le vinaigre comme dernière eau de rinçage lorsque vous les lavez. Si vous avez les cheveux blonds, optez pour le vinaigre blanc ou le vinaigre de cidre. Les têtes rousses appliqueront uniquement du vinaigre de framboise. Quant aux crinières brunes : le vinaigre rouge ou balsamique fera des miracles.

Masque désincrustant

Pour confectionner vous-même votre masque purifiant, mélangez 2 cuillères à soupe de flocon d'avoine avec 1 cuillère à café de miel et 1 cuillère à café de poudre d'amandes. Rajoutez ensuite 2 cuillères à soupe de vinaigre de cidre. Appliquez votre préparation à l'aide d'un gant de toilette chaud sur un visage préalablement mouillé. Une fois sec, retirez votre masque avec de l'eau chaude.

Resserrer les pores

Voici une recette simple et économique pour chasser vos vilains points noirs : portez à ébullition une cuillère à soupe de pétales de rose séchés avec 1 tasse de vinaigre de cidre et 4 tasses d'eau. Laissez infuser 30 minutes puis, une fois le mélange refroidi, transvasez le tout dans un bocal hermétique. Deux semaines plus tard, filtrez et mettez en bouteille. Au réveil et au coucher, nettoyez votre visage avec.

Lotion pour les peaux grasses

Si votre peau a tendance à avoir un aspect huileux, suivez les conseils de Mamie. Matin et soir, nettoyez-vous le visage avec une lotion contenant 1 verre de vinaigre de lavande et 8 verres d'eau. Votre peau retrouvera tout son éclat !

Éliminer l'odeur d'un parfum

Vous avez testé un parfum sur votre beau chemisier que vous détestez ? Chassez son odeur en vaporisant du vinaigre blanc dessus. Laissez sécher, puis sentez à nouveau : l'odeur est partie, comme par magie.

Gommage maison

Pour obtenir une peau lisse et douce, rien de mieux que les gommages. Enduisez-vous d'huile de colza, puis massez-vous énergiquement. Laissez agir 30 minutes, puis faites fondre 3 cuillères à soupe de sel dans 3 autres de vinaigre de cidre et frottez-vous avec. Rincez-vous abondamment à l'eau.

Lotion après rasage

Ah les poils, on a beau les raser ou les épiler, ils reviennent toujours. Pourtant, il suffit de vous masser avec du vinaigre blanc après votre séance d'épilation pour limiter leur repousse. Pensez-y, vous verrez : vos maudits poils mettront davantage de temps à venir vous embêter.

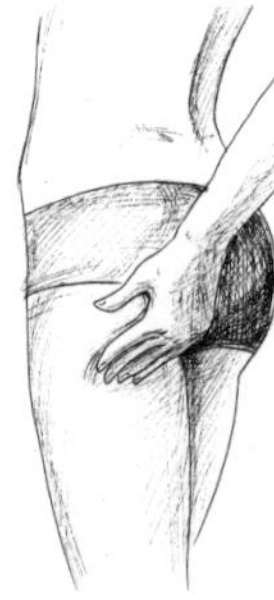

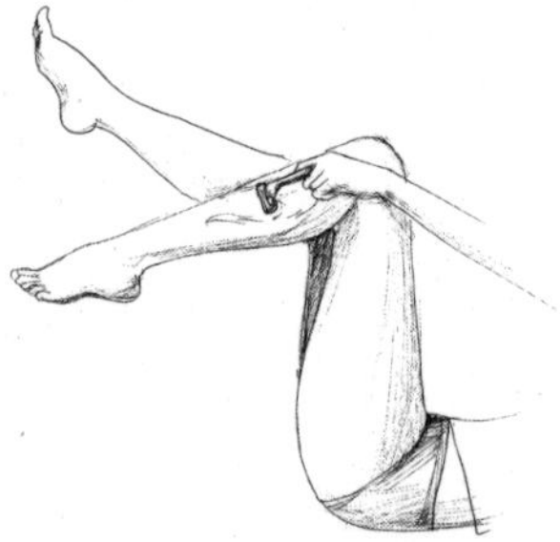

Anticellulite

Même si la cellulite installée depuis longtemps ne peut s'en aller complètement, elle peut cependant se réduire facilement. Voici une lotion qui a fait ses preuves : mélangez 3 cuillères à soupe de vinaigre de cidre avec 2 cuillères à soupe d'huile d'olive et massez les zones envahies matin et soir. Votre peau sera plus ferme et plus lisse en prime !

Brûleur de graisse

Les régimes ne sont pas votre tasse de thé. Faire attention : une dure épreuve que vous avez du mal à réussir tous les jours. Limitez les dégâts lors de vos craquages : mixez 500 g de tomates fraîches avec 5 grosses cuillères à soupe de vinaigre, 1 cuillère à café de piment et 1 branche de céleri. Votre préparation brûleuse de graisse est prête, il ne vous reste plus qu'à avaler.

Ongles cassants

Si vos ongles se cassent sans cesse, fortifiez-les avec un bain vinaigré maison. Faites bouillir de l'eau chaude avec 3 cuillères à soupe de vinaigre de cidre. Trempez-y vos mains durant 15 minutes. Renouvelez l'opération 1 fois par semaine. Vos ongles seront plus forts et propres en prime !

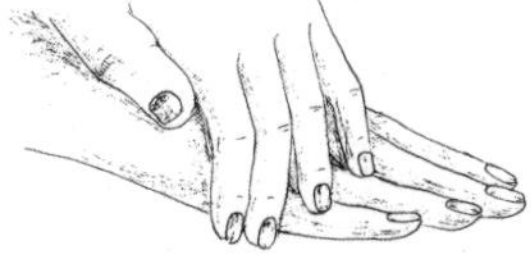

Des cheveux brillants

Tonifiez vos cheveux naturellement. Portez à ébullition 1 litre d'eau avec 2 grosses poignées de thym. Laissez infuser 15 minutes avant de filtrer. Rajoutez 3 cuillères à soupe de vinaigre blanc, puis appliquez la préparation sur votre cuir chevelu.

Lotion antipelliculaire

Chassez vos pellicules simplement avec le vinaigre de cidre. Mélangez-en 30 ml avec 10 gouttes d'huile essentielle de cèdre de l'Atlas, 10 d'huile essentielle de romarin et 5 autres d'huile essentielle de tea-tree. Appliquez ce mélange avec une éponge et massez délicatement. Une heure plus tard, rincez à l'eau.

Masque pour cheveux gras

Le vinaigre fera des miracles pour réguler votre sébum capillaire. Diluez de l'argile verte avec du vinaigre de cidre jusqu'à obtenir une pâte homogène. Appliquez des racines jusqu'aux pointes. Recouvrez-vous la tête à l'aide de papier aluminium et laissez poser 15 minutes. Puis lavez-vous les cheveux avec votre shampooing habituel.

Crème hydratante maison

Grand-mère connaît une crème hydratante parfaite pour les peaux sèches. Dans un récipient, mélangez 3 cuillères à soupe d'huile végétale de germe de blé, 3 d'huile d'olive et 3 autres d'huile de tournesol avec 4 jaunes d'œufs jusqu'à obtenir un mélange homogène. Rajoutez 3 cuillères à soupe de vinaigre de cidre. Votre crème est prête !

Chasser les frisures

Si vous avez les cheveux frisés, vous devez sûrement maudire les frisures qui vont avec ! Finissez-en une bonne fois pour toutes avec la lotion miracle de Mamie. Dans un récipient, jetez un verre d'eau chaude et une grosse poignée de flocons d'avoine. Laissez infuser durant 30 minutes. Filtrez et rajoutez 1 tasse de vinaigre de cidre. Après chaque lavage, rincez l'ensemble avec cette préparation.

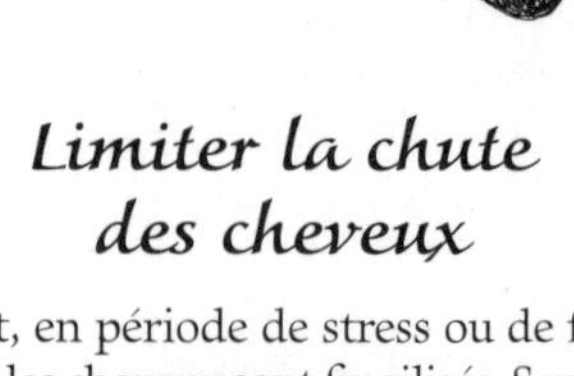

Limiter la chute des cheveux

Souvent, en période de stress ou de fatigue intense, les cheveux sont fragilisés. Sans énergie, vous en perdez par poignées. Boostez-les avec la mixture magique de Mamie. Mélangez 4 cuillères à soupe de vinaigre de cidre et 2 cuillères à soupe de miel dans 1 litre d'eau tiède. Utilisez comme eau de rinçage après chaque shampooing.

Contre l'acné

Grand-mère remédiait à ses problèmes acnéiques naturellement avec le vinaigre de cidre. Piquez-lui son remède ! Dans un petit flacon, diluez-en 8 cuillères à soupe avec de l'eau. Chaque soir, appliquez cette lotion sur une peau nettoyée en évitant le contour des yeux. Laissez sécher 15 minutes, puis rincez avec un brumisateur.

Chasser les cors et durillons

Vos pieds souffrent de cors ou durillons ? Remédiez-y avec le remède de Mamie. Trempez une tranche de pain de mie dans 15 cl de vinaigre de cidre. Découpez un morceau, puis posez-le sur le cor à l'aide d'une gaze. Faites tenir le tout avec du sparadrap et laissez agir toute une nuit. Le lendemain, les callosités seront ramollies. Il ne vous reste plus qu'à frotter.

Des pieds impeccables

Prenez soin de vos pieds avec le vinaigre de cidre. Dans une bassine remplie d'eau chaude, versez-en 1 verre avec une poignée de gros sel. Trempez-y vos pieds durant 20 minutes. Terminez en les frottant avec une pierre ponce.

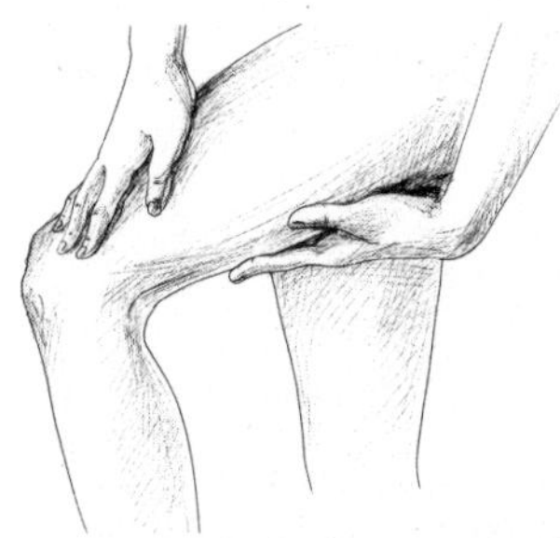

Apaiser les varices

Le vinaigre de cidre fait des miracles sur les varices. Appliquez-en pur et massez-vous avec tous les jours. Vous favoriserez ainsi votre circulation sanguine. Complétez votre soin en imbibant des bandages de vinaigre que vous laisserez poser une bonne heure.

Une cire 100 % naturelle

Vous souhaitez mettre votre jolie robe mais, au dernier moment, vous constatez que vous n'avez plus de cire à épiler ? Confectionnez-en une rapidement. Dans un récipient en verre, mélangez 220 g de sucre avec 1 cuillère à soupe de vinaigre et 1 de miel. Passez le tout au micro-ondes 2 minutes : la séance d'épilation peut commencer.

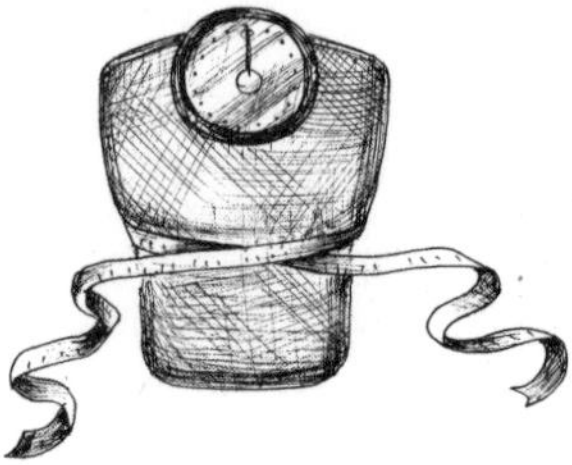

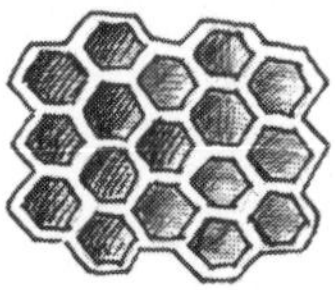

Un coupe-faim naturel

Si vous souhaitez faire attention à votre ligne, vous devez réduire vos portions de nourriture. Pour vous y aider, buvez un grand verre d'eau avec 2 cuillères à café de vinaigre de cidre avant chaque repas. Et si malgré ça, vous ne résistez pas à l'appel de la gourmandise : avalez-en également pendant les repas.

Soulager les jambes lourdes

Le vinaigre de cidre est un drainant naturel qui favorise la circulation sanguine. En consommer régulièrement apaisera vos sensations de jambes lourdes. Dans un grand verre d'eau, mélangez 1 cuillère à soupe de vinaigre de cidre avec 1 de miel. Buvez cette préparation 2 à 3 fois par jour.

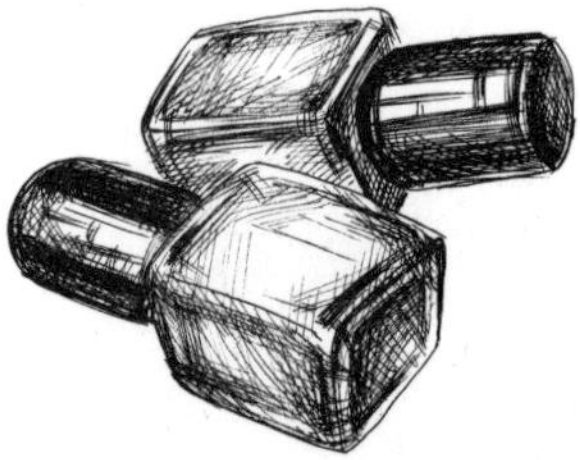

Conserver plus longtemps un vernis

Vous avez enfin trouvé le vernis que vous cherchiez depuis longtemps. Avec le temps, il risque de perdre en texture et en qualité. Suivez le conseil de grand-mère : laissez le vernis au réfrigérateur. Il restera plus liquide plus longtemps. Pensez à le sortir quelques minutes avant utilisation.

Faire durer le vernis

C'est toujours la même histoire : tous les 2 jours, votre vernis s'écaille et vous devez refaire vos ongles. Pour le faire durer plus longtemps, avant de l'appliquer, humidifiez vos ongles avec un coton imprégné de vinaigre blanc. Laissez sécher : il ne vous reste plus qu'à choisir votre teinte.

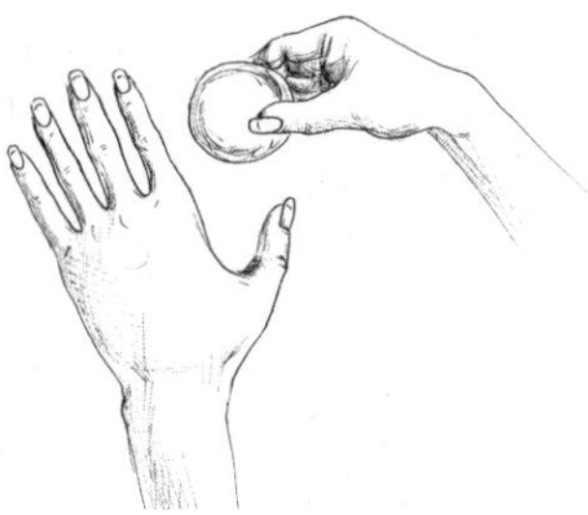

Des ongles impeccables

Si vous voulez avoir de belles mains avec de beaux ongles, vous devez prendre soin de vos cuticules. Comment ? Simplement avec du vinaigre blanc. Trempez vos doigts dans un bol d'eau tiède vinaigrée pendant 5 minutes. Vos cuticules se ramolliront et vous les pousserez plus facilement.

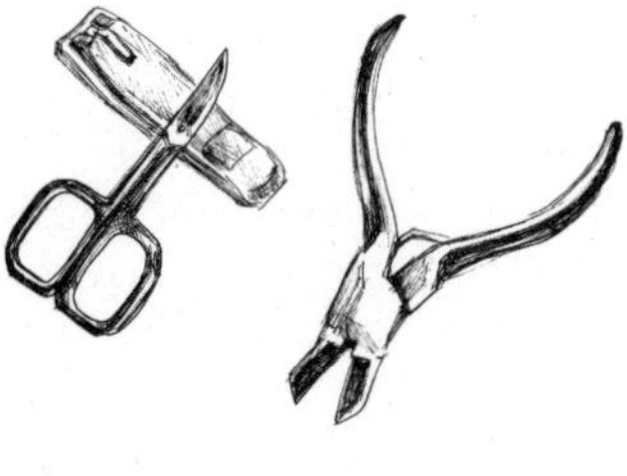

Booster une crème hydratante pour les mains

Lorsque l'hiver est rude, il est fréquent d'avoir les mains asséchées par le froid. Petit à petit, elles deviennent rugueuses, même si vous utilisez une crème pour les mains. La solution : rajoutez du vinaigre de cidre à votre soin et massez-vous soigneusement avec. Renouvelez l'opération plusieurs fois par jour.

Un déodorant maison

Vous n'avez plus de déodorant ? Pas de panique, vous avez sûrement tout ce qu'il faut pour en confectionner un en vitesse. Diluez 1 verre d'eau avec 1 verre de vinaigre de lavande ou de rosat. À l'aide d'un coton imbibé de votre mélange, tamponnez délicatement vos aisselles avec.

Resserrer les pores de la peau

Avec la fatigue, le stress et la pollution, les pores de votre peau se dilatent. Résultat : des boutons se forment et des points noirs apparaissent. La solution pour les chasser d'un coup ? Le vinaigre de rosat. Dans 1 litre de ce produit miracle, diluez 8 cuillères à soupe d'eau. Nettoyez votre peau avec cette préparation le matin au réveil et le soir avant de vous coucher.

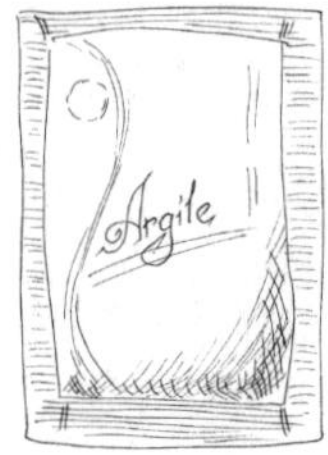

Masque désincrustant

Retrouvez une peau saine sans imperfections avec le masque maison de Grand-mère. Dans un bol, diluez 2 cuillères à soupe d'argile avec 2 de vinaigre de cidre jusqu'à obtenir une pâte onctueuse. À l'aide d'un pinceau, appliquez sur votre visage en couche épaisse. Dix minutes plus tard, rincez soigneusement : 1 fois à l'eau chaude et 1 fois à l'eau froide.

Un tonique naturel

Vous avez peu dormi la nuit dernière ? Chassez les marques de fatigue présentes sur votre visage avec un tonique au vinaigre de lavande. Diluez-en 1 cuillère à soupe dans un verre d'eau et nettoyez votre peau avec. Un passage suffit pour vous redonner bonne mine.

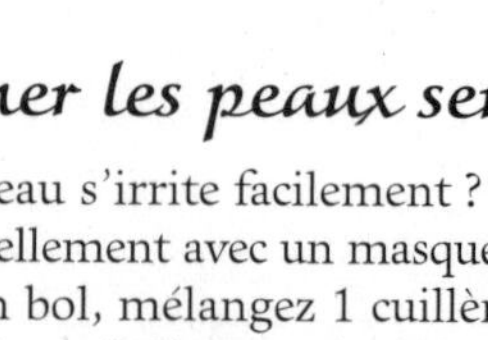

Calmer les peaux sensibles

Votre peau s'irrite facilement ? Soulagez-la naturellement avec un masque apaisant. Dans un bol, mélangez 1 cuillère à soupe de vinaigre, 3 d'eau et 4 autres de farine d'avoine. Le mélange doit être épais et homogène. Appliquez votre mixture sur le visage, puis attendez qu'elle sèche avant de la retirer à l'eau vinaigrée.

Une peau nette

Si vous avez des points noirs et des boutons sur votre visage, ce masque est fait pour vous : écrasez 3 grosses fraises dans un bol. Rajoutez 1 tasse de vinaigre de cidre et laissez reposer 2 heures. Retirez le surplus de vinaigre, puis appliquez sur votre visage le soir au coucher. Le lendemain, retirez le tout à l'eau.

Crème de nuit hydratante

Avoir une peau soyeuse demande un minimum d'attention. Le soir, avant de vous coucher, n'oubliez pas de l'hydrater. Voici une recette de Mamie efficace : dans un pot, versez 4 cuillères à soupe de vinaigre de cidre, 4 d'eau distillée et 8 autres d'huile d'olive. Rajoutez un peu de farine et mélangez énergiquement jusqu'à obtenir une pâte homogène onctueuse. Votre soin est prêt, il ne vous reste plus qu'à l'appliquer.

Masque astringent maison

Resserrez naturellement les pores de votre peau avec le masque magique de Mamie. Dans un bol, laissez macérer 2 heures 1 cuillère à soupe de menthe hachée menu avec 2 cuillères à soupe de miel épais et 1 de vinaigre de cidre. Mélangez et appliquez sur votre visage à l'aide d'un pinceau. Laissez agir 10 minutes, puis rincez avec de l'eau vinaigrée.

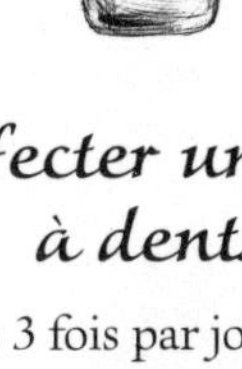

Désinfecter une brosse à dents

Vous l'utilisez 3 fois par jour pour avoir un beau sourire : la brosse à dents. Prendre soin de son hygiène bucco-dentaire est important autant que celle de votre instrument ! Désinfectez votre brosse au moins 1 fois par mois. Faites-la bouillir 1 minute dans une casserole d'eau et de vinaigre blanc.

Enlever une permanente

Vous avez fait une permanente et vous regrettez votre choix ? Enlevez simplement vos boucles avec du vinaigre de cidre. Mélangez-en dans 1 litre d'eau et rincez-vous la tête avec après chaque shampooing. Vous retrouverez ainsi vos beaux cheveux lisses en un rien de temps.

Cheveux sans pellicules

Vous avez déjà tout testé et rien n'y fait : vos pellicules reviennent sans cesse… Grand-mère connaît une solution miraculeuse : après chaque shampooing, elle rinçait son cuir chevelu avec une lotion composée de 2 tasses d'eau chaude et 1 tasse de vinaigre de cidre. En à peine 3 lavages, les pellicules disparaissaient comme par magie.

Nettoyer une brosse à dents

Rien de plus simple que de briquer une brosse à dents. Il vous suffit de la laisser tremper toute une nuit dans de l'eau et du vinaigre blanc. Le lendemain matin, jetez l'eau : votre brosse à dents est prête à l'emploi. Renouvelez l'opération 1 fois par semaine.

Ralentir la repousse des poils

Assez de ces poils qui reviennent trop vite ! Limitez simplement la repousse en prenant un bain magique : rajoutez 1 tube entier d'aspirine et 4 cuillères à café de bicarbonate de soude dans l'eau de votre bain. Relaxez-vous au moins 30 minutes. Renouvelez l'opération 2 fois par mois.

Mains moites

Si vous avez tendance à avoir les mains moites dès que vous êtes stressé, optez pour le bicarbonate de soude. Gardez-en toujours un petit flacon sur vous et, dès que vos mains commencent à transpirer, saupoudrez-les. Un petit réflexe à avoir, surtout le jour d'un entretien d'embauche ou d'un rendez-vous galant.

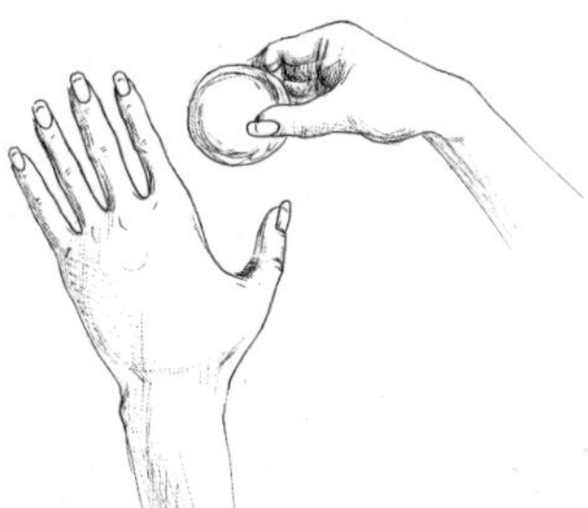

Pointes sèches

Malgré des soins répétés, vos pointes de cheveux ressemblent à de la paille ? Préparez-vous une huile hydratante : faites macérer 5 cuillères à café de bicarbonate de soude avec des bâtons de cannelle dans de l'alcool à 70° pendant 1 semaine. Après chaque shampooing, utilisez cette lotion en friction. Vos cheveux retrouveront toute leur douceur.

Boutons fessiers

Les frottements des jeans provoquent souvent des boutons sur les fesses. Pour retrouver une peau douce et lisse, optez pour le bicarbonate de soude. Mélangez-en 4 cuillères à soupe dans 1 bol d'eau chaude. Rajoutez du gros sel afin de former une pâte granuleuse. Appliquez ce mélange sur votre peau et frottez en faisant des cercles. Renouvelez le soin 2 fois par semaine.

Bain de vapeur

Lorsque Mamie souhaitait nettoyer en profondeur son visage, elle faisait un bain de vapeur maison. Faites bouillir une casserole d'eau additionnée de 3 cuillères à café de bicarbonate de soude, 5 gouttes d'huile essentielle de citron et 4 gouttes d'huile d'amande douce. Retirez du feu puis penchez-vous au-dessus de la casserole, la tête recouverte d'une serviette. Restez ainsi au moins 15 minutes. Séchez et terminez le soin en hydratant. La peau sera assainie et les pores resserrés.

Des boucles parfaites

Mamie obtenait de jolies boucles bien rondes en saupoudrant ses bigoudis de bicarbonate de soude. Humectez vos cheveux avec un peu de bière diluée dans de l'eau et fixez vos rouleaux. Laissez sécher puis déroulez : vos boucles sont parfaites et dureront plus longtemps.

Shampooing sec

Lorsque Grand-mère n'avait pas le temps de se laver les cheveux, elle les saupoudrait de bicarbonate de soude. Faites de même ! Terminez en les brossant énergiquement. Vos cheveux paraîtront plus propres.

Rasage sans mousse

Vous n'avez plus de mousse à raser ? Dans un peu d'eau chaude, rajoutez un peu de bicarbonate de soude et du savon de Marseille : le problème est résolu. Il ne vous reste plus qu'à trouver votre rasoir !

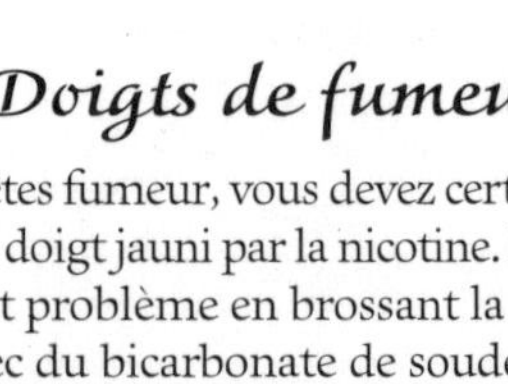

Doigts de fumeur

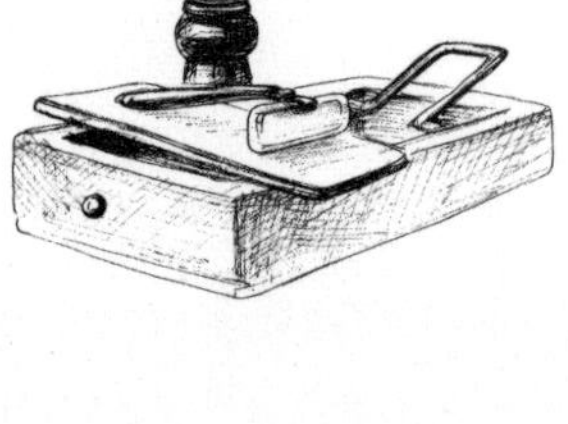

Si vous êtes fumeur, vous devez certainement avoir un doigt jauni par la nicotine. Remédiez à ce petit problème en brossant la zone touchée avec du bicarbonate de soude. En plus d'être nettoyés, vos doigts ne sentiront plus le tabac : d'une pierre deux coups !

Cataplasme anticellulite

Dans un bol, mélangez 4 cuillères à café de marc de café, 3 cuillères à café d'argile et 2 cuillères à café de bicarbonate de soude. Rajoutez un peu d'eau jusqu'à obtenir une pâte onctueuse. Appliquez sur la zone à traiter (ventre, cuisses, fesses), puis massez énergiquement. Renouvelez l'opération le plus souvent possible.

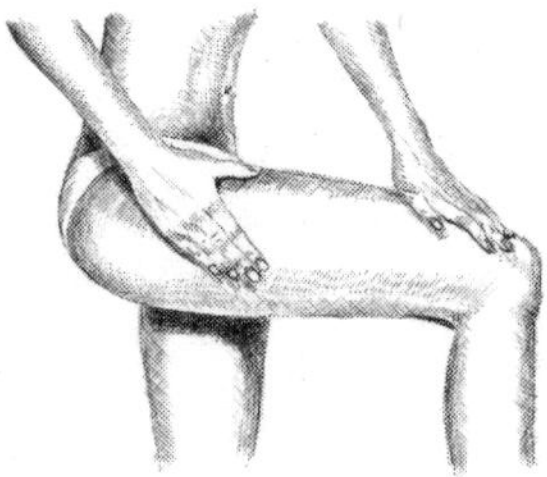

Des lèvres douces

Surprenez votre compagnon avec des lèvres douces et soyeuses. Tous les matins, versez un peu de bicarbonate de soude sur votre brosse à dents, puis brossez votre bouche humidifiée avec. En à peine 1 semaine, vous verrez la différence !

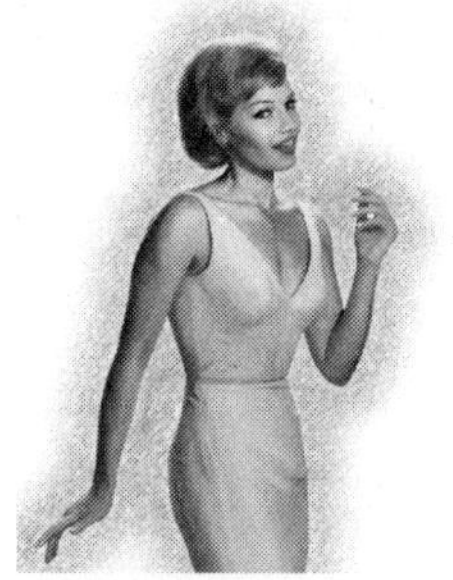

Un beau décolleté

Grand-mère n'oubliait pas de prendre soin de son décolleté. Comment ? Avec un peu de bicarbonate de soude ! Diluez-en dans un peu d'eau jusqu'à obtenir une pâte homogène. Appliquez ensuite sur votre poitrine et frottez. Terminez en rinçant à l'eau et en hydratant. Votre décolleté sera soyeux et doux au toucher.

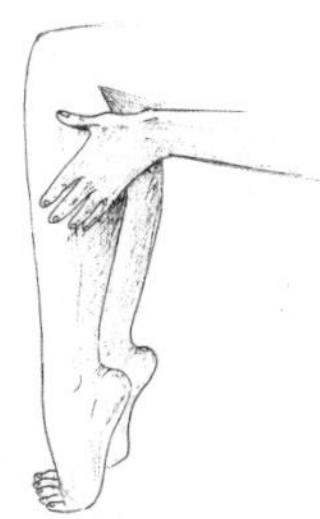

Drainant naturel

Pour avoir des jambes fines, Grand-mère avait sa lotion magique maison. Elle diluait 1 cuillère à soupe de bicarbonate de soude dans 2 verres de vinaigre de cidre. Elle se massait quotidiennement les cuisses et les mollets avec ce mélange. Elle favorisait ainsi la circulation sanguine de ses gambettes et aidait à chasser les amas graisseux.

Une crème opérationnelle pour les mains

Vos mains sont rugueuses malgré l'utilisation fréquente d'une crème spécifique ? La solution : rajoutez 3 cuillères à café de bicarbonate de soude et 1 cuillère à soupe de vinaigre de cidre à votre crème.

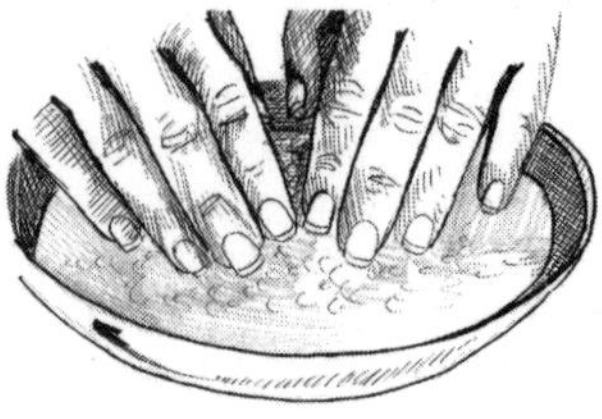

Fortifier les ongles

Mamie était coquette et adorait avoir de beaux ongles. Une fois par semaine, elle les trempait dans un bain bicarbonaté. Portez à ébullition 3 cuillères à soupe de bicarbonate de soude avec 1 verre de vinaigre de cidre. Laissez tiédir et plongez-y vos mains durant 15 minutes environ.

Limiter la chute des cheveux

Si vous avez tendance à perdre vos cheveux, vous pouvez les fortifier avec le remède de Grand-mère. Dans 1 litre d'eau chaude, diluez 1 cuillère à soupe de miel, 1 verre de vinaigre de cidre et 4 cuillères à soupe de bicarbonate de soude. Après votre shampooing habituel, utilisez cette préparation comme dernière eau de rinçage.

Lotion pour peaux grasses

Dans 1 litre d'eau, mélangez 4 cuillères à soupe de bicarbonate de soude avec du jus de citron. Matin et soir, nettoyez-vous le visage avec cette lotion ancestrale. Votre peau retrouvera tout son éclat.

Resserrer les pores

Mamie connaît une recette aussi économique qu'efficace pour chasser les vilains points noirs : portez à ébullition 1 cuillère à soupe de pétales de rose avec du citron et 5 cuillères à café de bicarbonate de soude. Laissez refroidir et filtrez. Conservez le tout dans un bocal hermétique. Tous les matins, nettoyez votre visage avec.

Mains de velours

Lorsque les températures descendent en dessous de 0, les mains ont tendance à vite s'assécher. En période de froid, Grand-mère avait l'habitude de les tremper dans de l'eau au bicarbonate de soude. Dans 1 litre d'eau rajoutez-en 2 cuillères à café et baignez vos mains 10 minutes dans ce mélange. Elles seront douces et prêtes à affronter l'hiver.

Raviver la couleur des cheveux

Grand-mère n'avait pas sous la main les produits des coiffeurs pour donner de la brillance à ses cheveux. En revanche, elle disposait toujours de bicarbonate de soude dans ses placards. Elle en diluait 4 cuillères à café dans une bouteille d'eau et utilisait ce mélange comme dernière eau de rinçage.

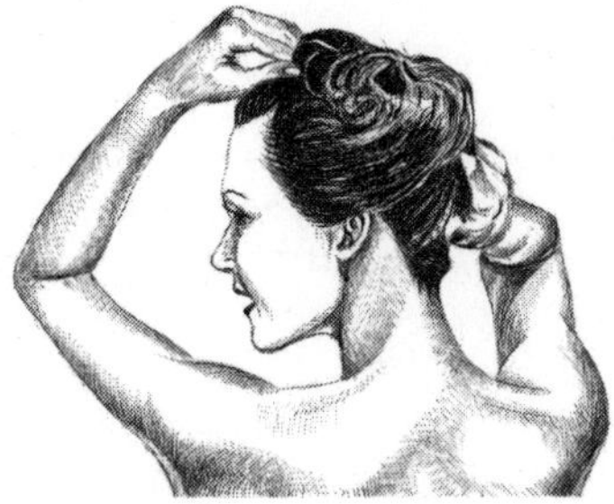

Odeurs de pieds

Éradiquez naturellement les mauvaises odeurs de pieds avec le bicarbonate de soude. Dans un petit flacon, diluez-en 5 cuillères à café avec de l'eau tiède. Pulvérisez sur vos pieds dès que vous le souhaitez. Laissez sécher : vos pieds ne sentiront plus rien.

Peaux mortes

Le bicarbonate de soude sera votre allié pour enlever les peaux mortes de vos pieds. Mouillez-les, puis saupoudrez-les d'une fine couche de bicarbonate de soude. Massez énergiquement afin de faire tomber les résidus de peau. Terminez en rinçant à l'eau puis hydratez.

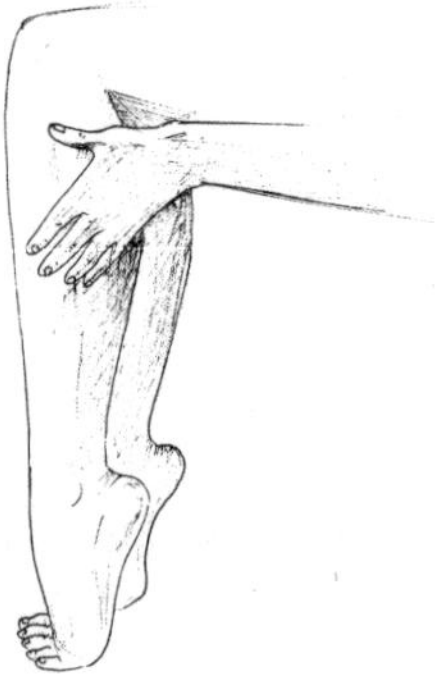

Préserver ses mains

Si faire la vaisselle vous assèche les mains, rajoutez 2 cuillères à café de bicarbonate de soude dans votre eau de lavage. Cela diminuera la présence de calcaire, responsable du dessèchement de votre peau.

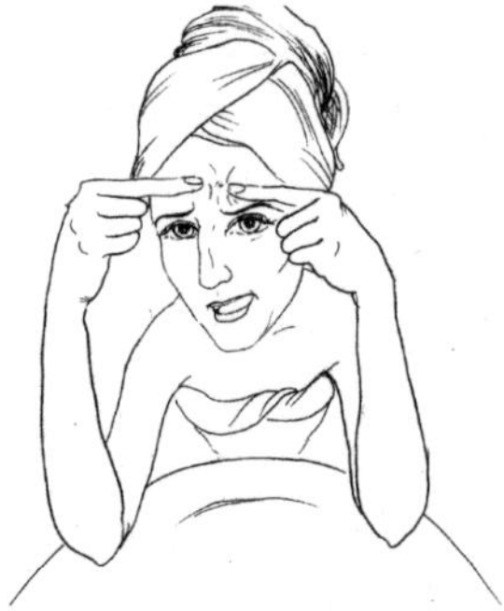

Ongles sales

Vous avez jardiné tout l'après-midi ? Votre jardin est magnifique et vos mains sont encrassées de terre ! Nettoyez-les naturellement avec un bain de bicarbonate de soude. Mélangez-en 2 cuillères à café dans 1 litre d'eau chaude. Trempez-y vos doigts 15 minutes environ puis rincez à l'eau.

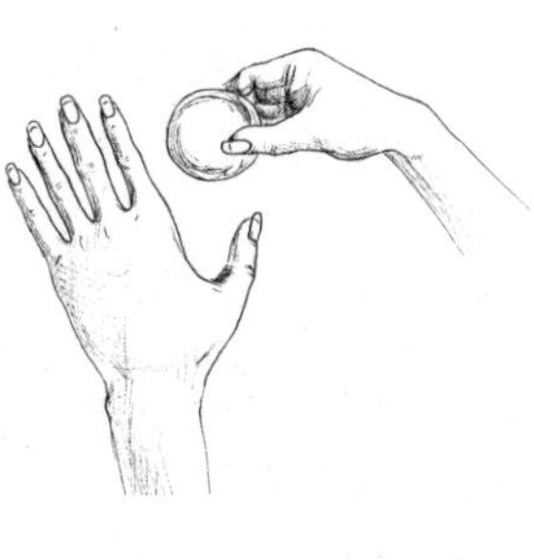

SOS boutons

Ils surviennent toujours au mauvais moment : les boutons. Asséchez-les rapidement en appliquant de l'eau bicarbonatée dessus. Couvrez à l'aide d'un petit pansement. Le lendemain, vos boutons ne seront plus là.

Gommage magique

Ne cherchez plus en vain un gommage efficace. Mamie en connaît un qui chassera toutes vos imperfections. Diluez dans 1 litre d'eau 5 cuillères à soupe de bicarbonate de soude jusqu'à obtenir une pâte homogène. Appliquez sur le visage puis massez délicatement en faisant des cercles concentriques. Rincez à l'eau puis finissez en hydratant.

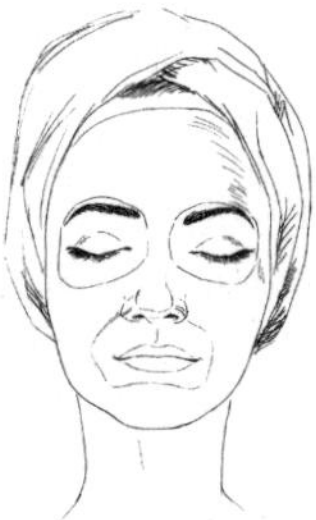

Soin dentaire

Rien ne vaut un bon brossage avec du bicarbonate de soude pour nettoyer ses quenottes en profondeur. Dans 15 cl d'eau oxygénée, diluez 3 cuillères à café de bicarbonate de soude. Déposez la mixture obtenue sur votre brosse à dents puis lavez-les avec. Attention, n'utilisez pas ce soin plus d'une fois par mois. L'eau oxygénée utilisée trop fréquemment peut attaquer vos gencives.

Nettoyer ses ustensiles bucco-dentaires

L'hygiène des ustensiles bucco-dentaires est aussi importante que l'hygiène des dents. Une fois par mois, diluez 4 cuillères à soupe de bicarbonate de soude dans 1 grand bol d'eau chaude. Laissez tremper toute 1 nuit votre brosse et votre verre à dents. Le lendemain, rincez à l'eau abondamment.

Odeur de chevelure

Vous avez fait la fête toute la soirée au milieu de fumeurs ? Résultat, le lendemain, vos cheveux sentent inévitablement le tabac froid. Même après les avoir lavés, l'odeur est toujours là ! Chassez-la simplement en versant du bicarbonate de soude sur votre crinière sèche. Massez énergiquement puis brossez pour enlever l'excès de poudre. Sentez : vos cheveux sont inodores !

Odeurs intimes

En période d'indisposition, le corps à tendance à sentir plus fort au niveau des parties intimes. Après votre toilette habituelle, rincez-vous avec de l'eau bicarbonatée. Malgré cela, si en journée l'odeur persiste, ayez toujours sur vous 1 petit spray rempli de cette eau. Dès que vous le pouvez, nettoyez-vous avec.

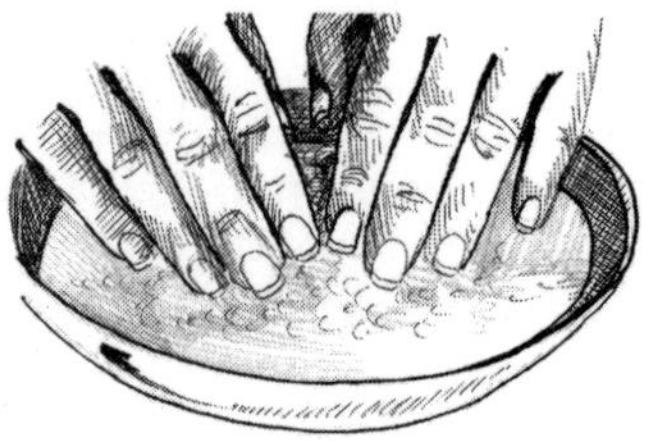

Rince-doigts inodore

Quel délice de manger des fruits de mer. Mais à la fin du repas, vos mains sentent fortement l'odeur des crustacés. Remédiez à ce petit désagrément en plongeant vos doigts dans de l'eau bicarbonatée. Il n'existe pas meilleur rince-doigts ! Il ne laisse ni odeur ni mains collantes. Faites le test !

Déodorant express

Fabriquez rapidement votre déodorant avec du bicarbonate de soude. Diluez-en 2 cuillères à café dans un pulvérisateur avec de l'eau tiède. Agitez énergiquement puis vaporisez vos aisselles. En 5 minutes, la mauvaise odeur est neutralisée.

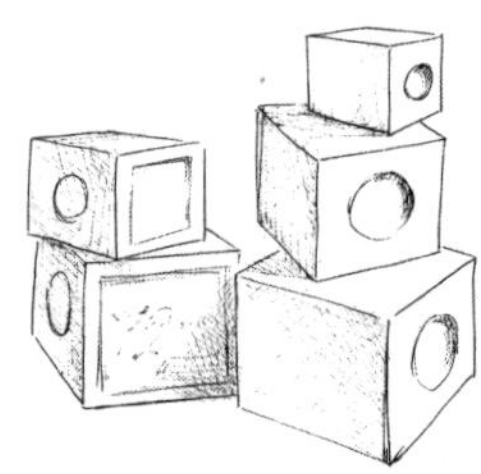

Savon maison

Le bicarbonate de soude peut aussi faire office de savon. Diluez-en 4 cuillères à café dans 1 verre de vinaigre blanc. Une pâte homogène doit se former. Laissez reposer quelques minutes puis lavez-vous avec. Votre peau sera nettoyée en profondeur sans être agressée.

Mauvaise haleine

Votre réveil n'a pas sonné ce matin ? Résultat, vous êtes parti en vitesse au travail sans prendre le temps de vous brosser les dents... Évitez la mauvaise haleine matinale avec le bicarbonate de soude. Un petit gargarisme et le tour est joué. D'une pierre deux coups, vous nettoyez aussi votre dentition !

Des muscles plus résistants

Il n'est pas question de booster vos performances, mais d'aider vos muscles à se surpasser. Boire de l'eau bicarbonatée tout au long de la journée permet de fortifier votre organisme et de mieux résister aux efforts intenses et prolongés. Dans une bouteille de 1,5 litre d'eau, diluez 4 cuillères à café de bicarbonate de soude.

SOS ongles sales

Vous peinez à enlever les résidus de vernis sur vos ongles ? Nettoyez-les avec du bicarbonate de soude. Saupoudrez le produit sur 1 petite brosse puis frottez énergiquement vos ongles humidifiés. En 2 à 3 passages, vous aurez des ongles impeccables. C'est radical !

Déodorant maison

Vous avez tendance à transpirer facilement ? Régulez votre sueur simplement en tapotant vos aisselles avec un peu de bicarbonate de soude. Vous limiterez les odeurs nauséabondes. Gardez-en toujours un peu sur vous et renouvelez l'opération dans la journée si nécessaire.

Limiter les problèmes dentaires

Le bicarbonate de soude sera votre allié anti-carie. Diluez-en 2 cuillères dans 1 verre d'eau et rincez-vous la bouche avec ce mélange 2 fois par semaine. Si vous avez les gencives sensibles, demandez au préalable l'avis à votre médecin.

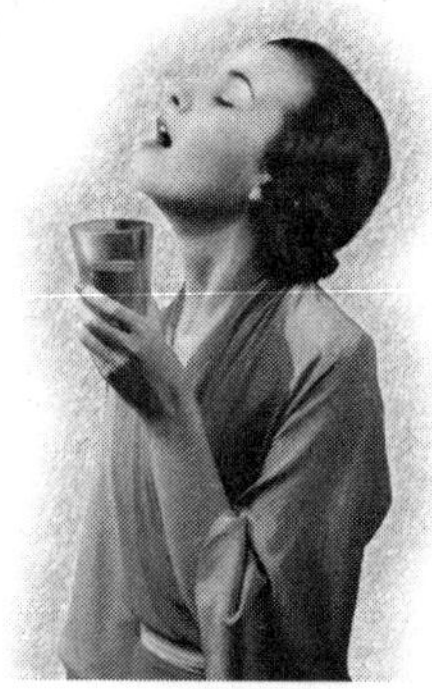

Soulager un coup de soleil

Si le soleil a fait des siennes sur votre peau et que vous n'avez pas de crème apaisante sous la main, optez pour le bicarbonate de soude. Imprégnez d'eau un torchon et saupoudrez-le de 5 cuillères à café de bicarbonate de soude. Tapotez ensuite délicatement les zones meurtries. Le soulagement est instantané !

Halte aux odeurs de friture

Après une longue journée à cuisiner, le constat est souvent le même : vos cheveux sentent la friture. Mamie s'empressait de les laver avec du bicarbonate de soude. Mélangez-en 2 cuillères à soupe dans une bouteille de 1,5 litre d'eau. Lavez-vous la tête avec votre shampooing habituel puis utilisez votre mélange comme dernière eau de rinçage. Vos cheveux seront propres et sans odeur !

En finir avec les pellicules

Rien de pire que des cheveux remplis de pellicules. Éradiquez-les naturellement avec le bicarbonate de soude. Diluez-en 4 cuillères à café dans 1 bol d'eau et frictionnez votre cuir chevelu avec ce mélange. Renouvelez l'opération 2 fois pendant 2 semaines. Si le problème persiste, n'insistez pas. Consultez votre médecin.

Enlever les produits coiffants

Le bicarbonate de soude est très efficace pour nettoyer votre cuir chevelu. Rincez-vous avec de l'eau additionnée de 2 cuillères à café de bicarbonate de soude et vous n'aurez plus de résidus de laque ou de gel dans les cheveux.

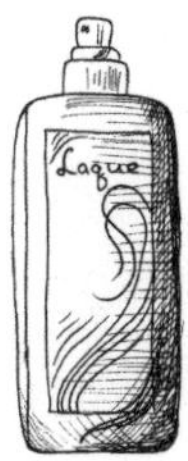

Des cheveux souples

Certains jours, quoi que vous fassiez, vos cheveux ne veulent pas se coiffer. La raison : ils manquent de souplesse. Remédiez-y en ajoutant 1 cuillère à café de bicarbonate de soude à votre shampooing. Votre crinière sera moins rebelle et se démêlera plus facilement.

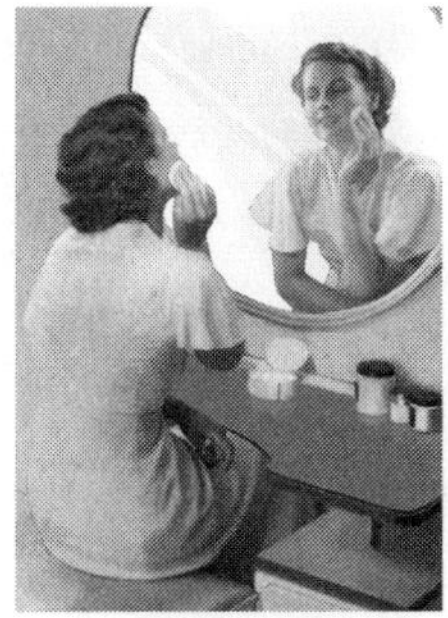

Antiacné

Ne cherchez plus la crème miracle contre les boutons. Faites plutôt confiance à Mamie qui avait une peau sans imperfections. Humectez votre visage avec un peu d'eau, puis étalez du bicarbonate de soude. Un masque avec des petits grains doit se former. Gardez-le 2 minutes si vous souhaitez faire un traitement de fond et 5 minutes si vous avez des boutons à chasser.

Un rasage parfait

Votre homme peine à se raser proprement à cause de ses poils rebelles ? Suggérez-lui d'appliquer une fois par semaine un peu de bicarbonate de soude sur son visage humidifié. Après 5 minutes de pose, sa peau sera prête à être rasée.

Purifier la peau

Mamie connaît plus d'une recette miracle pour prendre soin de sa peau. Sa préférée reste sa lotion purifiante citronnée. Voici sa recette : faites infuser 2 fleurs de souci fraîches avec 1 cuillère à soupe de thym dans de l'eau bouillante, durant 20 minutes. Filtrez et ajoutez le jus d'1 citron. Appliquez cette préparation matin et soir, durant une semaine, sur le visage, le cou et le décolleté.

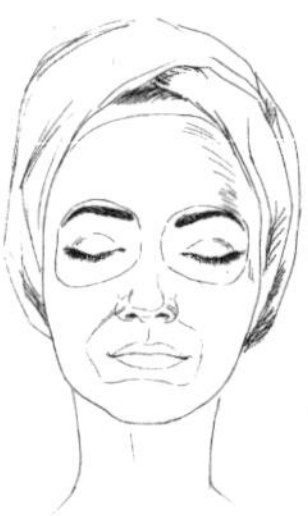

Stopper une fringale

Vous sentez venir une grosse envie de sucré ? Stoppez-la rapidement en avalant une friandise minceur. Versez 1 goutte d'huile essentielle de citron et 1 goutte d'huile essentielle de genévrier sur un petit sucre puis savourez. Cette petite douceur vous permettra de rassasier votre estomac sans être frustrée.

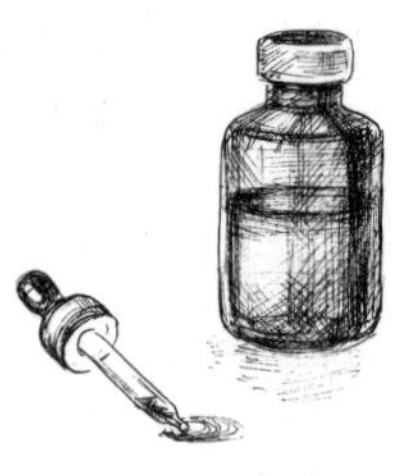

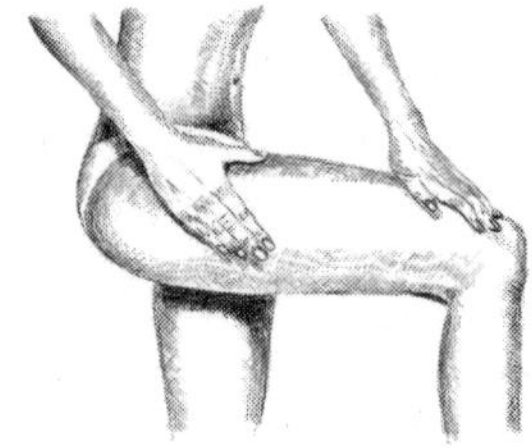

Gommage corporel

Retrouvez une peau douce et soyeuse avec le gommage maison de Grand-mère. Mélangez énergiquement le jus d'un citron avec 2 cuillères à soupe de sucre roux et 1 cuillère à café d'huile de macadamia. Mouillez votre corps et massez-vous avec cette mixture en faisant des gestes circulaires. Renouvelez l'opération 2 fois par semaine.

Prévenir les vergetures

Ces stries nacrées se forment après un changement de poids trop brutal. Une fois qu'elles sont là, rien ne les fera disparaître ! Si vous êtes en période de régime strict, il vaut mieux prévenir leur apparition. Dans un flacon, diluez 10 gouttes d'huile essentielle de citron, 10 de lavande, 15 d'avocat et 15 d'argan. Tous les jours, massez-vous énergiquement avec cette préparation sur le ventre, les cuisses et les seins. Attention, ce traitement ne convient pas aux femmes enceintes.

Détoxifier l'organisme

Grand-mère purifiait son organisme et lui permettait de chasser les toxines en prenant un bain détoxifiant. Dans son eau de lavage, elle rajoutait 8 gouttes d'huile essentielle de citron, 6 d'Atlas, autant de genièvre et de cyprès, et 1 cuillère à café d'huile d'olive. Après 10 minutes d'immersion, elle se frictionnait avec un gant de crin afin d'activer la circulation sanguine et de potentialiser l'action des essences. En prime, elle éliminait les peaux mortes. D'une pierre, deux coups !

Massage drainant

Lorsque Grand-mère n'avait pas le temps de prendre un bain détoxifiant, elle optait pour un massage drainant. Dans une fiole, elle diluait 3 cl d'huile d'amande douce avec 5 gouttes d'huile essentielle de citron, autant de pamplemousse, de romarin et 3 de menthe poivrée. Elle se massait énergiquement avec cette lotion en insistant sur les jambes, le ventre et les fesses.

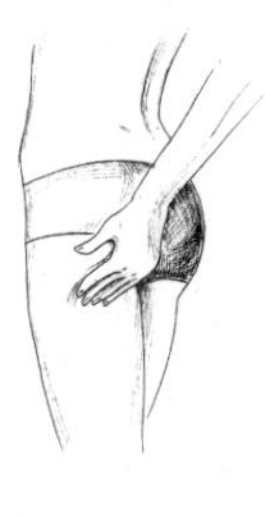

Massage relaxant

Nos ancêtres étaient rarement angoissés. Leur secret ? Un massage relaxant à base d'huile essentielle. Chaque soir, ils se massaient les pieds et la nuque avec une préparation 100 % naturelle composée de 5 cl d'huile d'amande douce, 5 gouttes d'huile essentielle de citron, 5 de lavande, 5 d'orange douce et 5 autres d'ylang-ylang. Faites le test : vous serez totalement relaxé pour aller dormir.

Bain apaisant

Quoi de mieux qu'un bon bain relaxant après une journée stressante ? Faites couler l'eau, Mamie vous livre son secret pour être parfaitement détendu : les huiles essentielles. Elle rajoutait 8 gouttes d'huile essentielle de citron, 8 autres de mandarine, autant de lavande et 1 verre de lait à son eau de lavage. Ce mélange agit aussi bien par voie cutanée qu'aérienne. De quoi vous relaxer et enchanter tous vos sens !

Citronnade diurétique

Mamie permettait à son organisme de chasser les impuretés en buvant simplement une citronnade drainante. Tous les matins, à jeun, elle buvait le jus d'1 citron pur au moins 30 minutes avant de prendre son petit-déjeuner. Faites de même ! Avalez-en dès votre réveil et allez prendre votre douche. Vous ne perdrez pas de temps et pourrez manger tranquillement après.

Un antitranspirant naturel

Le citron ne chassera pas les senteurs de sudation, mais il vous permettra de les réguler. Après chaque douche, passez un coton imbibé de jus de citron sur vos aisselles et sur vos pieds. Vous éviterez ainsi la prolifération bactérienne responsable des mauvaises odeurs corporelles. Si vous transpirez facilement, complétez le traitement en saupoudrant du talc sur les zones qui ont tendance à transpirer.

Huile anticellulite

L'huile essentielle de citron est prodigieuse pour faire disparaître la peau d'orange. À condition de savoir avec quoi l'associer. Heureusement Mamie est là et vous confie sa recette : diluez 10 gouttes d'huile essentielle de citron avec 10 de pamplemousse, 10 de cyprès et 5 cl d'huile végétale de macadamia. Conservez le tout dans une fiole foncée hermétique. Après chaque douche, massez-vous avec ce mélange, en insistant sur les zones les plus touchées : le ventre, les cuisses et les hanches.

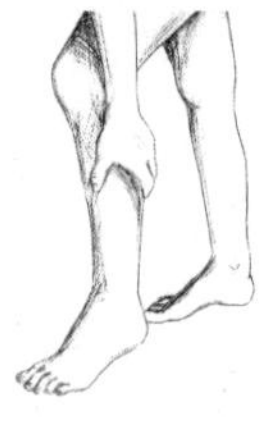

Diminuer la transpiration des pieds

Rien de plus désagréable que de transpirer des pieds ! Ils deviennent moites dans vos chaussures et dégagent une odeur nauséabonde qui disparaît difficilement. Remédiez à ce désagrément en prenant des bains de pieds citronnés. Dans une bassine, versez le jus de 3 citrons. Ajoutez de l'eau chaude, dans laquelle 3 sachets de thé vert ont infusé. Plongez-y vos petons pendant 30 minutes.

Fixer le maquillage

Vous avez la peau grasse et votre maquillage à tendance à couler en fin de journée ? Le matin, après vos soins habituels, imbibez un coton de jus de citron et passez-le sur votre visage avant de vous maquiller. Laissez sécher et appliquez votre fond de teint et votre poudre libre. Votre make-up tiendra ainsi jusqu'au soir.

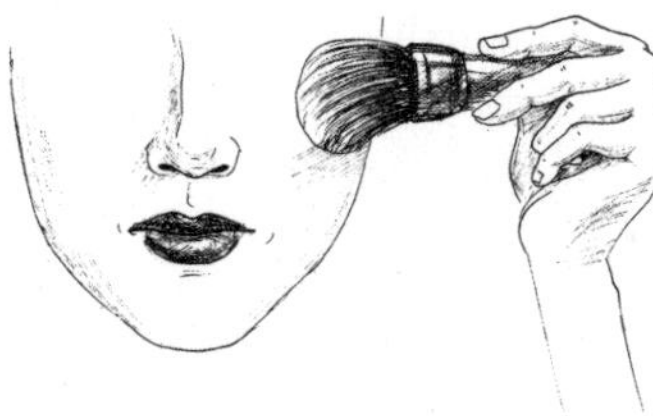

Resserrer les pores

Vous en avez assez de ces vilains points noirs sur votre visage ? Suivez la recette ancestrale de Grand-mère, rapide et efficace. Mélangez le jus d'1 citron avec 1 cuillère à soupe de poudre d'amande et 1 cuillère à soupe d'huile de jojoba. Massez votre peau avec cette mixture, en formant des petits cercles. Terminez en rinçant abondamment.

Sauna purifiant

Lorsque Grand-mère souhaitait nettoyer sa peau en profondeur, elle préparait un bain vapeur citronné. Piquez-lui son astuce ! Portez à ébullition ½ litre d'eau. Retirez du feu et ajoutez 2 gouttes d'huile essentielle de citron, 2 de cyprès et 2 de géranium. Transvasez dans un saladier. Penchez votre tête, couverte avec une serviette, au-dessus de votre préparation. Les vapeurs que celle-ci dégage assainiront naturellement votre peau. Gardez cette position pendant 10 minutes, puis séchez votre visage.

Tonique maison

Grand-mère obtenait une peau nette sans imperfection en la nettoyant régulièrement avec son tonique maison. Voici sa recette : dans une fiole, diluez 20 cl d'eau, 5 gouttes d'huile essentielle de lavande, 1 cuillère à soupe d'huile d'argan et le jus d'1 citron. Tous les matins, appliquez ce tonique sur votre visage en secouant bien votre flacon au préalable. Conservez le tout au réfrigérateur.

Marques de couperose

Si vous êtes sujet à la couperose, votre peau est marquée par des petites striures difficiles à masquer. Heureusement, Grand-mère est là et elle a la solution : l'huile essentielle de citron. Mélangez-en 6 gouttes avec 6 gouttes d'huile essentielle de géranium, 6 gouttes d'huile essentielle de cyprès et 2 cl d'huile végétale de calophylle. Massez-vous avec cette lotion 2 fois par jour.

Soigner les dartres

Vous avez des problèmes de dartres et, quoi que vous fassiez, ces marques de desquamation ne disparaissent pas ? Traitez-les efficacement avec le remède citronné de Grand-mère. Humectez tous les jours votre visage avec le jus de l'agrume jaune. Si vous êtes assidu, en 1 mois à peine, les taches ne seront plus là ! Pendant ce traitement, évitez de vous exposer au soleil.

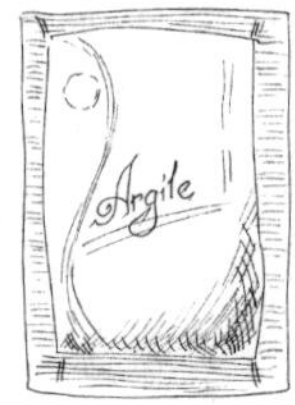

Hydrater sa peau en profondeur

Dans un bol, mélangez 2 cuillères à soupe d'argile en poudre avec le jus d'un citron. Ajoutez 1 cuillère à café de miel d'acacia, 1 autre d'huile de jojoba et 3 gouttes d'huile essentielle de géranium. Une pâte onctueuse doit se former. Apposez sur le visage et laissez sécher avant de rincer à l'eau. Renouvelez l'opération toutes les semaines.

Masque régénérant

Votre peau est terne ? Rendez-lui sa vitalité avec le simple masque hydratant 100 % bio de Mamie. Mélangez énergiquement 3 gouttes d'huile essentielle de citron avec la même quantité d'huile essentielle de palmarosa, 1 cuillère à soupe de miel et 1 yaourt nature. Appliquez le mélange obtenu sur le visage durant 15 minutes, puis rincez. Votre peau sera éclatante !

Huile anti-âge

Il est inutile de vous ruiner en crèmes antirides onéreuses pour éviter les effets du vieillissement cutané. Le soin ancestral de Grand-mère est tout aussi efficace ! Dans un flacon hermétique, mélangez de l'huile essentielle de citron, de lavande, de géranium et de palmarosa : 3 gouttes de chaque. Ajoutez-y 3 cl d'huile végétale de bourrache, puis étalez en petite quantité sur votre peau, nettoyée au préalable. Faites bien pénétrer et retirez l'excédent avec un mouchoir.

S.O.S mains gercées

Chaque hiver, c'est la même rengaine : le froid assèche vos mains, qui finissent par gercer. Apaisez-les rapidement : Pressez 1 citron, et récupérez son jus. Ajoutez-y 1 cuillère à café d'huile d'olive et 1 cuillère à soupe de miel liquide. Appliquez cette mixture sur vos mains et laissez agir 20 minutes avant de rincer.

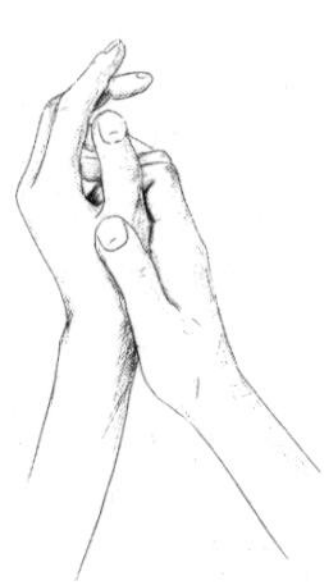

Hydrater les mains rapidement

Vous partez au ski et vous avez oublié d'acheter votre crème pour les mains ? Pas de panique : si vous avez de l'huile essentielle de citron, mélangez-en 5 gouttes avec 1 cuillère à soupe d'huile d'amande douce dans une fiole. Dès que vous le pouvez, massez vos mains avec. Elles seront ainsi protégées du froid et, en prime, sentiront bon le citron !

Chasser les mauvaises odeurs des mains

À la maison, c'est vous qui cuisinez et qui régalez toute la famille. À force de manipuler les aliments, vos mains empestent souvent le poisson ou l'oignon. Remédiez à ce petit désagrément en les frottant simplement avec le jus d'un citron puis rincez à l'eau froide. Sentez : vos mains sont citronnées !

Fortifier les ongles

Vos ongles sont secs et cassants ? Ne cherchez plus le soin miracle, Mamie a la recette qu'il vous faut. Mélangez le jus de 2 citrons avec 1 cuillère à café d'huile d'olive. Appliquez cette préparation sur vos ongles en insistant sur les cuticules. Mettez ensuite des gants fins et laissez agir toute une nuit. Le lendemain, rincez à l'eau.

Halte aux cheveux mous

Vos cheveux sont raplapla et sans volume ? Suivez la recette de Mamie : elle est simple et rapide. Dans un bol, mélangez 1 jaune d'œuf, 2 cuillères à soupe de jus de citron, 1 cuillère à soupe d'huile d'avocat et 1 cuillère à soupe de rhum blanc. Étalez sur votre chevelure humide et laissez agir 10 minutes. Terminez en vous lavant la tête avec un shampooing doux.

Réguler les cheveux gras

Les cheveux gras ne seront plus qu'un souvenir, avec cette lotion régulatrice de sébum. Dans un flacon, diluez 2 cuillères à soupe de jus de citron avec 25 cl d'eau de source. Ajoutez-y 2 gouttes d'huile essentielle de sauge sclarée, la même quantité d'huile essentielle de cyprès, de lavande et de cèdre. Appliquez cette lotion sur vos cheveux secs et laissez agir toute une nuit. Le lendemain, lavez vos cheveux avec votre shampooing habituel.

Chasser les pellicules

L'excès de pellicules résulte souvent de l'irritation du cuir chevelu. Apaisez-le en le régulant naturellement. Mélangez 1 yaourt au lait entier avec 2 gouttes d'huile essentielle de citron et 2 de romarin. Humidifiez vos cheveux et massez-vous la tête avec cette lotion. Dix minutes plus tard, rincez et lavez avec un shampooing doux. Renouvelez l'opération 1 fois par semaine durant 1 mois.

Shampooing antipelliculaire

Vous n'avez pas le temps de fabriquer des soins maison pour chasser vos pellicules ? Pas de panique, pensez à l'astuce de nos grands-mères. Ajoutez 10 gouttes d'huile essentielle de citron à votre flacon de shampooing habituel. Il deviendra ainsi un prodigieux produit antipelliculaire. En prime, il sera citronné à souhait !

Crème nourrissante de nuit

Confectionnez vous-même votre crème hydratante. Pour cela, mixez 1 abricot avec le jus d'1 citron. Faites chauffer au bain-marie à feu doux 3 cuillères à soupe de beurre de karité. Mélangez le tout jusqu'à l'obtention d'une crème opaque. Transvasez dans un pot hermétique et mettez au réfrigérateur. Tous les soirs, avant de vous coucher, appliquez-en une petite noisette sur votre visage.

Lotion astringente citronnée

Chassez les impuretés de la peau avec une lotion astringente 100 % bio. Faites tiédir dans une casserole 10 cl d'eau de fleur d'oranger. Retirez du feu et ajoutez le zeste d'un citron entier. Couvrez et laissez infuser 24 heures. Filtrez et conservez dans une fiole hermétique que vous laisserez au réfrigérateur. Matin et soir, nettoyez votre visage avec un coton imbibé de cette préparation.

S.O.S. crevasses aux mains

Le citron sera votre allié pour soulager les crevasses des mains. Dans un bol, versez le jus d'un citron avec 2 cuillères à soupe d'huile d'olive et 2 autres d'argile en poudre. Une pâte onctueuse doit se former. Apposez sur les zones à traiter et laissez agir 30 minutes. Terminez en rinçant à l'eau tiède.

Apaiser la peau

Vous avez la peau irritée par les crèmes industrielles ? Soulagez-la rapidement avec un lait maison. Portez à ébullition 25 cl d'eau avec une poignée d'amandes émondées. Retirez du feu et ajoutez 3 feuilles de laitue. Passez le tout au mixeur jusqu'à l'obtention d'un liquide laiteux. Terminez en ajoutant le jus d'un citron. Utilisez cette crème matin et soir pour nettoyer votre visage.

Effet bonne mine

Rien de mieux que le citron pour détoxifier l'organisme et le purifier. Durant 3 semaines, buvez à jeun, chaque matin, le jus d'un citron additionné d'eau chaude. Vous allez ainsi nettoyer votre foie, ce dernier influant sur votre teint. En une semaine à peine celui-ci deviendra plus lumineux et plus clair. En prime, vous éviterez l'apparition de nouveaux boutons !

Taches de rousseur

Vous n'aimez pas vos taches de rousseur que vous trouvez trop prononcées ? Faites-les disparaître naturellement et de manière progressive avec ce remède de grand-mère. Passez sur votre visage du jus de citron salé, 2 fois par jour, pendant 1 mois. Vous verrez, c'est magique !

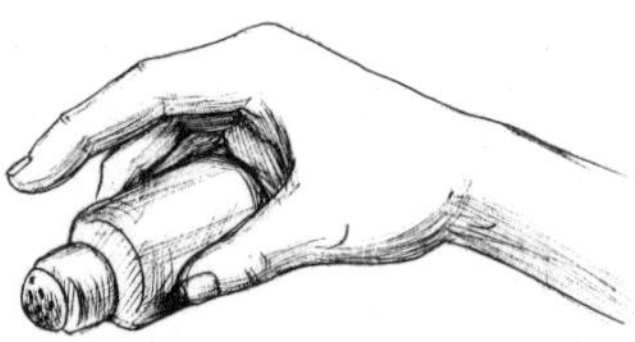

Rouge à lèvres naturel

Vous avez oublié votre rouge à lèvres fétiche ? Pas de panique : frottez énergiquement durant 5 minutes votre bouche avec une rondelle de citron. Celle-ci activera la circulation sanguine et vous fera une bouche bien rouge. Ni vu ni connu, vous aurez des lèvres à croquer !

Gommage corporel

Une fois par mois, il est conseillé de faire un gommage corporel afin d'éliminer les peaux mortes. Voici une recette facile à réaliser : battez 1 œuf jusqu'à ce qu'il mousse. Ajoutez le jus d'un citron, 2 cuillères à soupe de crème fraîche et 4 de farine de pois chiches. Remuez à l'aide d'un fouet pour qu'il ne reste aucun grumeau. Mouillez-vous le corps et appliquez cette mixture en vous en frottant énergiquement. Rincez-vous et terminez en hydratant à l'aide d'une huile.

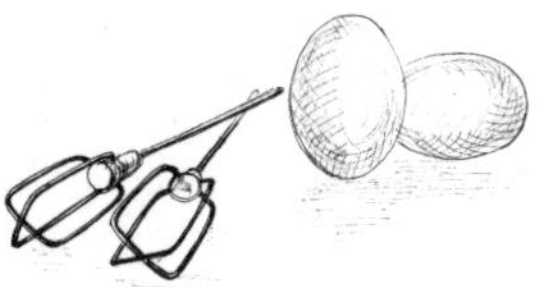

Halte aux cheveux ternes

Mamie avait toujours une belle chevelure quelle que soit la saison ! Son secret ? Sa lotion revitalisante maison. Piquez-lui sa recette : faites bouillir 30 g de sauge séchée dans 1 litre d'eau durant 5 minutes. Retirez du feu et laissez infuser 10 minutes. Filtrez et ajoutez le jus d'un citron. Lavez-vous les cheveux et utilisez cette mixture comme dernière eau de rinçage. Renouvelez l'opération pendant 1 mois.

Masque pour cheveux secs

Vous avez les cheveux secs ? Hydratez-les efficacement avec un masque nourrissant spécifique. Écrasez 1 banane jusqu'à l'obtention d'une purée puis ajoutez 1 jaune d'œuf, 2 cuillères à café de miel liquide et le jus d'un citron. Appliquez cette mixture sur vos cheveux et laissez poser 1 heure. Rincez-vous la tête puis lavez-la avec un shampooing doux. Renouvelez le soin 2 fois par semaine, pendant 1 mois.

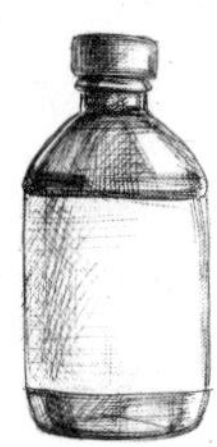

Parfumer les cheveux

Si vous travaillez en cuisine, vos cheveux s'imprègnent inévitablement de l'odeur de cuisson des aliments. Pour éviter ce désagrément, suivez l'astuce de Grand-mère. Portez à ébullition 10 cl d'eau de fleur d'oranger puis incorporez le jus de 2 citrons. Laissez tiédir hors du feu. Transvasez le tout dans un flacon hermétique. Après chaque lavage, rincez-vous avec cette lotion aromatisée.

Un tonique maison

Matin et soir, il faut toujours appliquer un tonique sur son visage afin de purifier l'épiderme. Vous n'en avez pas sous la main ? Portez à ébullition 10 cl d'eau de rose. Retirez du feu et ajoutez les zestes d'un citron coupés fins ainsi que son jus. Couvrez et laissez reposer. Le lendemain, filtrez et transvasez dans une fiole hermétique. Imbibez-en 1 coton et passez-le sur votre visage.

Lotion astringente

Le citron sera votre allié pour assainir votre peau en profondeur. Pressez-en 2 dans 20 cl de fleur d'oranger. Faites bouillir durant 2 minutes puis retirez du feu. Ajoutez le jus de 2 autres citrons, cette fois les zestes coupés en lamelles. Laissez reposer pendant 1 journée, puis filtrez. Conservez dans une bouteille hermétique que vous laisserez au réfrigérateur. Matin et soir, nettoyez-vous le visage avec cette lotion.

Huile nourrissante

Dans un flacon opaque, diluez 10 cl d'huile d'olive avec 2 gouttes d'huile essentielle de citron. Râpez le zeste d'1/2 citron et incorporez-le au mélange. Fermez et laissez reposer 48 heures. Filtrez et transvasez de nouveau dans la fiole. Après vous être soigneusement démaquillée, appliquez cette huile sur votre visage. Votre peau sera ainsi parfaitement hydratée.

Soin pour peaux sèches

Lorsque l'épiderme est fragilisé, la peau tire et s'assèche. Pour y remédier il vous suffit d'appliquer un soin doux nourrissant et hydratant. Mamie en connaît un qui n'agressera pas votre peau : mélangez 6 gouttes d'huile essentielle de citron, 2 cuillères à soupe d'huile d'amande douce et 2 cuillères à soupe de miel jusqu'à l'obtention d'un mélange bien lisse. Appliquez ce masque sur votre visage. Une heure plus tard, retirez l'excédent avec un coton imbibé d'eau de rose. Recommencez l'opération tous les soirs, pendant un mois.

Baume maison

Vous avez tendance à avoir les lèvres sèches ? Apaisez-les en vous fabriquant une crème réparatrice naturelle. Dans un pot muni d'un couvercle, mélangez 4 gouttes d'huile essentielle de citron, 4 d'orange, 1 cuillère à café de crème fraîche épaisse entière et 1 cuillère à soupe de miel liquide. Une crème onctueuse se forme : hydratez-en votre bouche. Conservez votre préparation 6 jours au maximum dans votre réfrigérateur.

Revitaliser son organisme

Rien de mieux qu'une cure de jus de citron pour purifier son organisme. Le principe est de boire au réveil le jus d'1 ou de plusieurs agrumes, selon un ordre précis. Le premier jour commencez par boire le jus d'1 citron avec de l'eau chaude. Augmentez le nombre petit à petit : 2 puis 3, pour arriver à 4 citrons au quatrième jour. Le cinquième jour, ramenez la dose à 3, pour finir à 2, le sixième jour.

Cure ancestrale anti-âge

Ne cherchez plus en vain comment faisait Mamie pour rester jeune ! Faites plutôt sa cure anti-âge et vous aurez la réponse. Pendant 2 semaines, le matin, à jeun, buvez le jus de 2 carottes additionné d'un jus de citron. Mangez ensuite des fruits secs à coques au petit-déjeuner : amandes, noix ou noisettes. Faites vos autres repas en essayant de limiter les sucres rapides et les lipides. Cette cure vous apportera beaucoup de vitalité et détoxifiera votre organisme.

Chasser les kilos en trop

Lorsque Grand-mère souhaitait perdre les kilos accumulés avec les fêtes, elle faisait une diète au citron. Pendant 10 jours, elle buvait uniquement une mixture à base de cet agrume. Voici sa recette : portez à ébullition le jus de 5 citrons. Retirez du feu et laissez refroidir. Filtrez et ajoutez 2 cuillères à coupe de sirop d'agave. Mettez au frais et buvez cette préparation tout au long de la journée.

Infusion minceur

Grand-mère ne manquait pas de recettes miracles pour perdre du poids. En hiver, elle optait pour une tisane amincissante. Dans une grande casserole d'eau bouillante, elle versait 20 g de fleurs de camomille avec 5 citrons coupés en rondelles. Elle laissait macérer une nuit, avant de filtrer le tout et de boire cette infusion dès le matin au réveil.

Jambes de déesse

Vous souhaitez affiner vos jambes ? Massez-les avec une huile amincissante naturelle. Dans une petite fiole hermétique, mélangez 10 cl d'huile de jojoba, 15 gouttes d'huile essentielle de citron et 15 de cyprès. Tous les soirs, appliquez énergiquement cette préparation sur vos gambettes jusqu'à sa pénétration totale.

Coupe-faim naturel

En période de régime, il est parfois difficile de ne pas succomber aux tentations. Résistez-y à tous les coups, grâce au coupe-faim naturel de Mamie. Mélangez le jus d'1 citron vert avec 1 cuillère à café de miel et le jus d'1 concombre. Dès qu'une envie de gourmandise surgit, buvez cette préparation. Vous êtes certain de résister sans frustration.

Halte à la cellulite

L'apparition de cellulite résulte de l'hypertrophie des tissus adipeux. Une fois qu'elle est apparue, il est difficile de s'en débarrasser, à moins de recourir aux remèdes de Mamie. Faites chauffer 40 g de vaseline, 20 g de lanoline et 2 cuillerées à soupe d'huile d'olive. Ajoutez 15 gouttes d'huile essentielle d'origan, 5 de lavande et 5 de citron. Mélangez. Appliquez la préparation obtenue sur une peau sèche et propre.

Huile contre la peau d'orange

Pour chasser la cellulite, vous devrez vous armer de patience et surtout être très assidue. Commencez par préparer une huile drainante à base d'huile essentielle de citron. Dans un flacon, mélangez-en 5 gouttes avec 7 cuillères à soupe de vinaigre de cidre, 20 cl d'huile d'amande douce et 3 gouttes d'huile essentielle de cèdre. Secouez énergiquement pour obtenir une émulsion uniforme. Massez-en les zones de peau d'orange, 2 ou 3 fois par jour.

Bain drainant

Quoi de mieux qu'un bain « 2 en 1 », qui détend tout en affinant la silhouette ? Hachez 100 g de feuilles de lierre dans 1 litre de vinaigre de cidre bouillant. Ajoutez le jus d'1 citron et laissez macérer 6 heures, avant de verser le tout dans votre eau de lavage. Vingt minutes plus tard, vous serez parfaitement raffermie et détendue. D'une pierre, deux coups !

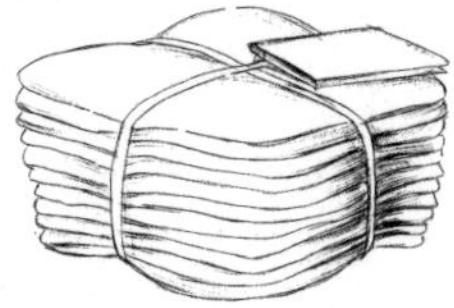

Cataplasme anticellulite

Grand-mère faisait disparaître la peau d'orange à l'aide d'un cataplasme à base de citron. Pressez-en 3 et portez leur jus à ébullition dans 1 litre d'eau, pendant 15 minutes, avec 50 g de feuilles de citronnier. Filtrez et laissez tiédir. Imbibez des compresses avec cette mixture et placez-les sur les zones de cellulite. Laissez agir pendant 10 minutes. Renouvelez l'opération deux à trois fois par semaine. En quelques mois votre peau sera plus ferme !

Crème nourrissante corporelle

Bien hydrater son corps est essentiel si vous souhaitez avoir une peau douce et soyeuse. Grand-mère appliquait chaque soir une crème spécifique citronnée. Faites de même : mélangez 1 yaourt, 1 cuillère de miel liquide et 3 cuillères à soupe de flocons d'avoines avec le jus d'un citron. Avant de vous coucher, étalez cette crème sur votre corps en formant des mouvements lents et réguliers.

S.O.S. mains abîmées

Vous avez les mains rugueuses et sèches ? Remédiez à ce désagrément grâce à la crème réparatrice de Mamie. Mélangez la chair d'1 avocat avec 2 abricots jusqu'à l'obtention d'une pâte bien lisse. Ajoutez 2 cuillères à soupe de miel et 10 gouttes d'huile essentielle de citron. Avant de vous coucher, enduisez-vous les mains avec cette mixture et mettez des gants. Le lendemain, rincez à l'eau tiède. Renouvelez l'opération 3 nuits d'affilée.

Le régime miracle au citron

Lorsque Grand-mère souhaitait maigrir rapidement, elle faisait un jeûne à base de citron. Dans 1,5 litre d'eau, elle versait le jus de 10 citrons, 10 cuillères à café de sirop d'érable et une pincée de piment de Cayenne. Durant au moins 7 jours, elle buvait uniquement cette mixture. Cette cure est radicale : elle permet de perdre 2 kg sans être fatiguée. Si vous souhaitez faire cette diète, demandez l'avis de votre médecin.

Nourrir sa peau

Faites ramollir, à petit feu et au bain-marie, 2 cuillères à soupe de beurre de karité jusqu'à ce qu'il soit crémeux. Retirez du feu et ajoutez 2 cuillères à soupe de crème d'amande, le jus d'un citron et 4 gouttes d'huile essentielle de citron. Mélangez énergiquement : une pâte bien lisse doit se former. Appliquez cette préparation tous les soirs sur votre visage, sur votre cou et sur votre décolleté.

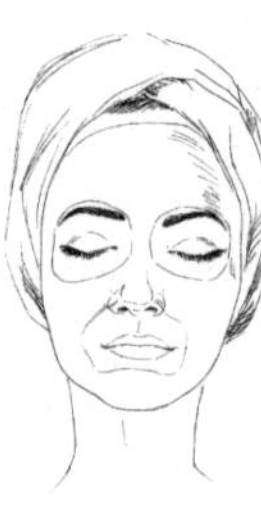

Brûler les graisses

Réduire les calories d'un plat, c'est possible ? Avec Mamie, oui ! Comment ? En assaisonnant simplement ce plat d'huile essentielle de citron. Mélangez-en 10 ml avec 3 ml d'huile essentielle de genévrier et avec 3 ml de sauge. Ajoutez 2 cuillerées de cette préparation à de l'huile de l'olive. Votre vinaigrette est prête !

Soin anti-vergetures

Une fois que les vergetures sont apparues, il est très difficile de les faire disparaître. Cependant, vous pouvez toujours les atténuer avec une huile spécifique. Dans une petite fiole, mélangez à parts égales de l'huile essentielle de citron et de l'huile essentielle de rose musquée. Agitez et massez les zones concernées 2 fois par jour avec cette préparation.

Combattre l'acné

Grand-mère évitait les problèmes acnéiques à l'aide d'une cure de lait caillé citronné. Pressez le jus d'1 citron dans ½ litre de lait, puis remuez énergiquement. Le lait doit devenir granuleux. Laissez reposer 30 minutes. Buvez cette mixture 2 fois par jour, pendant 1 mois. Petit à petit, les boutons disparaîtront.

Gommage maison

Pratiquer un gommage au moins 1 fois par semaine est bon pour la peau. Dans un bol, mélangez 1 tasse de sucre en poudre avec 1 tasse de jus de citron. Étalez cette lotion sur le visage en formant des mouvements circulaires. Terminez en rinçant à l'eau claire. Observez : toutes les imperfections ont disparu.

Soin antirides

La forte concentration en vitamine C du citron en fait un instrument efficace de lutte contre le relâchement cutané. Faites chauffer la même quantité de crème fraîche et de lait dans une casserole. Ajoutez 2 rondelles de citron. Couvrez et laissez refroidir durant 3 heures. Appliquez cette mixture sur votre visage et laissez agir 30 minutes. Retirez l'excédent à l'aide d'un gant mouillé. Recommencez matin et soir.

Huile aroma-massage complète

Un soin anticellulite digne d'un grand institut à la maison, c'est possible ? Oui, en suivant la recette de Grand-mère : dans un grand flacon, diluez 94 ml d'huile d'argan, 1 ml d'huile essentielle d'hélichryse, 2 ml d'huile essentielle de genévrier et 3 ml d'huile essentielle de citron. Avant chaque douche, appliquez cette lotion sur l'ensemble de votre corps. La chaleur de l'eau en activera les principes actifs, qui agiront en profondeur sur la cellulite.

Coude rugueux

Vous avez beau passer de la crème tous les jours, rien n'y fait : vos coudes restent rêches et rugueux. Remédiez à ce désagrément avec un remède ancestral simple et naturel. Après chaque lavage, sur la peau encore humide, passez un citron coupé en deux sur les zones à traiter. En un mois à peine, vos coudes seront doux au toucher.

Pour des mains douces

Retrouvez des mains douces et soyeuses grâce à la crème réparatrice de Mamie. Mélangez la même quantité de jus de citron, de glycérine et d'eau de Cologne dans un petit récipient. Une lotion homogène doit se former. Appliquez cette préparation dès que vos mains sont sèches.

Bain revigorant

Après une journée éreintante, retrouvez du tonus avec le bain magique de nos aïeules. Dans un bol, mélangez 8 gouttes d'huile essentielle de citron, 6 de romarin, 6 de cyprès et 1 verre de lait. Versez cette préparation dans votre bain et relaxez-vous 15 minutes au minimum. Votre corps est revitalisé et vous êtes parfaitement détendue.

Adoucir la peau

Nos aïeules gardaient une peau douce grâce à un bain gommant régulier. Faites de même ! Mélangez le zeste d'1 citron avec 2 cuillères à café de son dans un petit sac de mousseline. Faites-le bouillir dans 1 litre d'eau durant 30 minutes. Ajoutez cette eau à votre bain. Après 15 minutes d'immersion, frottez-vous avec le sac de mousseline. Vous chasserez ainsi toutes les peaux mortes.

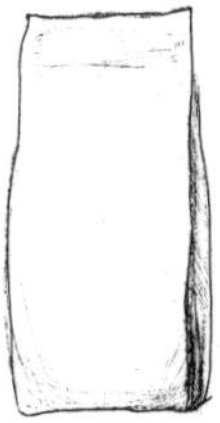

Démaquillant maison

Vous supportez mal les démaquillants industriels ? Optez pour celui 100 % naturel de Grand-mère ! Dans 1 petit flacon hermétique, mélangez du jus de citron fraîchement pressé et de l'eau de rose, en même quantité. Appliquez votre lotion matin et soir sur votre visage à l'aide d'un coton. Votre peau sera ainsi nettoyée sans être agressée ni irritée.

Démaquillant express

Vous n'avez plus de quoi nettoyer votre peau et vous manquez de temps ? Dans un flacon, mélangez à parts égales de la vaseline et de l'huile d'amande douce avec le jus d'un citron. Secouez : votre lotion démaquillante est prête. Imbibez-en un coton et passez-le sur votre visage. Le matin, avant de vous mettre de la crème, et le soir, pour chasser les impuretés de la journée.

Crème régénératrice maison

Utilisez les vertus astringentes du citron. Diluez 10 gouttes de son jus avec la même quantité d'huile essentielle de patchouli et d'huile essentielle de rose. Mélangez délicatement et ajoutez 3 cuillères à soupe d'huile d'amande douce. À l'aide d'un coton, tapotez votre visage avec cette mixture jusqu'à pénétration totale. Quinze minutes plus tard, rincez à l'eau tiède. Touchez : votre peau est d'une extrême douceur.

Crème démaquillante 2 en 1

Pour fabriquer votre démaquillant, faites fondre sur feu doux, et au bain-marie, 15 g de cire d'abeille avec 10 cl d'huile d'amande douce. Pendant ce temps, préparez une infusion de menthe fraîche : jetez-en une grosse poignée dans une casserole bouillante et laissez refroidir. Ajoutez 1 cuillère à soupe de votre infusion à votre première préparation, 1 cuillère à café de borax et 1 goutte d'huile essentielle de citron. Retirez du feu et battez au fouet jusqu'à l'obtention d'une crème. Appliquez-la et laissez agir 20 minutes.

Apaiser la couperose

Mamie employait un traitement naturel et inoffensif qui atténuait les marques de couperose. Tous les matins, elle imprégnait un morceau de coton d'eau argileuse et se le passait sur le visage. Elle frottait ensuite sa peau avec un citron jaune. Petit à petit, les traces s'estompaient sans en irriter l'épiderme.

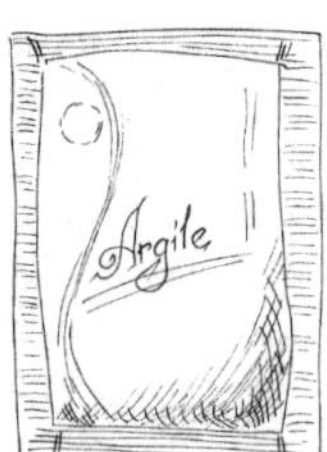

Chasser la corne plantaire

La beauté passe aussi par les pieds. Grand-mère le savait et ne manquait pas de les entretenir. Elle éliminait la corne plantaire en prenant des bains de pieds citronnés. Dans une bassine d'eau chaude, diluez la pulpe d'1 citron jaune et une grosse poignée de gros sel. Trempez-y vos petons pendant 20 minutes. Frottez-les ensuite avec une pierre ponce, puis hydratez avec de l'huile d'amande douce.

S.O.S. cheveux secs

Si vous avez les cheveux secs, optez pour le soin magique de Mamie. Mélangez le jus d'un citron avec la chair d'½ avocat et 1 cuillère à café d'huile d'olive. Une pâte homogène doit se former. Appliquez et laissez agir 30 minutes. Terminez en vous lavant avec votre shampooing habituel. Touchez : votre chevelure est douce et soyeuse.

Des cheveux fortifiés

Une nouvelle fois, le citron sera votre allié si vous souhaitez avoir des cheveux plein de vitalité. Mélangez du jus de citron et du vinaigre blanc, avec de l'eau tiède et à parts égales. Après vous être soigneusement lavé les cheveux, rincez-les avec cette lotion. Laissez agir 5 minutes avant de les rincer à nouveau.

Éclaircir les cheveux

Vous n'avez pas besoin d'utiliser des produits toxiques et onéreux pour éclaircir la couleur de vos cheveux. Grand-mère pressait simplement 1 citron dans un verre d'eau et appliquait cette préparation sur sa crinière. Elle allait ensuite se reposer au soleil, pendant 1 heure : le tour était joué. Testez d'abord son astuce sur une petite mèche de vos cheveux. Mais évitez ce soin, si vous avez les cheveux foncés.

Coiffure express

Certains matins apportent leurs lots de contrariétés, à commencer par les cheveux qui ne veulent pas se laisser coiffer ! Vous n'avez qu'une envie : tout attacher et tant pis pour votre look. Avant d'en arriver là, suivez le conseil de Mamie : pressez du jus de citron dans un petit bol. Appliquez-en sur votre crinière. En deux temps, trois mouvements, vous n'aurez plus d'épis !

Donner de la brillance aux cheveux

Quelle que soit la couleur de vos cheveux, Mamie a la solution pour redonner de la brillance à votre crinière. Comment ? Simplement en mélangeant dans une bouteille d'1,5 litre d'eau le jus de 2 citrons jaune et 2 cuillères à soupe de vinaigre de cidre. Utilisez cette préparation comme dernière eau de rinçage. En un mois à peine, vous n'aurez plus les cheveux ternes !

Cheveux blonds brillants

Avoir un beau blond naturel demande un minimum de soins réguliers. Faites infuser dans une casserole d'eau bouillante 1 poignée de fleurs séchées de camomille, pendant 15 minutes. Laissez refroidir, puis ajoutez le jus d'un citron jaune et 10 gouttes d'huile essentielle de lavande. Mélangez soigneusement et conservez cette lotion dans un flacon hermétique. Une fois par mois, appliquez-en sur vos cheveux mouillés et laissez reposer 20 minutes, puis rincez. Vos cheveux blonds retrouveront tout leur éclat.

Baume à lèvres maison

Vous avez les lèvres gercées ? Remédiez-y en douceur en fabriquant le baume maison de Mamie. Mélangez 20 g de cire d'abeille émiettée et 1 cuillère à café d'huile de tournesol. Ajoutez 4 gouttes d'huile essentielle de citron et 6 de lavande, avec le jus d'un demi-citron. Faites chauffer 3 minutes au bain-marie en remuant énergiquement sans interruption. Laissez tiédir et transvasez dans un petit pot hermétique. Appliquez-en tous les jours sur vos lèvres sèches.

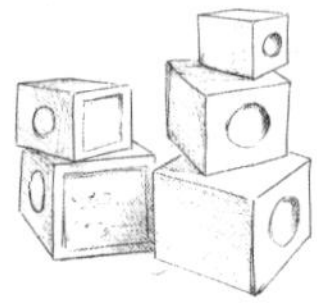

Bain tonique

Après un effort intense, Mamie se confectionnait toujours un bain revigorant. Voici sa recette : dans un premier bol, faites dissoudre 175 g de savon de Marseille en paillettes dans de l'eau chaude. Une pâte homogène doit se former. Dans un second, diluez 1 cuillère à soupe de glycérine avec le jus d'un citron. Mélangez le tout et transvasez dans un bocal hermétique. Ajoutez 1 cuillère à soupe de cette mixture à l'eau de votre bain.

Bain de pieds

Grand-mère prenait soin de ses pieds régulièrement, en prenant des bains nettoyants. Portez à ébullition 2 litres d'eau. Ajoutez un bol de flocons d'avoine préalablement imbibés d'eau. Laissez cuire 5 minutes. Retirez du feu. Une fois que la mixture est froide, ajoutez 20 g de bicarbonate de soude et le jus d'un citron. Faites chauffer une nouvelle fois, puis trempez-y vos pieds. Vingt minutes plus tard, rincez abondamment.

Combattre l'acné

Les adolescents souffrent souvent d'éruptions cutanées sur le visage : le fléau de l'acné ! Mamie avait sa recette magique qui chassait tous les boutons. Portez à ébullition 2 tasses d'eau avec 1 petite poignée de thym. Retirez ensuite du feu et laissez infuser en couvrant la casserole. Filtrez le tout et ajoutez le jus d'un citron. Matin et soir, nettoyez votre visage avec cette lotion.

Tonique et rinçage au riz

Elle est en général jetée comme un simple déchet, mais l'eau de cuisson du riz, grâce à l'amidon qu'elle contient, constitue un excellent tonique qui affine le grain de peau. Elle peut également être utilisée pour adoucir et lisser les cheveux, avant le shampooing.

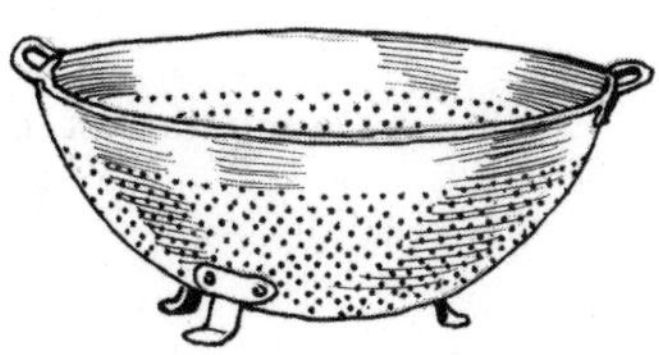

Tonique au concombre

Pour une peau fraîche et éclatante, il est recommandé d'utiliser un tonique. Vous n'en avez pas dans votre armoire de salle de bains ? Pas de problème : en fabriquer un ne vous prendra pas plus de 10 minutes. Remplissez une casserole d'eau de source et jetez-y un concombre râpé ou coupé en rondelles fines. Laissez frémir pendant une demi-heure et filtrez votre mélange. Votre tonique, à passer sur le visage avec du coton, est prêt à être conditionné, de préférence dans un vaporisateur.

Teinter du vernis à ongles

Les femmes ont tendance à accumuler, au fil des années, les pots de vernis à ongles dont la couleur, il est vrai, se démode très vite. Pour les remettre au goût du jour, vous pouvez en modifier la teinte en utilisant tout simplement du colorant alimentaire liquide. Si vous tenez à ce que la couleur du vernis soit la plus proche possible de celle du colorant, teintez un vernis blanc ou incolore. N'oubliez pas : cette teinture ne peut fonctionner que sur un vernis à ongles bien fluide. Autrement dit, mieux vaut laisser de côté les vieux pots mal refermés devenus pâteux.

Taches de nicotine sur les doigts

Le jus de citron doit normalement venir à bout des taches jaunâtres produites par la nicotine. Si cela ne fonctionne pas, parce que la tache est trop importante ou trop bien installée, utilisez un disque de coton imbibé de dissolvant. Ne répétez pas ce geste trop souvent : le dissolvant assèche la peau.

Soin capillaire hydratant

Mélangez un jaune d'œuf et un demi-verre d'huile d'olive. Fouettez fermement et versez cette crème sur toute la longueur des cheveux, en évitant les racines. Laissez poser une heure, rincez et faites un ou deux shampooings selon votre nature de cheveux : ceux-ci seront bien hydratés, plus faciles à coiffer, et ils conserveront toute leur légèreté.

Sourire éclatant

Pour blanchir vos dents et diminuer les taches dues à la consommation de thé ou de tabac, vous pouvez vous brosser les dents régulièrement avec du bicarbonate de soude. Vous augmenterez son efficacité en y ajoutant quelques gouttes d'eau oxygénée. Bien sûr, il ne faut surtout pas avaler ce mélange et, compte tenu de l'acidité des produits, il faut limiter leur usage (une fois tous les quinze jours).

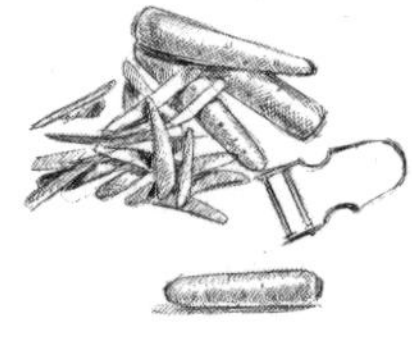

Soin bronzant à la carotte

Vous voulez avoir bonne mine mais craignez de vous transformer en véritable pastèque pour avoir mal dosé l'autobronzant ? Optez pour ce masque naturel : mélangez une carotte foncée, râpée très finement, à un peu d'huile d'olive ou à quelques cuillères de yaourt. Appliquez ce masque sur le visage, le cou et le décolleté et laissez reposer pendant une vingtaine de minutes.

Shampooing sec maison

Vous partez pour un trekking de plusieurs jours sans accès à la douche ou vous êtes simplement en rade de shampooing et vous ne voulez pas utiliser de shampooing sec en aérosol, trop irritant ? Une simple poignée de farine, frottée uniformément sur le crâne, va constituer un excellent shampooing sec. Laissez agir deux minutes avant de brosser vigoureusement les cheveux pour les débarrasser de la farine.

Rouge à lèvres tout simple

Une goutte de jus de betterave suffit à donner une coloration légèrement rosée à vos lèvres et peut même servir de fard à joues de secours, à condition bien sûr de garder la main légère !

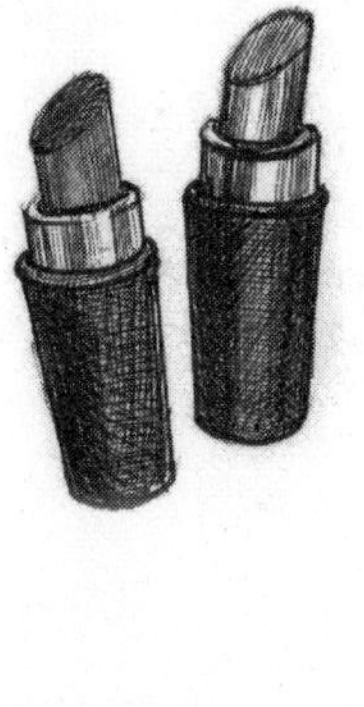

Rinçage pour des cheveux brillants

Pour donner de l'éclat à votre chevelure, après le shampooing, utilisez comme dernière eau de rinçage un bon litre d'eau additionné d'un trait de vinaigre de cidre.

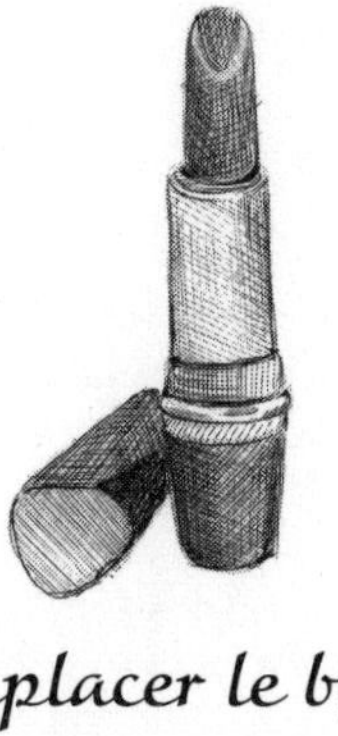

Remplacer le blush

Un peu de rouge à lèvres à la texture crémeuse étalé au doigt remplace avantageusement le blush. L'effet bonne mine peut être augmenté en posant une touche de cette même teinte sous l'arcade sourcilière. Naturellement, il convient d'utiliser un rouge à lèvres rose ou orangé (oubliez le rouge pompier !).

Revitaliser son organisme

Rien de mieux qu'une cure de jus de citron pour purifier son organisme. Le principe est de boire au réveil le jus d'1 ou de plusieurs agrumes, selon un ordre précis. Le premier jour commencez par boire le jus d'1 citron avec de l'eau chaude. Augmentez le nombre petit à petit : 2 puis 3, pour arriver à 4 citrons au quatrième jour. Le cinquième jour, ramenez la dose à 3, pour finir à 2, le sixième jour.

Chasser les kilos en trop

Lorsque Grand-mère souhaitait perdre les kilos accumulés avec les fêtes, elle faisait une diète au citron. Pendant 10 jours, elle buvait uniquement une mixture à base de cet agrume. Voici sa recette : portez à ébullition le jus de 5 citrons. Retirez du feu et laissez refroidir. Filtrez et ajoutez 2 cuillères à coupe de sirop d'agave. Mettez au frais et buvez cette préparation tout au long de la journée.

Infusion minceur

Grand-mère ne manquait pas de recettes miracles pour perdre du poids. En hiver, elle optait pour une tisane amincissante. Dans une grande casserole d'eau bouillante, elle versait 20 g de fleurs de camomille avec 5 citrons coupés en rondelles. Elle laissait macérer une nuit, avant de filtrer le tout et de boire cette infusion dès le matin au réveil.

Coupe-faim naturel

En période de régime, il est parfois difficile de ne pas succomber aux tentations. Résistez-y à tous les coups, grâce au coupe-faim naturel de Mamie. Mélangez le jus d'1 citron vert avec 1 cuillère à café de miel et le jus d'1 concombre. Dès qu'une envie de gourmandise surgit, buvez cette préparation. Vous êtes certain de résister sans frustration.

Jambes de déesse

Vous souhaitez affiner vos jambes ? Massez-les avec une huile amincissante naturelle. Dans une petite fiole hermétique, mélangez 10 cl d'huile de jojoba, 15 gouttes d'huile essentielle de citron et 15 de cyprès. Tous les soirs, appliquez énergiquement cette préparation sur vos gambettes jusqu'à sa pénétration totale.

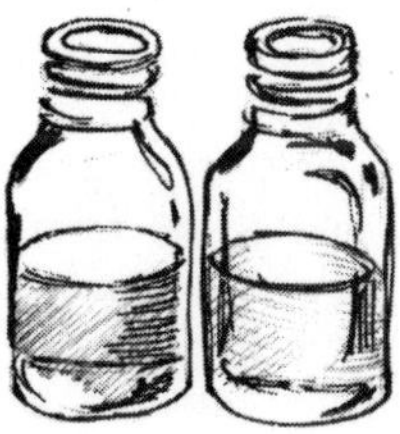

Halte à la cellulite

L'apparition de cellulite résulte de l'hypertrophie des tissus adipeux. Une fois qu'elle est apparue, il est difficile de s'en débarrasser, à moins de recourir aux remèdes de Mamie. Faites chauffer 40 g de vaseline, 20 g de lanoline et 2 cuillerées à soupe d'huile d'olive. Ajoutez 15 gouttes d'huile essentielle d'origan, 5 de lavande et 5 de citron. Mélangez. Appliquez la préparation obtenue sur une peau sèche et propre.

Huile contre la peau d'orange

Pour chasser la cellulite, vous devrez vous armer de patience et surtout être très assidue. Commencez par préparer une huile drainante à base d'huile essentielle de citron. Dans un flacon, mélangez-en 5 gouttes avec 7 cuillères à soupe de vinaigre de cidre, 20 cl d'huile d'amande douce et 3 gouttes d'huile essentielle de cèdre. Secouez énergiquement pour obtenir une émulsion uniforme. Massez-en les zones de peau d'orange, 2 ou 3 fois par jour.

Bain drainant

Quoi de mieux qu'un bain « 2 en 1 », qui détend tout en affinant la silhouette ? Hachez 100 g de feuilles de lierre dans 1 litre de vinaigre de cidre bouillant. Ajoutez le jus d'1 citron et laissez macérer 6 heures, avant de verser le tout dans votre eau de lavage. Vingt minutes plus tard, vous serez parfaitement raffermie et détendue.

Cataplasme anticellulite

Grand-mère faisait disparaître la peau d'orange à l'aide d'un cataplasme à base de citron. Pressez-en 3 et portez leur jus à ébullition dans 1 litre d'eau, pendant 15 minutes, avec 50 g de feuilles de citronnier. Filtrez et laissez tiédir. Imbibez des compresses avec cette mixture et placez-les sur les zones de cellulite. Laissez agir pendant 10 minutes. Renouvelez l'opération deux à trois fois par semaine. En quelques mois votre peau sera plus ferme !

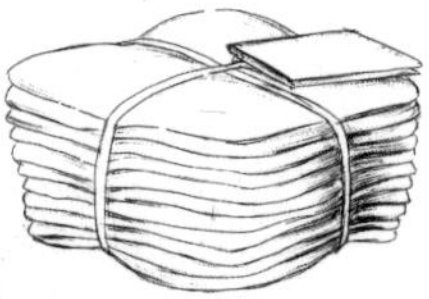

Crème nourrissante corporelle

Bien hydrater son corps est essentiel si vous souhaitez avoir une peau douce et soyeuse. Grand-mère appliquait chaque soir une crème spécifique citronnée. Faites de même : mélangez 1 yaourt, 1 cuillère de miel liquide et 3 cuillères à soupe de flocons d'avoines avec le jus d'un citron. Avant de vous coucher, étalez cette crème sur votre corps en formant des mouvements lents et réguliers.

S.O.S. mains abîmées

Vous avez les mains rugueuses et sèches ? Remédiez à ce désagrément grâce à la crème réparatrice de Mamie. Mélangez la chair d'1 avocat avec 2 abricots jusqu'à l'obtention d'une pâte bien lisse. Ajoutez 2 cuillères à soupe de miel et 10 gouttes d'huile essentielle de citron. Avant de vous coucher, enduisez-vous les mains avec cette mixture et mettez des gants. Le lendemain, rincez à l'eau tiède. Renouvelez l'opération 3 nuits d'affilée.

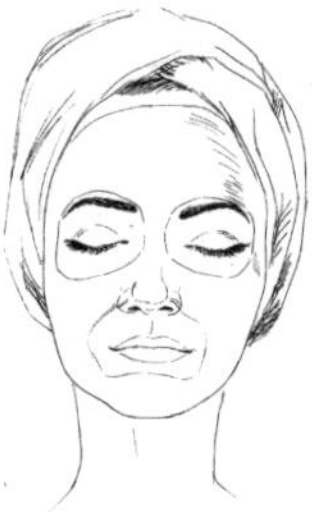

Nourrir sa peau

Faites ramollir, à petit feu et au bain-marie, 2 cuillères à soupe de beurre de karité jusqu'à ce qu'il soit crémeux. Retirez du feu et ajoutez 2 cuillères à soupe de crème d'amande, le jus d'un citron et 4 gouttes d'huile essentielle de citron. Mélangez énergiquement : une pâte bien lisse doit se former. Appliquez cette préparation tous les soirs sur votre visage, sur votre cou et sur votre décolleté.

Le régime miracle au citron

Lorsque Grand-mère souhaitait maigrir rapidement, elle faisait un jeûne à base de citron. Dans 1,5 litre d'eau, elle versait le jus de 10 citrons, 10 cuillères à café de sirop d'érable et une pincée de piment de Cayenne. Durant au moins 7 jours, elle buvait uniquement cette mixture. Cette cure est assez radicale : elle promet de perdre 2 kg rapidement sans être fatiguée. Si vous souhaitez faire cette diète, demandez l'avis de votre médecin.

Brûler les graisses

Réduire les calories d'un plat, c'est possible ? Avec Mamie, oui ! Comment ? En assaisonnant simplement ce plat d'huile essentielle de citron. Mélangez-en 10 ml avec 3 ml d'huile essentielle de genévrier et avec 3 ml de sauge. Ajoutez 2 cuillerées de cette préparation à de l'huile de l'olive. Votre vinaigrette est prête !

Soin anti-vergetures

Une fois que les vergetures sont apparues, il est très difficile de les faire disparaître. Cependant, vous pouvez toujours les atténuer avec une huile spécifique. Dans une petite fiole, mélangez à parts égales de l'huile essentielle de citron et de l'huile essentielle de rose musquée. Agitez et massez les zones concernées 2 fois par jour avec cette préparation.

Gommage maison

Pratiquer un gommage au moins 1 fois par semaine est bon pour la peau. Dans un bol, mélangez 1 tasse de sucre en poudre avec 1 tasse de jus de citron. Étalez cette lotion sur le visage en formant des mouvements circulaires. Terminez en rinçant à l'eau claire. Observez : toutes les imperfections ont disparu.

Combattre l'acné

Grand-mère évitait les problèmes acnéiques à l'aide d'une cure de lait caillé citronné. Pressez le jus d'1 citron dans ½ litre de lait, puis remuez énergiquement. Le lait doit devenir granuleux. Laissez reposer 30 minutes. Buvez cette mixture 2 fois par jour, pendant 1 mois. Petit à petit, les boutons disparaîtront.

Soin antirides

La forte concentration en vitamine C du citron en fait un instrument efficace de lutte contre le relâchement cutané. Faites chauffer la même quantité de crème fraîche et de lait dans une casserole. Ajoutez 2 rondelles de citron. Couvrez et laissez refroidir durant 3 heures. Appliquez cette mixture sur votre visage et laissez agir 30 minutes. Retirez l'excédent à l'aide d'un gant mouillé. Recommencez matin et soir.

Huile aroma-massage complète

Un soin anticellulite digne d'un grand institut à la maison, c'est possible ? Oui, en suivant la recette de Grand-mère : dans un grand flacon, diluez 94 ml d'huile d'argan, 1 ml d'huile essentielle d'hélichryse, 2 ml d'huile essentielle de genévrier et 3 ml d'huile essentielle de citron. Avant chaque douche, appliquez cette lotion sur l'ensemble de votre corps. La chaleur de l'eau en activera les principes actifs, qui agiront en profondeur sur la cellulite.

Pour des mains douces

Retrouvez des mains douces et soyeuses grâce à la crème réparatrice de Mamie. Mélangez la même quantité de jus de citron, de glycérine et d'eau de Cologne dans un petit récipient. Une lotion homogène doit se former. Appliquez cette préparation dès que vos mains sont sèches.

Coude rugueux

Vous avez beau passer de la crème tous les jours, rien n'y fait : vos coudes restent rêches et rugueux. Remédiez à ce désagrément avec un remède ancestral simple et naturel. Après chaque lavage, sur la peau encore humide, passez un citron coupé en deux sur les zones à traiter. En un mois à peine, vos coudes seront doux au toucher.

Bain revigorant

Après une journée éreintante, retrouvez du tonus avec le bain magique de nos aïeules. Dans un bol, mélangez 8 gouttes d'huile essentielle de citron, 6 de romarin, 6 de cyprès et 1 verre de lait. Versez cette préparation dans votre bain et relaxez-vous 15 minutes au minimum. Votre corps est revitalisé et vous êtes parfaitement détendue.

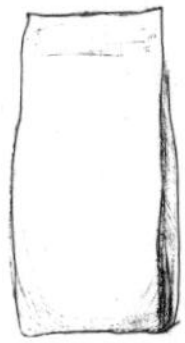

Adoucir la peau

Nos aïeules gardaient une peau douce grâce à un bain gommant régulier. Faites de même ! Mélangez le zeste d'1 citron avec 2 cuillères à café de son dans un petit sac de mousseline. Faites-le bouillir dans 1 litre d'eau durant 30 minutes. Ajoutez cette eau à votre bain. Après 15 minutes d'immersion, frottez-vous avec le sac de mousseline. Vous chasserez ainsi toutes les peaux mortes.

Démaquillant express

Vous n'avez plus de quoi nettoyer votre peau et vous manquez de temps ? Dans un flacon, mélangez à parts égales de la vaseline et de l'huile d'amande douce avec le jus d'un citron. Secouez : votre lotion démaquillante est prête. Imbibez-en un coton et passez-le sur votre visage. Le matin, avant de vous mettre de la crème, et le soir, pour chasser les impuretés de la journée.

Démaquillant maison

Vous supportez mal les démaquillants industriels ? Optez pour celui 100 % naturel de Grand-mère ! Dans 1 petit flacon hermétique, mélangez du jus de citron fraîchement pressé et de l'eau de rose, en même quantité. Appliquez votre lotion matin et soir sur votre visage à l'aide d'un coton. Votre peau sera ainsi nettoyée sans être agressée ni irritée.

Crème régénératrice maison

Utilisez les vertus astringentes du citron. Diluez 10 gouttes de son jus avec la même quantité d'huile essentielle de patchouli et d'huile essentielle de rose. Mélangez délicatement et ajoutez 3 cuillères à soupe d'huile d'amande douce. À l'aide d'un coton, tapotez votre visage avec cette mixture jusqu'à pénétration totale. Quinze minutes plus tard, rincez à l'eau tiède. Touchez : votre peau est d'une extrême douceur.

Crème démaquillante 2 en 1

Pour fabriquer votre démaquillant, faites fondre sur feu doux, et au bain-marie, 15 g de cire d'abeille avec 10 cl d'huile d'amande douce. Pendant ce temps, préparez une infusion de menthe fraîche : jetez-en une grosse poignée dans une casserole bouillante et laissez refroidir. Ajoutez 1 cuillère à soupe de votre infusion à votre première préparation, 1 cuillère à café de borax et 1 goutte d'huile essentielle de citron. Retirez du feu et battez au fouet jusqu'à l'obtention d'une crème. Appliquez-la et laissez agir 20 minutes.

Apaiser la couperose

Mamie employait un traitement naturel et inoffensif qui atténuait les marques de couperose. Tous les matins, elle imprégnait un morceau de coton d'eau argileuse et se le passait sur le visage. Elle frottait ensuite sa peau avec un citron jaune. Petit à petit, les traces s'estompaient sans en irriter l'épiderme.

Chasser la corne plantaire

La beauté passe aussi par les pieds. Grand-mère le savait et ne manquait pas de les entretenir. Elle éliminait la corne plantaire en prenant des bains de pieds citronnés. Dans une bassine d'eau chaude, diluez la pulpe d'1 citron jaune et une grosse poignée de gros sel. Trempez-y vos petons pendant 20 minutes. Frottez-les ensuite avec une pierre ponce, puis hydratez avec de l'huile d'amande douce.

Des cheveux fortifiés

Une nouvelle fois, le citron sera votre allié si vous souhaitez avoir des cheveux plein de vitalité. Mélangez du jus de citron et du vinaigre blanc, avec de l'eau tiède et à parts égales. Après vous être soigneusement lavé les cheveux, rincez-les avec cette lotion. Laissez agir 5 minutes avant de les rincer à nouveau.

S.O.S. cheveux secs

Si vous avez les cheveux secs, optez pour le soin magique de Mamie. Mélangez le jus d'un citron avec la chair d'½ avocat et 1 cuillère à café d'huile d'olive. Une pâte homogène doit se former. Appliquez et laissez agir 30 minutes. Terminez en vous lavant avec votre shampooing habituel. Touchez : votre chevelure est douce et soyeuse.

Coiffure express

Certains matins apportent leurs lots de contrariétés, à commencer par les cheveux qui ne veulent pas se laisser coiffer ! Vous n'avez qu'une envie : tout attacher et tant pis pour votre look. Avant d'en arriver là, suivez le conseil de Mamie : pressez du jus de citron dans un petit bol. Appliquez-en sur votre crinière. En deux temps, trois mouvements, vous n'aurez plus d'épis !

Le bricolage, un art à découvrir

Le bricolage n'avait aucun secret pour Grand-mère. Vinaigre, térébenthine, alcool… elle avait toujours à portée de main ses produits miraculeux, écologiques et bon marché. À votre tour d'en faire de même. Vous verrez, plus aucun parquet qui grince ou tuyaux bouchés ne vous résistera.

Vitrier : ôter le mastic

Si vous devez changer la vitre d'une porte-fenêtre, vous devrez au préalable retirer le mastic. Il est souvent très dur et ceci réclame une astuce qui va vous faciliter le travail. Faites chauffer un petit morceau de fer qui possède un manche en bois (un vieux tournevis par exemple), passez-le sur le vieux mastic. Celui-ci deviendra mou et vous pourrez l'enlever au couteau de vitrier.

Peintre : décaper le fer

Avant de peindre une grille, il faut la décaper totalement. D'abord, il faut décaper l'ancienne peinture et la rouille avec une lampe à souder munie d'un bec plat ou rond. Ensuite, la brosse métallique supprimera les dernières particules restantes. Utilisez un hérisson pour dépoussiérer les recoins et passez une couche ou deux d'antirouille. Après un séchage suffisant, appliquez soigneusement la couche de finition. Il faut bien étaler et tirer la peinture avec le moins de coups de pinceau possible.

Ramoneur : sécurité et garantie

Faites appel à un professionnel qui vous fournira un contrôle de passage pour votre assureur, mais vous pouvez aussi ramoner vous-même si votre assurance l'autorise. Il existe le « brûlot de ramonage » qui dissout la suie. Pour ramoner correctement au hérisson, ôtez ce qui gêne l'opération (plaque, chenets, cendres). Passez le hérisson à l'aide de perches souples, en le faisant aller et venir du bas vers le haut dans le conduit. Vous pouvez aussi, si le toit est accessible, passer ce hérisson à l'aide d'une corde et d'un contrepoids, cette fois-ci du haut vers le bas.

Peinture : quelle quantité ?

Vous appliquerez trois couches de peinture pour obtenir un beau résultat final. Calculez les quantités nécessaires pour les couches successives de cette manière. La première couche primaire nécessite 65 ml au m². La seconde couche de couleur nécessite 80 ml au m². Le vitrificateur nécessite 60 ml au m². Un litre équivaut à 1 000 ml.

Maçon : fonder les pavés

Dans le cadre d'une cour pavée, vous pouvez poser directement des blocs de pierre sur un lit de sable stabilisé. Ajustez-les à 1 cm les uns des autres et ancrez-les au marteau. Pour créer des courbes, commencez par les extérieurs, puis revenez vers le centre. Étendez ensuite des pelletées de sable fin et brossez dans tous les sens pour garnir correctement les joints. Arrosez généreusement et étendez encore un peu de sable pour qu'il s'intègre au pavage.

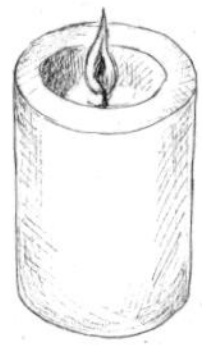

Chauffagiste : gare aux fuites

Pour détecter une fuite, utilisez la sensibilité de la flamme d'une bougie, en présentant celle-ci sous toutes les facettes du conduit. Lorsqu'il y a une fuite, la flamme s'incurve en direction du conduit. C'est un manque flagrant d'étanchéité. Pour détecter plusieurs fuites, placez un fumigène dans la cheminée et posez un sac de sable humide sur la sortie du conduit. Vous pourrez ainsi repérer si aucune fumée ne sort de votre tuyau ou de la hotte.

Marches antidérapantes

Sur un escalier en béton, pour rendre les marches antidérapantes, mélangez du sable fin avec une peinture à la Pliolite® que vous étalerez au pinceau. Si nécessaire, attendez que la première couche soit sèche avant d'en passer une seconde. La Pliolite® est un caoutchouc de synthèse, microporeux, auto lavable et qui s'adapte très bien à toutes les façades. On recommande particulièrement cette peinture pour les murs qui subissent des climats difficiles comme en bord de mer par exemple.

Une vitre provisoire

Si vous avez cassé une vitre et que c'est jour férié, il vous faudra attendre que le magasin ouvre ses portes pour la changer. En attendant, posez un ruban adhésif double face et plaquez un plastique comme un sac poubelle ou une radiographie. Si ceci n'est pas très esthétique, cela reste malgré tout efficace contre les rafales de vent ou la pluie… Bien sûr, un morceau de plexiglas transparent serait plus approprié !

Remplacer l'antenne radio

Il arrive que la réception de votre autoradio faiblisse alors que la partie extérieure semble indemne. Il se peut que ceci provienne de l'antenne. Pour vous en assurer, ôtez l'autoradio et débranchez l'antenne. Insérez à sa place un cintre métallique déplié (ou un fil de fer de 80 cm) et placez l'autre extrémité contre le bord extérieur du trou de l'antenne. Si vous pouvez entendre les grandes ondes, c'est l'antenne qui est défectueuse. Dans le cas contraire, le problème vient de l'autoradio.

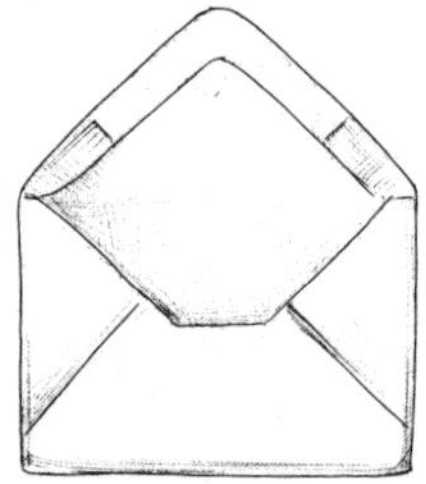

Une enveloppe à poussières

Vous devez percer un trou dans un mur ou un carreau de faïence ? Pour éviter que la poudre résiduelle ne vienne se déposer sur les meubles situés dessous, fixez une grande enveloppe ouverte sous le trou à percer avec un ruban adhésif. Vous pouvez également recueillir les poussières en fixant de la même manière une feuille de papier journal pliée en deux.

Stop au calcaire

Pour prévenir les dépôts de calcaire de votre machine à laver (ou de votre lave-vaisselle), faites tous les mois un cycle court à vide avec 1 litre de vinaigre blanc que vous viderez directement dans le tambour.

Rénover les meubles du jardin

Après l'hiver, pour nettoyer les salons de jardin en résine, passez du blanc d'œuf sur les chaises et les tables. Laissez agir plusieurs minutes puis rincez simplement à l'eau.

Repérer le robinet d'eau chaude

Suivant la qualité de vos robinets, il arrive souvent que la pastille rouge qui désigne le robinet d'eau chaude soit partie ou endommagée. En attendant une réparation ultérieure, utilisez du vernis à ongles pour repérer ce robinet. Vos invités vous en seront gré. Ce repère s'ôte facilement avec de l'acétone.

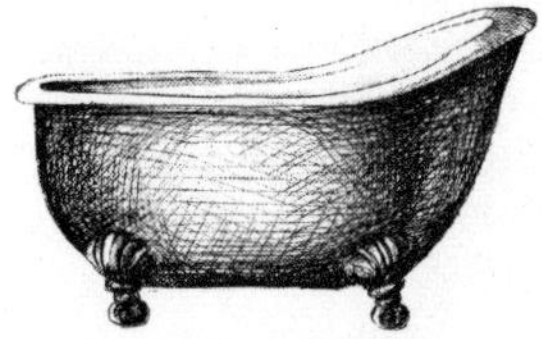

Remplacer un joint siliconé (1)

Si vous devez refaire les joints du bord de votre lavabo ou de la baignoire, utilisez un mastic souple siliconé qui permettra la dilatation des équipements. Un mastic rigide risque de craqueler et laisser l'eau s'infiltrer à votre insu.

Remplacer un joint siliconé (2)

Pour jointer correctement un mur et le bord d'une baignoire, vous colmaterez l'angle avec un joint en silicone. Pour être certain que ce joint perdurera dans le temps, il est nécessaire que l'adhérence soit parfaite ! Pour cela, nettoyez les deux surfaces avec un chiffon doux imbibé d'alcool à brûler et attendez une heure avant d'appliquer la couche de silicone.

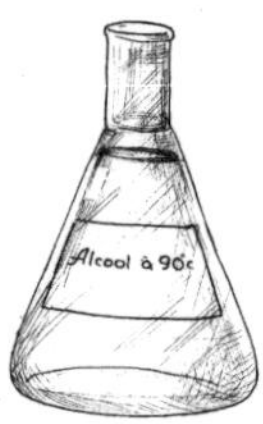

Pour tenir les petits clous

Si vous avez du lambris à poser ou un placard à consolider, les petits clous à « tête d'homme » sont tout indiqués, mais il n'est pas rare que ces petits clous soient difficiles à maintenir. Utilisez une pince à long bec pour les placer à l'endroit voulu et pour les tenir lors de la frappe du marteau. Vous vous éviterez ainsi de nombreux coups sur les doigts !

Raviver votre écran LCD

Si vous avez rayé l'écran LCD de votre téléviseur, frotter très doucement l'éraflure avec un morceau de gomme pour chauffer les cristaux liquides. Ceci fera disparaître immédiatement la marque.

Protéger les tuyaux pendant les travaux

Si vous avez décidé de refaire la salle de bains, il ne sera peut-être pas utile de revoir la tuyauterie des écoulements. Pour éviter que des débris et des gravats ne tombent dedans, recouvrez-les avec des sacs en plastique maintenus par un ruban adhésif.

Traitement antiparasite

Lorsque les piquets en bois de votre clôture sont déjà peints mais que vous voulez les traiter contre les parasites, faites des trous avec une mèche à bois sur les quatre faces et à diverses hauteurs. Versez du produit antiparasite dans les trous, laissez s'imprégner une journée complète, renouvelez une fois et laissez sécher. Bouchez ensuite les trous avec une pâte à bois et rectifiez la peinture au pinceau.

Peindre la clôture

Quand vous peignez avec un rouleau un poteau ou une latte de clôture, posez au sol une pelle. Ceci évitera au rouleau de toucher la terre. Finissez de peindre au pinceau.

Le remplacement d'un joint du robinet

Il n'est pas toujours facile de remplacer le joint qui équipe un robinet par un joint neuf. Pour le placer plus facilement dans son logement, mettez-le dans de l'eau chaude pendant quelques secondes pour l'assouplir. Vous pouvez aussi l'enrober de gel de silicone pour mieux le faire glisser dans la tête du robinet.

Écrous et boulons

Pour éviter qu'un écrou qui se desserre, placez entre lui et la pièce support, une rondelle « éventail » ; serrez votre écrou et ajoutez un second écrou qui coincera le premier. Pour débloquer un écrou rouillé, chauffez-le à la lampe à souder. Sinon, vaporisez une huile dégrippante ou humectez avec du cola.

Nettoyer la chaîne du vélo

La chaîne d'un vélo doit être nettoyée et lubrifiée régulièrement. Pour ce faire, utilisez de l'essence ou, mieux, du pétrole de chauffage (Kerdane) qui nettoie et lubrifie en même temps. Sinon, huilez avec une burette d'huile moteur.

Faire disparaître les bulles du papier peint

Il est possible que vous aperceviez des cloques lorsque vous venez de poser votre papier peint. Ne vous inquiétez pas, le papier, en séchant, va s'étirer et les « bulles » disparaîtront. Si, par contre, il s'agit vraiment de bulles importantes, piquez la cloque avec une épingle et marouflez délicatement avec un chiffon. Si le problème persiste, ajoutez de la « colle de réparation » avec une seringue dans la bulle.

Fabriquer votre boîte à onglets

La boîte à onglets sert à couper des angles droits ou à 45°, avec une scie à main, en utilisant la fente qui correspond à l'angle désiré. Vous pouvez créer cette boîte à onglets en utilisant trois planchettes de pin que vous collerez ensemble. Puis, à l'aide de cette équerre ou d'un compas, tracez les fentes que vous réaliserez avec une scie à bois.

Câble multibrins

Il se peut que votre cisaille ou votre pince coupante ne vienne à bout d'un câble multibrins. Les brins glissent ou ne sont pas égaux. Avant de penser à changer votre matériel, faites fondre de la soudure à l'étain sur la partie que vous désirez couper. Vos outils couperont enfin le câble proprement. De plus, la soudure maintiendra les brins pour les faire pénétrer dans l'orifice du système de freinage et la vis de serrage en sera bien plus efficace !

Créer un chasse-clou

Pour cacher les têtes des clous dans les menuiseries de votre création, les boiseries murales, cadres de portes et moulures décoratives, fabriquez-vous un « poinçon à clou » appelé aussi « chasse-clou » avec un clou dont le diamètre est égal à la tête des clous que vous voulez dissimuler. Supprimez la pointe en coupant celle-ci à la scie à métaux ou à la disqueuse.

Confectionner une cale à poncer

Sorte de petit rabot léger, elle maintient la feuille de papier de verre pendant que vous poncez. Vous pouvez facilement réaliser cette petite cale avec un morceau de chevron de 4 sur 10 cm. Pour maintenir la feuille de papier de verre, découpez une bande de 4 sur 16 cm qui sera plaquée sur les côtés par un gros bracelet élastique ou par deux punaises ou des agrafes.

Déboucher ou aspirer ?

Les coudes des évacuations des eaux usées, notamment dans les cuisines intégrées, ne sont pas toujours faciles d'accès lorsqu'il faut les déboucher. Si la solution vinaigre + bicarbonate de soude est insuffisante, il est préférable d'aspirer plutôt que de tenter de dissoudre. Pour cela, adaptez un embout de la circonférence de votre bonde à votre aspirateur. Vérifiez auparavant que celui-ci aspire aussi bien les liquides que les matières sèches.

Déboucher rapidement un évier

Un évier bouché, cela est courant. N'utilisez pas les produits « miracles » vantés par les industries chimiques. De manière très écologique, tout en étant radicale, mettez dans la bonde du vinaigre blanc (celui des cornichons fera l'affaire) et du bicarbonate de soude. Ôtez la bonde pour que le mélange agisse rapidement. N'attendez pas qu'il se rebouche une nouvelle fois, renouvelez régulièrement cette opération, même si votre évier coule normalement.

L'aspirateur bidon

Un aspirateur bidon est un accessoire absolument indispensable pour un bon bricoleur qui ne veut laisser aucune trace de son intervention dans la maison. Mais pour que cette intervention soit efficace voici une astuce indispensable : si votre aspirateur est équipé d'un système de nettoyage par injection, ajoutez un agent anti-mousse au produit et videz immédiatement le bidon pour éviter la fermentation.

Indécollable autocollant

Pour ôter un autocollant qui vous résiste, chauffez-le avec un sèche-cheveux pour ramollir la colle et éliminez l'adhésif avec de l'alcool à 90°. Sur une vitre, utilisez un grattoir spécial peinture.

Enduire dans les coins

Pour reboucher plus commodément les fissures qui sont d'accès difficile, comme les angles, avant d'entamer le lissage complet du mur, utilisez un enduit conventionnel que vous diluerez avec de l'eau. Vous pourrez ainsi reboucher la fissure avec un pinceau trempé dans l'enduit dilué. Laissez sécher au moins 24 heures.

Décaper le bois peint

Pour décaper un meuble recouvert de peinture (non vernis ou ciré) mettez-le à l'extérieur. Versez une bouteille de déboucheur WC dans un seau avec un demi-paquet de colle à tapisser. Recouvrez d'eau et mélangez jusqu'à obtenir une mixture épaisse. Après 15 minutes, étalez la pâte sur le meuble et laissez agir 30 minutes puis rincez généreusement à l'eau claire (au tuyau d'arrosage). Décollez la croûte de peinture avec une petite spatule et renouvelez l'opération si nécessaire. Rincez à grande eau et laissez sécher au grand air. Vous pouvez aussi utiliser de la Solarine® (copeaux de savon) mais le résultat est moins probant.

Cheminée : rénover les briques

Si les briques de la cheminée sont ternies par la suie, frottez-les avec une éponge humide imprégnée de poudre de pierre ponce, rincez puis cirez-les avec une cire blanche.

Cheminée : l'entretien du marbre

Si le marbre de votre cheminée est taché, frottez-le avec un tampon de laine d'acier fine et du savon noir. Si les taches résistent, frottez-les avec du jus de citron mélangé à du sel fin. Rincez soigneusement, laissez sécher et cirez ensuite avec une cire blanche. N'utilisez jamais d'acide, d'eau de Javel, d'esprit de sel ou de soude pour l'entretien du marbre, il serait irrécupérable !

Cheminée : rendre l'éclat à l'albâtre

Pour les cheminées avec des incrustations en albâtre, il est possible de leur rendre leur éclat en les frottant avec un chiffon imbibé d'essence de térébenthine (à faire quand la cheminée est éteinte !). Frottez en touches circulaires puis polissez à la peau de chamois avec du blanc d'Espagne.

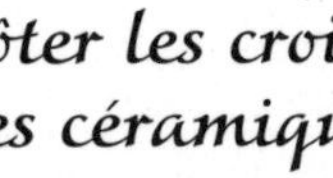

Pour ôter les croisillons des céramiques

Lors de la pose des carreaux de céramique et obtenir des interstices égaux, les croisillons plastiques sont bien utiles. Reste ensuite à les ôter ! Le plus simple est de recourber un clou et de placer la tête dans l'une des extrémités du croisillon qui se dégagera ensuite tout seul.

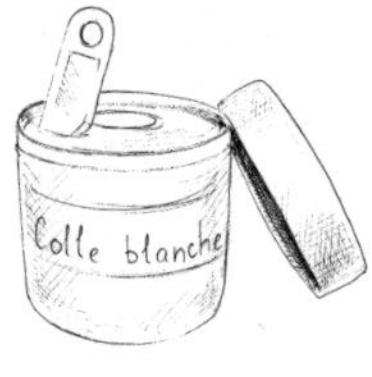

La pose d'un carrelage

Si vous devez remplacer un ou plusieurs carreaux coupés au bord d'un carrelage, encollez le carreau concerné plutôt que le mur car la colle qui est au mur sèche plus vite que sur le carreau.

Avant de carreler un mur

Lorsque votre mur est prêt à être carrelé, appliquez au préalable une couche de colle blanche diluée pour imperméabiliser la surface et favoriser l'adhérence. Laissez sécher avant de poser le carrelage. C'est plus long, mais, au final, c'est un gain de temps, car souvent sans cette précaution, vous devrez un jour ou l'autre recoller quelques carreaux mal fixés.

Ligne de coupe du carrelage

Ne marquez pas au feutre la ligne de coupe de votre carreau. Suivant la qualité du produit et de sa cuisson, celui-ci pourrait en modifier la teinte. Préférez un crayon de cire qui marque correctement la faïence ou la mosaïque et qui s'enlève d'un coup de chiffon.

Écouter chanter la charpente

Écoutez le bois « chanter » : vous devez chercher à entendre les coups que les parasites portent contre la paroi pendant l'accouplement. Si vous entendez très bien ce raffut, c'est qu'ils sont légion… Il est urgent de traiter. Préparer un mélange de 50 % d'huile de vidange moteur essence (l'huile pour diesel contient des détergents) et de 50 % de fuel domestique. Passez au pinceau ou au pulvérisateur. Renouvelez encore une ou deux fois à un mois d'intervalle.

Un sol d'isorel

L'isorel est un produit bon marché qui se pose facilement au sol à condition de respecter deux règles essentielles. La première consiste à imprégner d'eau les plaques et de les faire sécher 24 heures avant de les fixer définitivement au sol. La seconde est de vérifier que les panneaux sont correctement joints sous risque de créer de petites fentes qui accueilleront les poussières, formant avec le temps des lignées de crasses désagréables.

Finition : poser une corniche

Une corniche sert à décorer ou masquer les câbles électriques. Il est donc important qu'elle soit bien fixée. Utilisez un adhésif composé d'une colle et d'un catalyseur. Vaporisez un peu de catalyseur sur l'une des parties et quelques gouttes de colle sur l'autre. Soyez précis et rapide car le collage est instantané et définitif.

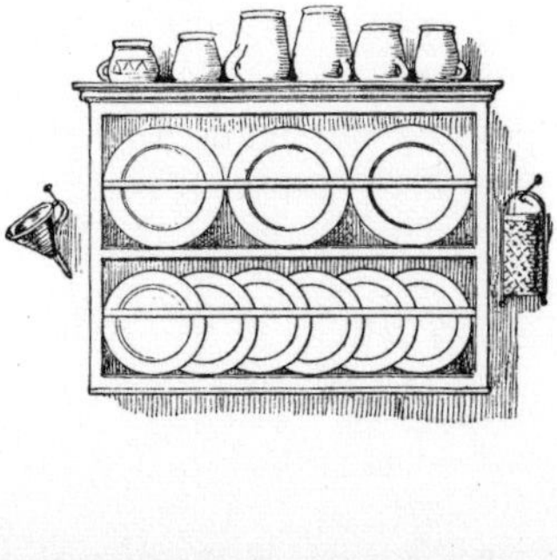

Centrer la hotte aspirante

Afin de centrer exactement votre hotte aspirante au milieu de la plaque de cuisson, tracez au crayon avec un niveau à bulle une ligne verticale sur le mur. Sur la hotte, collez un morceau de ruban à masquer, tracez le centre et faites coïncider les deux repères. Vous pouvez dès lors, toujours au crayon, marquer au mur l'endroit des pattes de fixation.

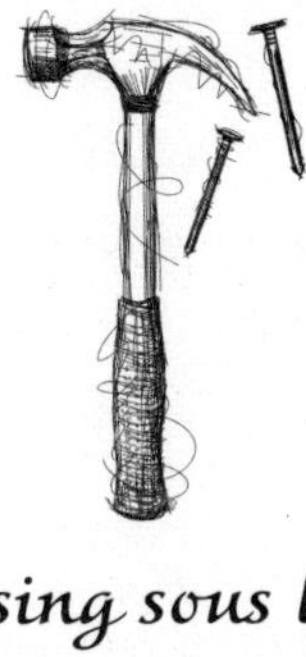

Un dressing sous l'escalier

Achetez des fixations à crémaillères pour moduler la profondeur des étagères et de modifier la hauteur à volonté. Les rails sont fixés sur les côtés et des consoles mobiles sont ensuite posées sur ces rails. Posez les étagères dessus. Au moment de fixer les rails, déterminez la bonne position du second par rapport au premier à l'aide d'un niveau à bulle. Ensuite, mesurez la distance entre les deux rails au niveau supérieur et veillez à ce qu'elle soit respectée au niveau inférieur pour repérer les trous de fixation à percer.

Ôter une tache d'encre

Si une tache d'encre est imbibée dans un bois vernis ou peint, utilisez de l'alcool à brûler sur un chiffon doux et propre. Attention à ne pas dissoudre totalement le vernis si vous devez persévérer. Si la tache a vraiment pénétré le bois, il ne vous reste plus qu'à poncer en profondeur et à revernir, ou peindre le support.

Ôter les taches sur les tissus

Contre une tache de bière qui a séché, diluez 1 cuillère à café de vinaigre dans un demi-litre d'eau tiède.Contre un jus de citron ou d'orange, frottez avec un linge humidifié avec une solution de borax (sel inodore et incolore) puis rincez abondamment. Pour une tache de café, de thé, de lait, de jus de fruits ou de confiture, utilisez un shampooing spécial moquette ou de l'eau oxygénée.

Réparer une surface abîmée

Pour faire disparaître des traces de coups, nettoyez auparavant la cire au white-spirit, puis mouillez le bois. Laissez sécher avant de poncer une première fois. Ensuite déposez un linge humide et avec un fer à vapeur décrivez des cercles sur la surface à réparer pour faire gonfler le bois qui va de cette manière combler les anfractuosités. Attendez plusieurs heures que le bois sèche et se soulève avant de poncer une nouvelle fois, puis vernissez.

Réparer un vernis détérioré

Pour les petits trous provoqués par les parasites du bois, la cire fondue avec un fer à souder suffit souvent à réparer les dégâts. Dès que la cire est froide, insérez de petites quantités dans les trous avec un bâtonnet d'esquimau et polissez avec l'envers d'un morceau de carton puis cirez. Estompez les dénivellements ou les traces de coups avec une cire transparente.

Rénover un meuble verni

Pour rénover un bois verni et lui rendre son éclat, frottez-le avec un chiffon de laine imbibé, à parts égales, d'alcool à brûler et d'huile de lin.

Rattraper une nappe cirée

Si vous avez marqué le dessus de votre nappe cirée avec un plat trop chaud, recouvrez cette marque avec un mélange d'huile de table et de sel. Laissez agir environ 4 heures puis frottez avec un mélange de 50 % d'huile d'olive et 50 % de pétrole de chauffage (Kerdane).

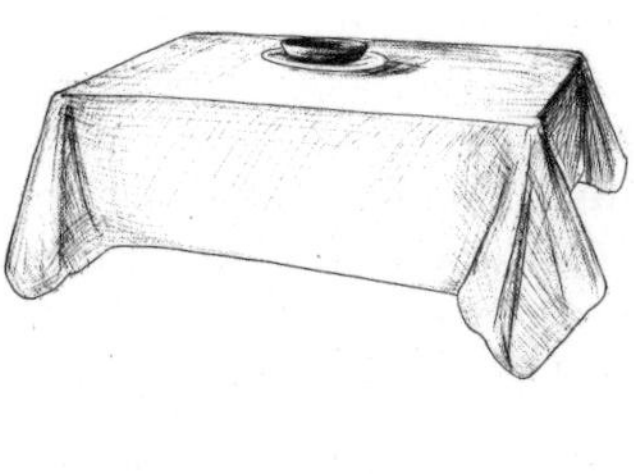

Découper sans éclater le bois

Les meubles qui équipent la cuisine sont en laminé ou en stratifié. Si vous devez découper un plan de travail, marquez en profondeur au préalable la coupe avec un cutter en vous guidant d'une règle métallique. Une fois entaillée par le cutter, cette rainure empêchera la scie de déraper et d'éclater le bois en bord de coupe.

Réparer un pied vermoulu

Vous pouvez réparer un pied de meuble vermoulu à l'aide de résines synthétiques. D'abord supprimez les parties friables du pied, dépoussiérez et appliquez de la résine insecticide à bois à l'aide d'un pinceau. Ensuite, faites un petit coffrage aux mêmes dimensions que le pied à réparer, cirez les faces intérieures et fixez-le fermement. Mélangez la résine polyester et la poudre de bois et emplissez le coffrage en pressant fortement les produits. Ôtez le coffrage dès que la prise commence à être bonne, laissez sécher et durcir 12 heures. Poncez les imperfections, teintez, vernissez ou cirez.

Les idées culinaires de Mamie

Réussir à confectionner des plats savoureux demande du temps et de l'expérience. Vous n'avez aucun des deux mais vous aimeriez quand même impressionner vos amis ? Avec Mamie réussir de bons petits plats devient un jeu d'enfant. Découvrez ses astuces pour gagner en rapidité et en efficacité : que faire des restes, comment conserver les aliments… Autant d'idées ingénieuses qui réveilleront vos papilles à tous les coups !

Une viande rouge bien tendre

Les bouchers ne seront sans doute pas fans de cette astuce, mais son efficacité vaut néanmoins que vous l'essayiez… Pour rendre une pièce de bœuf bien tendre, placez-la d'abord dans un sac congélation. Ensuite, armé de votre rouleau à pâtisserie, frappez la viande ! Barbare mais redoutable.

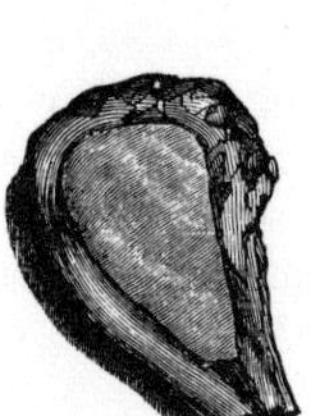

Des feuilles de brick à toute épreuve

Pas toujours facile de farcir des feuilles de brick sans les endommager… Elles ont en effet vite tendance à se déchirer. Il existe pourtant une méthode toute simple pour les préserver et les agrémenter ensuite facilement selon les envies… Disposez-les simplement sur un linge propre et humide avant de les préparer.

La bonne façon de laver les fraises

Vous le savez sans doute, les fraises se rincent à l'eau froide avant d'être mangées. Ce que vous ignorez peut-être en revanche, c'est qu'il est préférable de ne pas ôter leur queue avant. En effet, elles se gorgeraient alors d'eau et auraient nettement moins de goût. Ce qui serait bien dommage…

Réussir du riz au lait à tous les coups !

Pour contenter les gourmands de la famille avec un riz au lait succulent et réussi à chaque fois, Grand-mère sait faire en sorte qu'il n'attache pas au fond de la casserole. Comment ? Elle enduit tout simplement au préalable le fond de la casserole de beurre… Facile et pourtant tellement efficace !

Dérouler du film alimentaire sans problème

Le film alimentaire, c'est pratique. Sauf qu'il faut admettre aussi que ce n'est pas toujours ce qu'il y a de plus facile à manipuler… Il se déchire, se plie sur lui-même. Il y a parfois de quoi s'énerver et tout jeter ! Alors qu'en plaçant le rouleau au réfrigérateur, vous vous simplifieriez tellement la vie…

Du pain pas perdu

Le pain de la veille, même s'il a durci ou s'il vous semble un peu rassis, ne mérite pas forcément de terminer à la poubelle. En effet, passez-le sous un léger filet d'eau, de chaque côté, puis quelques minutes au four, il retrouvera tout son moelleux. Aussi bon que du pain frais, chaud en plus !

Entretenir une planche à découper en bois

Pour éviter que sa planche à découper se fendille ou qu'elle se tache trop facilement, Grand-mère la badigeonne régulièrement d'huile de cuisine. Le bois est nourri et le jus de la viande s'infiltre moins dans les rainures. Le truc en plus ? Ça fonctionne aussi pour les rouleaux à pâtisserie !

Nettoyer une casserole après un caramel

Quand votre enfant vous demande du caramel maison, vous lui répondez que cela abîme vos casseroles. Fini les mauvaises excuses ! Désormais, pour nettoyer la casserole, il suffit de la remplir d'eau et de porter à ébullition. Le caramel va se dissoudre tout seul. Et votre petit gourmand sera aux anges…

Un moule à gâteau impeccable

Une trace de rouille sur votre moule ? Pas de problème… Pour l'effacer, Grand-mère utilise une méthode naturelle et économique : une pomme de terre. Elle la coupe en deux et verse quelques gouttes de liquide vaisselle dessus avant de frotter sur la trace de rouille. Votre moule aura l'air comme neuf !

Rattraper une sauce hollandaise ratée

Ne videz pas votre préparation dans l'évier sous prétexte qu'elle a tourné alors qu'il suffit de peu de chose pour la récupérer. Délayez 1 jaune d'œuf dans 1 cuillère à soupe d'eau chaude et faites chauffer. Ajoutez-le ensuite à votre sauce ratée en fouettant. Voilà qui devrait sauver votre dîner !

Sauver une sauce trop grasse

Vous avez eu la main lourde sur l'huile en préparant votre sauce ? Pas de panique, vous pouvez encore la sauver. Pour cela, versez-la dans un récipient et placez-la quelques minutes dans le congélateur. Ne l'oubliez pas surtout ! Après quelque temps, la graisse se sera solidifiée et sera plus facile à retirer.

Que faire avec une sauce trop liquide ?

Si vous souhaitez épaissir une sauce que vous trouvez trop liquide, délayez un peu de fécule de pomme de terre, ou de la Maïzena, dans 1 cuillère à soupe de sauce. Ajoutez-la ensuite à votre préparation et mélangez doucement. Votre sauce sera moins liquide et son goût ne sera pas altéré !

Rattraper une sauce trop grasse

Si votre sauce est trop grasse et que vous n'ayez pas le temps d'aller à la pêche à la graisse avec l'écumoire, il suffit de tremper une feuille d'essuie-tout pliée en deux dans la casserole. Le tout quand la préparation est encore bien chaude évidemment. Le gras superflu sera absorbé !

Servir un foie gras qui a de l'allure !

Pour découper de belles tranches, bien régulières, de foie gras, Grand-mère connaît une astuce très efficace. Elle place la lame de son couteau quelques minutes dans une casserole d'eau bouillante avant d'attaquer la découpe. Et elle n'oublie pas de tremper son couteau dans l'eau chaude entre deux tranches.

Un gâteau cuit à la perfection !

Pour éviter qu'un gâteau ne colle au fond du moule après la cuisson, pire, que le fond ne soit brûlé, mettez une couche de gros sel sur la plaque du four avant d'y déposer le moule. Le sel, en bon isolant, empêchera toute mauvaise surprise au moment du démoulage. En plus, le même sel peut servir plusieurs fois !

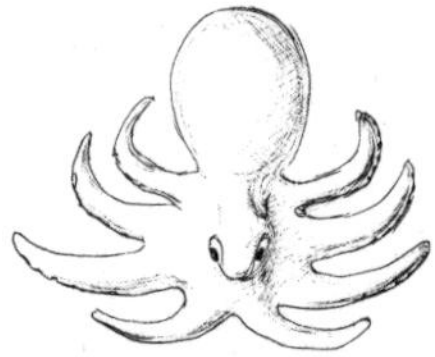

Des calamars bien découpés

Pas facile de découper proprement un calamar... Et pourtant, c'est souvent sous forme d'anneaux que l'on souhaite le préparer. Eh bien, plutôt que de vous battre avec lui pour le maintenir en place sous la lame du couteau, essayez les ciseaux ! On le tient dans une main et on coupe de l'autre... Le tour est joué !

Émincer facilement les légumes

Oignons, légumes... Hachés, finement ciselés, émincés... Pourquoi vous compliquer la vie avec un couteau alors qu'il existe un moyen tellement plus simple d'arriver à vos fins... Lequel ? La roulette à pizza ! Une méthode simple pour hacher menu, faire une julienne de légumes en deux temps trois mouvements...

Conserver les légumes en préservant les vitamines

Après le marché, plutôt que de placer vos légumes tels quels dans le bac de votre réfrigérateur, optez pour le congélateur. Mais pas avant de les avoir blanchis (plongés dans de l'eau froide salée portée à ébullition) pour préserver leur couleur et surtout, les vitamines qu'ils contiennent.

Des crêpes illico presto

Vous n'avez ni la patience ni le temps de laisser reposer votre pâte à crêpes pendant plusieurs heures ? Pas de problème, Grand-mère a la solution ! Pour réduire le temps de repos, il suffit d'utiliser du lait tiède plutôt que froid dans la préparation… Voilà qui devrait contenter les gourmands pressés !

Une crème anglaise inratable

La chose à savoir : une crème anglaise, pour être réussie, ne dois jamais bouillir. Facile à dire… Et à faire aussi ! En ajoutant tout bêtement 1 cuillère à soupe de Maïzena à la préparation œufs-sucre. Impossible de rater votre crème après ça ! Alors à vous de jouer ! À servir avec un fondant au chocolat bien sûr…

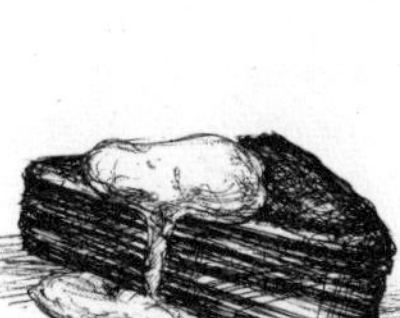

Fini les odeurs d'oignon dans la poêle

L'odeur d'oignon s'incruste au fond de vos poêles et autres casseroles. Elle reste. Pire, elle perdure et résiste même au liquide vaisselle. La solution ? Nettoyez-les simplement avec une poignée de feuilles de menthe. Voilà qui devrait les désodoriser de manière naturelle… et efficace !

Réussir la cuisson du poisson

À la poêle, l'inconvénient avec le poisson, c'est que parfois, il colle et perd de sa tenue, voire finit en bouillie. Et ce malgré l'étape farine et matière grasse. Pour y remédier, sachez qu'il ne faut pas le saler en début de cuisson. Aussi, attendez d'être au moins à mi-cuisson pour l'assaisonner en sel et poivre.

Du gruyère râpé qui dure...

Pour conserver plus longtemps le gruyère râpé acheté dans le commerce, commencez par vider le sachet dans une boîte totalement hermétique. Ensuite, pour éviter qu'il ne colle et pouvoir le répandre plus facilement sur vos gratins, ajoutez simplement dans la boîte un petit morceau de pain.

Fini les aubergines amères

Pour commencer, découpez les aubergines en tranches assez épaisses. Ensuite, mettez-les à dégorger pendant à peu près 3 heures dans du lait auquel vous aurez additionné du gros sel. Voilà qui devrait ôter leur amertume sans altérer leur goût ni leur consistance. Reste ensuite à les cuisiner à votre façon…

Des endives moins amères

Pour que ses invités ne rechignent pas à manger ses endives au jambon, Grand-mère a mis en place un rituel anti-amertume. Première étape : elle essuie ses endives plutôt que de les laver. Ensuite, elle ôte leur cône central à l'aide d'un couteau pointu. Et enfin, elle ajoute deux morceaux de sucre à l'eau de cuisson.

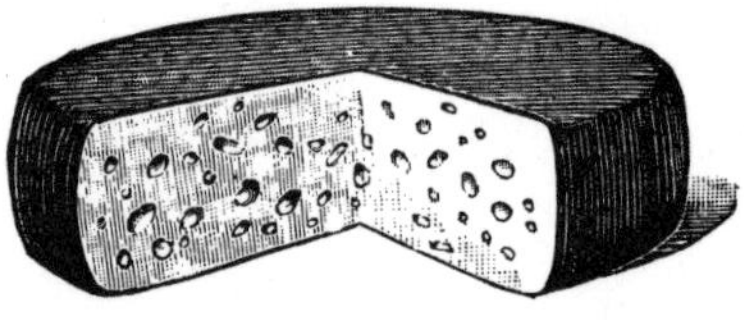

Une seconde vie pour le fromage oublié

Bien caché entre la crème fraîche et les yaourts, un morceau de fromage a échappé à votre vigilance. Le voilà tout rabougri et sec. Qu'à cela ne tienne, placez-le dans un torchon imbibé d'eau salée ! Voilà qui devrait le remettre d'aplomb et vous permettre de le consommer avec plaisir et délectation.

Exit l'humidité dans la boîte à fromages

Pour éliminer l'humidité dans votre boîte à fromages, ou sous la cloche avant de servir à table, et ainsi les conserver plus longtemps, il existe une astuce toute simple : placer un morceau de sucre dans la boîte ! Celui-ci absorbera l'humidité et ne dénaturera pas leur goût. Efficacité garantie !

Des œufs brouillés délicieux

Pour réussir à tous les coups ses œufs brouillés, Grand-mère a une petite astuce bien à elle. Une fois qu'ils sont cuits, elle retire la poêle du feu et ajoute immédiatement 1 œuf cru qu'elle mélange à la préparation. Résultat ? Des œufs brouillés moelleux et savoureux en un tour de main !

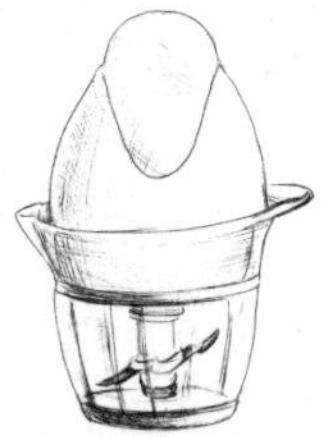

Pas de perte dans le hachoir !

Si vous avez pris l'habitude de hacher vous-même, à l'ancienne, votre viande pour des steaks hachés ou encore de la chair à saucisse, évitez le gâchis en terminant toujours par une tranche de pain de mie. Vous récupérerez ainsi toute la viande hachée que la mie aura poussée hors de l'appareil. Pratique et économique !

Réussir son gratin

Dauphinois, de pâtes, de courgettes, de chou-fleur, le but d'un gratin est de croustiller en surface et de sortir doré à souhait du four. Pour cela, abandonnez l'emmental râpé acheté au supermarché et préférez-lui des lamelles que vous aurez préparées vous-même. Les gourmands vous remercieront !

Une volaille bien tendre

Pour qu'un poulet, une pintade ou encore un coq ou un canard livrent une chair tendre et moelleuse, il suffit parfois de peu de chose… Un massage à l'huile par exemple. En effet, il n'y a rien de tel pour assouplir les chairs. Enduisez vos mains d'huile d'olive par exemple, et lancez-vous !

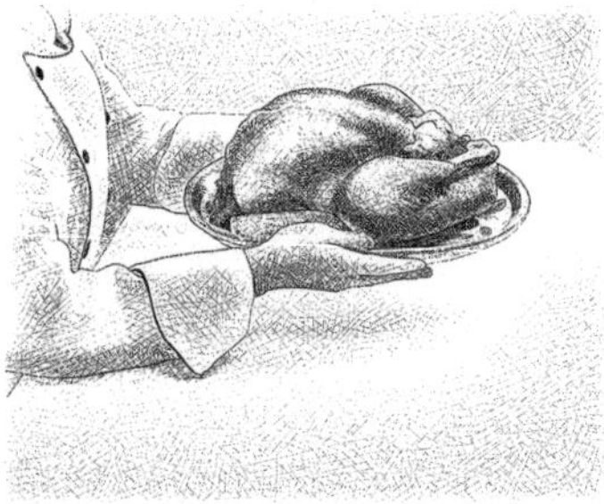

Une mayonnaise réussie

Pour que votre mayonnaise monte facilement et qu'elle reste ferme, il existe un truc tout bête… Les ingrédients, mais aussi le matériel (bol, fouet ou fourchette), doivent être à température ambiante. Aussi, pensez à sortir l'œuf, la moutarde et l'huile au moins 2 heures avant la réalisation.

Une tarte aux framboises qui a de l'allure

Pour manipuler les framboises, il faut patience et doigté. Elles sont si fragiles qu'elles peuvent vite finir en bouillie. Et sur une tarte, ça ne serait pas de plus bel effet. La solution ? Les attraper avec une aiguille par la cavité pour les garder intactes. Bonus, vos mains restent propres en plus !

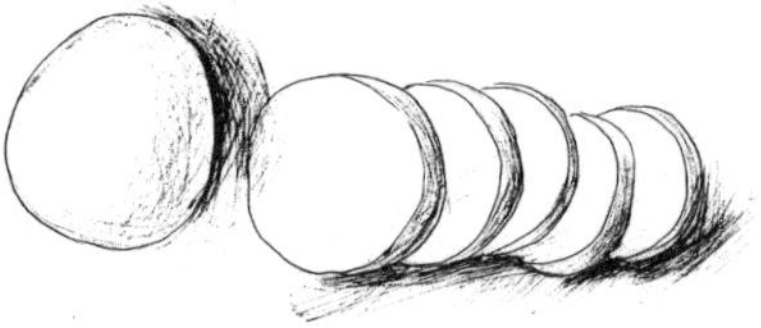

De la mozzarella bien découpée

L'idée fraîche en entrée ? Une salade tomates mozzarella. Et pour obtenir de belles tranches de mozzarella, fromage très mou, l'idéal est de la faire durcir. Et pour cela, il suffit de la placer au congélateur environ 1 heure, après l'avoir égouttée. Ensuite, il ne reste plus qu'à trancher et à laisser dégeler doucement.

Un carpaccio de bœuf réussi

Pour couper de belles tranches très fines et bien régulières de votre filet de bœuf, il suffit simplement de faire durcir un peu la viande. Pour cela rien de plus facile, placez votre viande au congélateur 30 minutes avant de la découper. Votre carpaccio aura l'air de sortir des cuisines d'un grand chef !

Repérer des châtaignes véreuses

Que vous les ramassiez dans les bois ou que vous les achetiez au supermarché, les châtaignes, comme tous les autres fruits, sont quelquefois gâtées. La faute bien souvent à des vers trop gourmands. Pour repérer les véreuses, plongez-les dans un saladier d'eau froide. Et ne gardez que celles qui coulent.

Recycler le vin entamé !

Vous êtes sûr que vous ne viendrez pas à bout de cette bouteille de vin entamée dans les jours qui viennent ? Plutôt que de la vider dans l'évier, transvasez-la dans des sacs à congélation ! Vous pourrez les sortir du congélateur chaque fois que vous en aurez besoin pour faire une sauce…

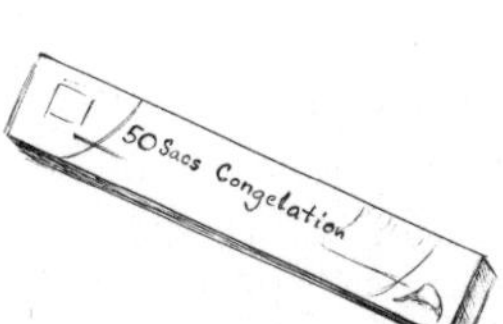

Une chapelure maison

Pas de chapelure sous la main ? Évitez un aller-retour express à l'épicerie du coin… En effet, en écrasant quelques biscottes (ou du pain très dur), vous obtiendrez une chapelure croustillante et dorée à souhait ! Idéale pour les coquilles Saint-Jacques et autres plats à paner.

Une confiture de fraises plus facile

Comment réussir votre confiture de fraises à tous les coups ? En y ajoutant simplement un peu de gelée de groseilles de l'année précédente, que vous éviterez dorénavant de jeter bien sûr ! La confiture de fraises sera plus facile à mélanger et sa consistance sera parfaite !

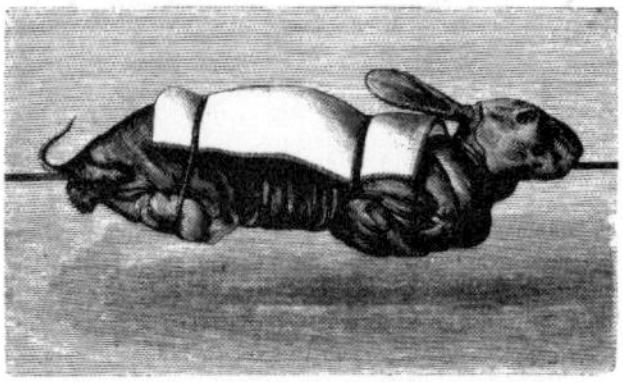

Bluffer ses amis avec du lapin !

Pas toujours facile de se renouveler niveau menu pour des invités gourmands et fins gourmets. Eh bien tentez le civet de lapin ! Une viande trop souvent laissée de côté. Le truc en plus ? Ajoutez 3 cuillères à soupe de café très fort au vin de cuisson pour lui donner un parfum incomparable.

Une confiture réussie

L'idéal pour régaler la famille au petit-déjeuner, une confiture ni trop liquide ni trop épaisse, facile à tartiner sur pains et brioches sans en mettre partout. Pour un tel résultat, ajoutez simplement quelques fruits verts aux fruits mûrs. La consistance de votre confiture en bluffera plus d'un !

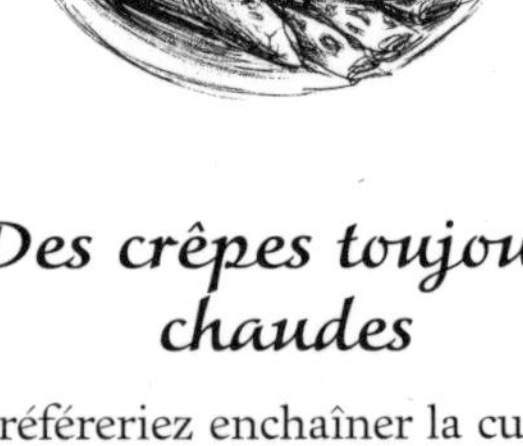

Des crêpes toujours chaudes

Vous préféreriez enchaîner la cuisson des crêpes et les déguster à table, en famille, en même temps que tout le monde ? Facile ! Après les avoir préparées, placez-les une à une dans un plat, couvert, au-dessus d'une casserole d'eau bouillante. Elles resteront chaudes et n'en seront que plus moelleuses.

Une tarte aux fruits succulente

Le pire scénario ? Que les fruits dégorgent, rendent leur jus et détrempent la pâte. Pour éviter que cela vous arrive, pensez à saupoudrer votre pâte de sucre mélangé à un peu de farine avant d'y déposer la garniture. Voilà qui devrait suffire à absorber le surplus de jus des fruits.

Des biscuits qui durent…

Pour conserver vos biscuits plus longtemps, qu'ils soient faits maison ou achetés en grande surface, déposez-les dans une boîte métallique bien hermétique et dans le fond de laquelle vous aurez préalablement placé un papier de soie. L'humidité absorbée, vos biscuits resteront croustillants plus longtemps.

Réussir la cuisson de sa pâte

Pour cuire votre pâte à blanc en évitant qu'elle ne gonfle, essayez cette petite astuce toute simple. En plus, vos enfants y trouveront une occupation rigolote… Plantez à la verticale une dizaine de macaronis. L'intérêt ? Ces derniers agiront comme des petites cheminées et empêcheront votre pâte de cloquer.

Du lait pour un poulet doré

Pour déguster un poulet délicieusement doré, versez directement du lait dessus… Inutile bien sûr de le noyer. Ensuite, saupoudrez-le de farine, là encore en gardant la main légère. Pour finir, lancez la cuisson et faites rissoler votre poulet comme vous le faites habituellement. Vos papilles vous en remercieront…

Œuf cru ou cuit ?

Pour distinguer les œufs dans le réfrigérateur et ne pas tenter de faire une mayonnaise avec un œuf dur, Grand-mère les rassemble d'abord tous sur la table de la cuisine. Puis elle les fait tourner un par un sur eux-mêmes… Ceux qui ont du mal à tourner sont crus et ceux qui se la jouent façon toupie sont cuits. Facile !

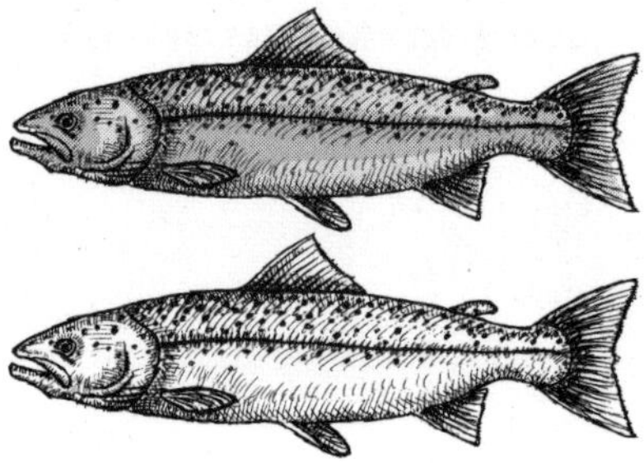

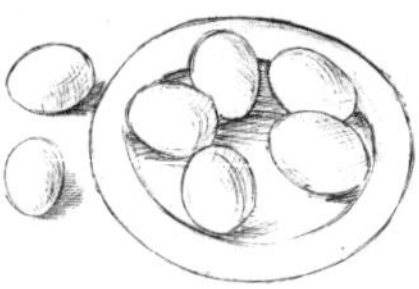

Stop aux arêtes !

Plus d'excuses pour supprimer le poisson de vos menus à cause de petites arêtes toutes bêtes. En effet, pour les poissons à petites arêtes, il suffit de placer dans l'eau de cuisson une feuille d'oseille. Une fois qu'ils sont cuits, les arêtes auront disparu et petits et grand pourront se régaler… Magique !

Une brioche bien dorée

Pour bluffer toute la famille avec une brioche bien dorée au petit-déjeuner, rien de plus simple… Versez simplement une petite quantité de café très faiblement sucré sur le dessus de votre brioche au moment de la cuisson qui se parera d'une couleur à croquer. Effet garanti sur les gourmands !

Alléger les gaufres

Pour tous ceux qui adorent les gaufres mais qui s'en privent car ils ont du mal à les digérer, voici de quoi les réconcilier avec le gaufrier caché au fond du placard. Au moment de la cuisson, il suffit d'ajouter un grand verre d'eau à la préparation habituelle des gaufres. Celles-ci n'en seront que plus légères !

Un melon savoureux

Vous l'aimez sucré, parfumé et bien frais ? Alors cette astuce est faite pour vous ! Pour un melon savoureux, coupez-le en quartiers environ 1 heure avant de le servir et placez les morceaux au réfrigérateur avec du sel dessus. Celui-ci fera ressortir le sucre du fruit : excellent !

Un chocolat chaud onctueux

Si vous avez pour habitude de régaler vos enfants avec un bon chocolat chaud fait maison le mercredi après-midi, voilà qui devrait les régaler encore plus. Grand-mère a en effet son truc en plus : une fois qu'elle l'a versé dans nos tasses, elle bat le chocolat avec un fouet. Il devient crémeux à souhait.

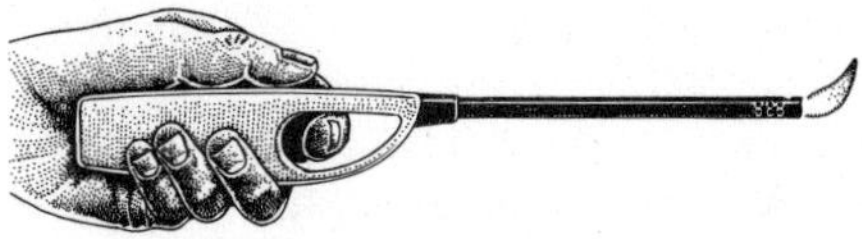

Garder l'ail plus longtemps

Pour conserver les têtes d'ail plus longtemps, Grand-mère connaît une astuce surprenante mais efficace. Et qui a le mérite d'être naturelle en plus. Elle brûle tout simplement les racines à ras de la tête. Essayez : vous verrez que vous renouvellerez moins souvent votre stock d'ail, surtout si vous n'en consommez pas régulièrement.

Conserver le melon

Repas en famille, melon au menu. Sachez que vous pouvez gagner du temps et préparer votre melon à l'avance. En effet, une fois découpé et épépiné, il vous suffira de le placer dans un torchon au réfrigérateur. Il gardera ainsi toute sa saveur et vous pourrez profiter davantage de vos invités.

Conserver les pommes

Pour que les pommes restent savoureuses et croquantes plus longtemps, vous le savez, vous devez les conserver dans un endroit frais et sec, à l'abri de la lumière. Mais pensez aussi à les placer tête en bas dans votre corbeille de fruits. Vous en profiterez pendant quelques jours supplémentaires.

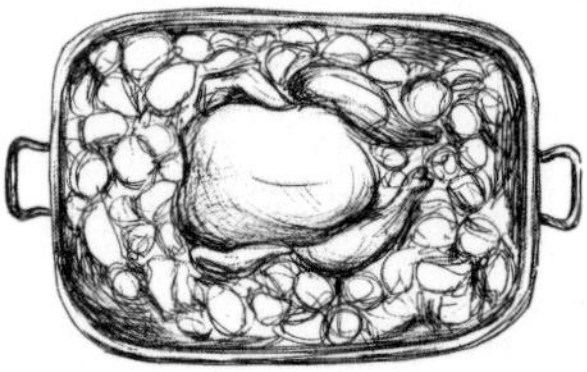

Un poulet qui croustille

Un poulet rôti, c'est bon. Mais un poulet rôti avec la peau bien dorée et croustillante, c'est mieux. Et pour cela, rien de plus facile, il suffit d'asperger votre volaille d'eau salée une vingtaine de minutes avant la fin de la cuisson. Elle sortira du four avec une peau rissolée et croquante à souhait.

Des tranches de pain réussies

Bien souvent, lorsque l'on coupe à la main un pain frais, la mie part en boulettes et les tranches ont des formes plus que douteuses. Et bien Grand-mère connaît un truc imparable pour présenter de belles tartines égalisées à ses invités... Elle trempe la lame de son couteau dans l'eau bouillante avant de s'en servir.

Un chou-fleur bien blanc

Si les légumes d'antan sont revenus à la mode, pas question pour autant de gâcher le dressage de votre assiette avec un chou-fleur qui ferait grise mine. Pour un effet bluffant sur vos invités, ajoutez simplement un peu de lait à l'eau de cuisson du chou-fleur : il en ressortira presque blanc comme neige.

Rattraper les soupes trop salées !

Vous avez eu la main un peu lourde sur la salière et votre soupe est imbuvable ? Avant de tout verser dans l'évier et de changer le menu, essayez d'en prolonger la cuisson en y ajoutant quelques rondelles de pomme de terre crue. De cette façon, vous devriez pouvoir la servir normalement au dîner.

Des grillades réussies à tous les coups

Première chose à savoir, une pièce de bœuf se sort toujours du frigo 1 bonne heure avant la cuisson, qui plus est au grill. Pour faire patienter la viande de manière utile, placez-la sur quelques feuilles de papier absorbant. Voilà qui devrait suffire à en faire une grillade excellente !

Découper un rôti proprement

Pour que votre rôti garde son jus et ne perde pas tout le sang de la viande sur la planche à découper, évitez de le couper dès sa sortie du four. Couvrez-le pendant 5 minutes d'un papier aluminium. En principe, votre planche devrait être à peu près épargnée au moment de faire les tranches.

Une pâte brisée réussie

Pour toutes celles et ceux qui ont tendance à rater leur pâte brisée par manque de rapidité ou de technique, pas de panique. Remplacez l'eau par des glaçons, qui mettront nécessairement plus de temps à fondre et vous permettront ainsi de mieux pétrir la pâte (toujours en l'écrasant et en la poussant devant vous).

Une confiture qui dure

Fini les moisissures qui apparaissent sur le dessus des pots de confiture et autres gelées de fruits grâce à cette petite astuce rapide et toute simple : saupoudrez le dessus du pot entamé avec du sucre. Vous pourrez ainsi vous régaler plusieurs semaines après l'ouverture.

Des aubergines moins grasses

En cuisant, les aubergines ont tendance à se comporter comme de véritables éponges : elles absorbent toute l'huile de cuisson. Pour y remédier, pensez simplement à les enduire de blanc d'œuf avant de les disposer dans la poêle. Elles n'en seront que plus savoureuses.

Une omelette moelleuse

En matière d'omelette, tout le monde y va de sa méthode. L'un l'aimera très cuite, l'autre la cuira des deux côtés et l'autre encore la préférera « baveuse ». Vous la souhaitez juste moelleuse ? Essayez de percer les jaunes et de les mélanger sommairement aux blancs. Voilà qui devrait ravir vos papilles.

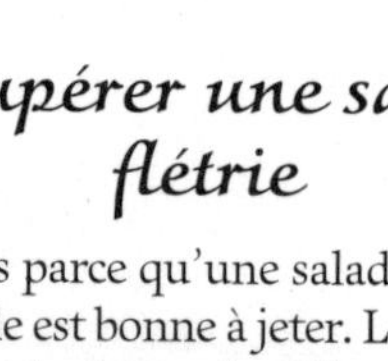

Récupérer une salade flétrie

Ce n'est pas parce qu'une salade est un peu flétrie qu'elle est bonne à jeter. La preuve : en la plongeant 1 minute dans l'eau très chaude puis quelques minutes supplémentaires dans l'eau très froide, elle retrouvera son aspect ferme grâce au choc thermique. À essayer aussi avec le persil.

Des oignons sans larmes

Un jour que Grand-mère épluchait les oignons, j'ai remarqué qu'elle ne pleurait pas... Tiens, tiens, bizarre. Et quand je lui ai demandé son secret, elle ne m'a pas répondu... J'ai compris une fois qu'elle a eu terminé : elle avait gardé une gorgée d'eau dans la bouche tout le temps de l'épluchage.

Un café qui garde tout son arôme

Pour toutes celles et ceux qui en sont restés au bon vieux café en grains et qui n'ont pas encore cédé à l'appel de la dosette, voici une petite astuce toute simple. Une fois le sachet entamé, passez les grains à la poêle, à feu doux, avant de les moudre... Plein arôme assuré.

Conserver la moutarde

Une fois que le pot de moutarde est entamé, vous n'en consommez pas tous les jours. Et il se forme systématiquement une couche de moutarde séchée en surface. Pour y remédier, placez une rondelle d'orange ou de citron sur le dessus. Et pensez à la renouveler régulièrement. Ainsi, la moutarde ne séchera plus.

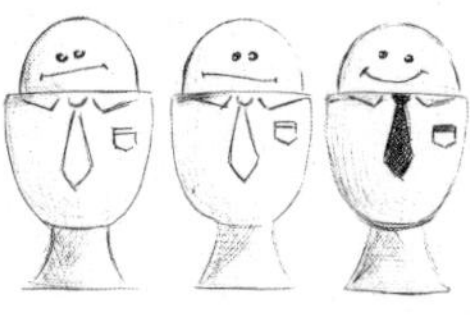

Des œufs rigolos

Grand-mère avait toujours plus d'une idée dans la poche de son tablier. Lors d'un pique-nique, elle nous a fait découvrir les œufs durs colorés... Son secret ? Elle les avait préalablement trempés dans l'eau des épinards, dans du jus de betterave, dans de l'eau safranée... À décliner selon l'inspiration !

Des haricots verts bien tendres

Vous avez bien du mal à faire apprécier les haricots verts à vos enfants ? Et quand ils sont croquants, ils tirent carrément la grimace ? Pas de problème, pour des haricots tendres à souhait, un simple lavage à l'eau chaude avant la cuisson suffit…

Conservation des bananes

Lorsque les bananes sont placées au réfrigérateur, leur peau a tendance à noircir très rapidement. En revanche, elles apprécient un séjour dans une coupe à fruits à température ambiante. Le top ? Placez-les à côté des kiwis, vous les garderez plus longtemps. Et en mûrissant, leur chair n'en sera que plus sucrée.

Une fondue sans risque

Le problème avec la fondue bourguignonne ? Les projections d'huile bien sûr ! Pour y remédier, il suffit simplement de placer une branche de persil dans l'huile bouillante. Ainsi, plus personne ne courra le risque de se brûler à cause des projections. Veillez néanmoins à éloigner les enfants du caquelon.

Une salade propre

Comment obtenir une salade bien propre ? Avec le vinaigre, qui a des propriétés désinfectantes. Il évitera la formation de moisissures, éliminera les insectes, ainsi que tout pesticide et autres produits chimiques. Lavez votre salade avec soin, feuille par feuille, puis rincez-la dans de l'eau additionnée de vinaigre.

Un riz réussi

Certains le préfèrent croquant sous la dent, d'autres moelleux. Partisans de cette deuxième catégorie, suivez Mamie ! Elle ajoutait 1 cuillère à café de vinaigre à l'eau de cuisson de son riz, dès qu'elle commençait à bouillir. Le riz en ressortait fondant et léger. Un délice !

Réduire les risques d'intoxication alimentaire

Le poisson et les fruits de mer sont sujets à risques, pouvant provoquer des intoxications alimentaires. Les produits doivent toujours être bien frais. Vous réduirez ces risques en faisant tremper ces derniers dans du vinaigre avant de les faire cuire. Le vinaigre évite l'apparition de moisissures.

Cuisson et conservation des pommes de terre

Vos pommes de terre épluchées ne seront pas sujettes à l'oxydation si vous les placez dans un récipient rempli d'eau vinaigrée (à raison de 2 cuillères à soupe). Elles doivent être complètement recouvertes. Lorsque vous les ferez cuire, versez-leur dessus 1 cuillère à café de vinaigre, elles conserveront leur belle couleur.

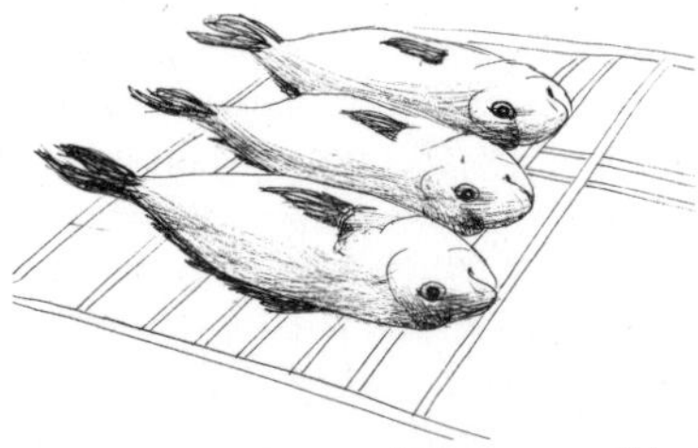

Du poisson bien grillé

Vous préférez cuisiner votre poisson au gril ? Voici quelques astuces vinaigrées que ma grand-mère m'a transmises. Avant de le déposer sur la grille, appliquez sur les deux faces un peu de vinaigre, afin qu'il ne colle pas à la grille. Cela aura également pour effet d'améliorer son goût, surtout s'il est trop salé.

Dessaler le poisson

Le poisson séché est fortement salé. Heureusement, j'ai pris les bonnes habitudes de grand-mère, si douée en cuisine. Elle faisait dessaler son poisson dans un bain d'eau vinaigrée (à raison de 2 cuillères à soupe). Moins salé, le poisson n'en était que meilleur, et les papilles régalées !

Un poisson tendre et bien blanc

Grand-mère faisait toujours tremper son poisson dans de l'eau vinaigrée (2 cuillères à soupe) avant de le faire cuire. Pourquoi ? Le vinaigre assaisonne le poisson et lui donne un goût plus fin. Sa chair est attendrie et reste bien blanche. Et surtout, il reste entier lors de sa cuisson. Le vinaigre, véritable allié cuisine du poisson !

Un poisson qui reste entier

Le poisson, vous le préférez bouilli, ou poché. Seulement, il arrive souvent qu'il se défasse lors de la cuisson. Comment faisait Mamie, qui servait son poisson toujours bien entier ? Si vous voulez conserver votre poisson intact et ainsi avoir une belle présentation dans l'assiette, versez dans l'eau de cuisson 1 cuillère à soupe de vinaigre.

Écailler un poisson et enlever sa peau

Vous venez d'acheter un beau saumon chez votre poissonnier. Ce soir, vous allez vous régaler ! Mais avant, il va falloir le préparer. Et donc l'écailler. Pour ce faire, suivez les conseils de nos aïeules : arrosez votre poisson de vinaigre. La tâche sera ainsi facilitée. Il en est de même pour retirer sa peau : le vinaigre vous y aidera.

Des desserts trop sucrés

Gâteau au chocolat, fraisier, tarte au citron… les pâtisseries sont votre péché mignon, mais il vous arrive souvent de les trouver trop sucrées au goût. La prochaine fois que vous préparerez votre gâteau, pensez à ajouter 1 cuillère à café de vinaigre. Cela atténuera le goût sucré de votre dessert.

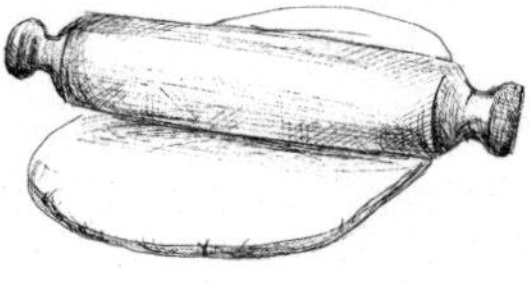

Une pâte feuilletée réussie

Petits soufflés et tourtes maison… Vous êtes une adepte des mets à base de pâte feuilletée. Hors de question d'aller acheter votre pâte toute prête, vous êtes plutôt du genre à retrousser vos manches et à sortir le rouleau ! Le secret de Mamie pour qu'elle soit réussie ? Une cuillère à soupe de vinaigre de cidre dans la préparation, pour que la pâte ne colle pas.

Un glaçage parfait

Le glaçage n'est pas la chose la plus difficile à réussir en pâtisserie : un peu d'eau, un peu de sucre glace, remuez et le tour est joué ! Tout est question de dosage. Mais pour qu'il soit vraiment parfait, qu'il tienne bien et conserve une bonne consistance, Mamie y ajoutait une goutte de vinaigre. Essayez !

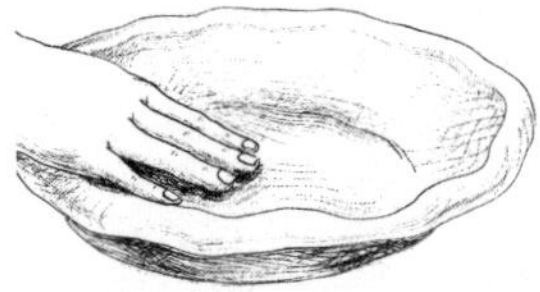

Une pâte brisée plus légère et aérienne

À chaque fois, c'est la même chose : vous n'arrivez pas à réussir votre pâte brisée, qui ressort beaucoup trop dure. Qu'en pense Mamie ? Il ne faut pas trop la travailler pour éviter de chasser l'air et remplacer 1 cuillère à soupe d'eau par 1 cuillère à soupe de vinaigre pour la rendre plus tendre et plus légère.

Des œufs sur le plat

Garder vos œufs cuits sur le plat sans casser le jaune, pas facile ! Si vous ne voulez pas qu'ils finissent en omelette, c'est simple : il suffit d'ajouter, lors de la cuisson, quelques gouttes de vinaigre à même la poêle. Si vous les ménagez, ils conserveront une jolie forme !

Des œufs frits réussis

Comment ne pas brûler ses œufs frits ? Avec du vinaigre, pardi ! Voici une petite astuce que ma grand-mère m'a apprise : il suffit d'ajouter 2-3 gouttes de vinaigre pour que vos œufs ne ressortent pas carbonisés ni ne collent à la poêle. Suivez ce conseil de Mamie, résultat garanti !

Des œufs pochés parfaits

Les œufs, vous les préférez pochés ? Difficile dans ce cas de leur faire garder une jolie forme. Grand-mère savait y faire : elle ajoutait 5 cl de vinaigre à l'eau de cuisson. Faites de même : vos œufs ressortiront parfaits. Soyez rassuré, ils ne conserveront pas le goût de vinaigre.

Des œufs durs intacts

Cela vous est sûrement déjà arrivé : lorsque vous faites cuire des œufs durs, la coquille se fend et ainsi se forme une protubérance, ce qui n'est pas très esthétique, l'œuf une fois pelé. Vous éviterez ce phénomène en versant dans l'eau de cuisson 1 cuillère à soupe de vinaigre.

Des œufs brouillés réussis

Ah, les œufs brouillés que votre grand-mère vous préparait petite, pour le petit déjeuner... Rien que d'y penser, vous vous léchez les babines. Mais comment faisait-elle ? Elle leur ajoutait 1 cuillère à soupe de vinaigre, tout simplement !

Des blancs en neige bien ferme

Certaines recettes nécessitent des blancs d'œufs en neige bien ferme. Vous n'avez pas de robot ? Au lieu de battre vos œufs à vous en tordre le bras, faites comme grand-mère : ajoutez-leur quelques gouttes de vinaigre. Et ils seront durs comme du roc !

Des meringues aériennes

Bien réussir ses meringues n'est pas une mince affaire. Nos mamies en ont passé du temps, avant de trouver l'ingrédient qui fait la différence. Pour obtenir de belles meringues aériennes, elles ajoutaient aux blancs d'œufs une cuillère à café de vinaigre.

Une salade fraîche

Votre salade a triste mine. Ses feuilles commencent à se flétrir et à présenter de petites traces noires. Vous souhaitez lui redonner un peu de peps ? Faites-lui prendre ces deux bains consécutifs : plongez-la d'abord 10 secondes dans de l'eau bien chaude, ensuite dans de l'eau froide vinaigrée, avec quelques glaçons, 10 secondes également. Votre salade est de nouveau fraîche !

Récupérer une soupe trop salée

Mamie aime préparer une bonne soupe bien chaude pour se réchauffer les longs week-ends d'hiver, lorsque les températures commencent à se faire basses et qu'il est bon de rester au coin du feu. Oops ! Seulement, elle a eu la main trop lourde sur le sel. Que faire ? Ajoutez 1 cuillère à soupe de sucre et 1 de vinaigre, la soupe sera adoucie.

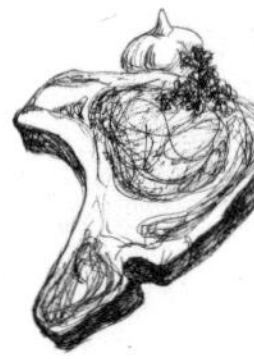

Atténuer le goût d'une viande

Certaines viandes ont un goût très prononcé, comme la viande de cheval ou de sanglier. Si vous souhaitez atténuer quelque peu son goût, trop fort, il vous suffit de la faire tremper dans de l'eau vinaigrée une bonne heure, avant de la mettre à cuire. Son goût sera ainsi plus doux. Bon à savoir pour les enfants !

Attendrir la viande

La viande, vous la préférez saignante - devoir mâcher et remâcher un bout de viande trop sèche n'est pas votre tasse de thé. Nos aïeules avaient l'habitude de la laisser mariner dans un récipient rempli de vinaigre de vin, additionné de quelques herbes, le tout au réfrigérateur. La viande en ressortait plus tendre le lendemain.

Remplacer la levure

Vous vous êtes lancé dans la confection de baguettes maison pour accompagner fromage et charcuterie au menu de ce soir. Seulement, vous n'avez plus de levure ! Sachez que vous pouvez la remplacer par 4 cuillères à café de bicarbonate de soude additionnées d'une cuillère à café de vinaigre. Ouf, le repas est sauvé !

Remplacer du vin blanc

Adepte des sauces au vin, vous connaissez tous les trucs pour les réussir. Mais savez-vous comment les réussir sans l'ingrédient principal ? Si, par malheur, vous n'aviez plus de vin sous la main, optez pour le vinaigre blanc : remplacez le vin par du vinaigre blanc dilué avec un peu d'eau et additionné de 2 cuillères à soupe de sucre.

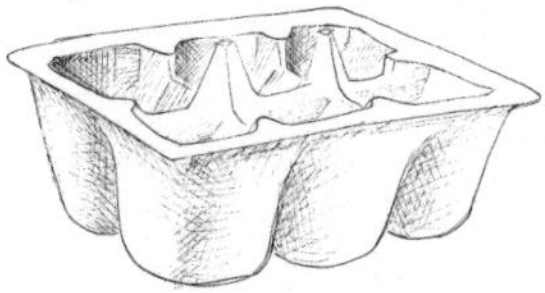

Remplacer un œuf

Il vous manque un œuf pour pouvoir faire votre gâteau ? Si la recette contient de la levure, il suffit de remplacer ce dernier par 1 cuillère à soupe de vinaigre blanc. Notez également qu'un jaune d'œuf se remplace facilement par 1 cuillère à soupe de vinaigre de vin.

Remplacer le yaourt

Dimanche, les supermarchés fermés, et vous n'avez plus de yaourt dans votre frigo. Seulement, vous avez déjà commencé à préparer votre gâteau… au yaourt ! Que faire ? Il serait bête de tout jeter ! C'est simple : remplacez le yaourt par du vinaigre. Dans 40 cl de lait, versez 1 cuillère à soupe de vinaigre. Et le yaourt est remplacé !

Remplacer du jus de citron

Vous n'avez plus de citron sous la main ? Comment agrémenter votre thé ? Remplacez les quelques gouttes de jus de citron par 1 goutte de vinaigre de cidre. En cuisine, remplacez 1 cuillère à café de jus de citron par un quart de cuillère à café de vinaigre de vin.

Le caramel de Mamie

Utiliser le vinaigre dans un dessert ? Tout est possible avec Mamie ! Elle utilisait le vinaigre balsamique pour rehausser le goût d'une sauce caramel par exemple. Préparez votre caramel comme à l'accoutumée et versez 5 cl de vinaigre balsamique hors du feu, puis remettez à feu doux jusqu'à obtenir une consistance sirupeuse. Agrémentez vos desserts de cette sauce originale !

Réussir les sushis

Pour bien réussir vos sushis maison, le riz vinaigré doit être préparé à la perfection ! Utilisez du riz à grains courts, qui colle sans être pâteux. Mélangez 125 ml de vinaigre de riz, 55 g de sucre et une grosse pincée de sel. L'assaisonnement est prêt, vous pouvez en arroser le riz une fois cuit !

Un vinaigre original

Vous en avez assez de la vinaigrette maison habituelle ? Soyez inventif et épatez vos convives avec ce vinaigre original : mettez dans votre bouteille de vinaigre soit de l'estragon, de l'ail, de la sauge, etc. Laissez mariner pendant 2 mois. Soyez patient et vous pourrez utiliser ce vinaigre aromatisé pour vos plats et salades.

Une sauce savoureuse

Agrémentez votre viande avec cette sauce savoureuse. En plus de l'assaisonnement habituel, sel et poivre, voire noix de muscade, thym, persil et romarin selon votre goût, versez quelques gouttes de vinaigre de Xérès sec. Rôtis, gigots, entrecôtes et volailles n'en seront que meilleurs !

Trop de vinaigre !

Si vous avez eu la main lourde en vinaigre, pas de panique, ne jetez pas votre sauce. Cependant, il va vous falloir aimer le sucre si vous voulez la récupérer ! Ajoutez-lui 2 morceaux de sucre. Remuez bien pour qu'ils se délayent dans la sauce. L'excès de vinaigre sera résorbé.

Allergie aux fraises

Les fraises, c'est votre péché mignon. Le souci, c'est que vous y êtes allergique... La solution ? Les tremper quelques minutes dans de l'eau additionnée d'un peu de vinaigre. Il agit sur la couche urticante provoquant les allergies. Une fois éliminée, rincez bien les fruits et régalez-vous !

Des confitures réussies

Après avoir passé des après-midi à accompagner votre grand-mère pour cueillir vos fruits préférés, vous la regardiez préparer ses pots de confiture avec attention. Pour réussir à coup sûr ses confitures, elle versait dans la bassine en cuivre 1 cuillère à café de vinaigre.

Des pâtes non collantes

Des pâtes qui collent, non merci ! Difficile de toujours savoir bien minuter la cuisson de vos pâtes et de réussir à les faire al dente. Le petit truc de grand-mère : mettre une cuillère à café de vinaigre de vin dans l'eau de cuisson des pâtes. Et elles ne colleront pas !

Du pain bien doré

La bonne odeur du pain dans le four... Vous en bavez déjà. Et pour qu'il ne soit pas seulement bon, mais joli, sortez le pain du four un peu avant la fin de la cuisson, puis passez-lui, à l'aide d'un pinceau, un peu de vinaigre sur le dessus. Remettez au four. Votre pain sera bien doré et brillant.

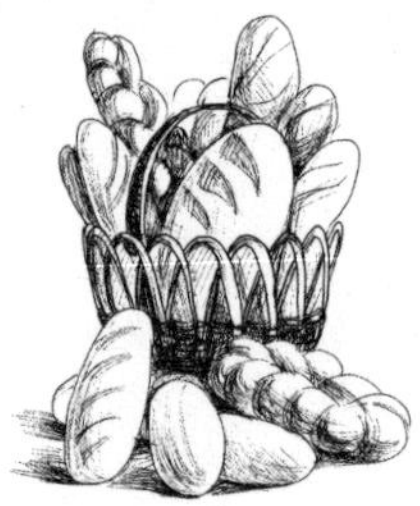

Lentilles moelleuses

Certains préfèrent les lentilles qui croquent sous la dent, d'autres les préfèrent bien moelleuses. Si vous faites partie de ces derniers, il vous suffit de rajouter à l'eau de cuisson 2 morceaux de sucre et un peu de vinaigre de vin. Ainsi, vos lentilles seront douces à souhait.

Conserver olives, piments et cornichons

Pour les trois, même solution : que ce soient les olives, les piments ou les cornichons, il suffit de les mettre en bocal, recouverts de vinaigre et d'entreposer ce dernier au réfrigérateur. Ainsi, vous les conserverez beaucoup plus longtemps.

Limiter les flatulences dues aux haricots secs

Les haricots secs, grand-mère sait merveilleusement les préparer. Quel délice ! Seulement, les effets indésirables qu'ils peuvent avoir sur votre estomac, ça, vous n'aimez pas ! La solution ? Trempez les haricots dans de l'eau additionnée de 2 cuillères à soupe de vinaigre, pendant 12 heures. Plus de gaz !

Conserver le jambon

Le jambon à l'os se conserve bien, mais il sèche tout de même facilement. Au lieu de couper à chaque fois une bonne tranche car l'entame a durci, pensez à la frotter avec un peu de vinaigre de vin. Ainsi, vous pourrez conserver votre jambon plus longtemps. Et sans gâcher !

Conserver le gingembre

Que faire de vos restes de racines de gingembre ? Épluchez-les, tranchez-les ou râpez-les et conservez le tout dans un bocal. Recouvrez de vinaigre de cidre et entreposez au réfrigérateur. Pas de gâchis avec Mamie !

Dessaler le jambon

Le jambon a tendance à être assez salé. Nos aïeules avaient l'habitude, lorsqu'elles le faisaient cuire, d'ajouter un peu de vinaigre à l'eau de cuisson pour le dessaler. D'une pierre deux coups, son goût était rehaussé et le jambon n'en était que meilleur !

Gélatine en forme

Vous êtes une adepte de la gélatine dans les crèmes et gâteaux ! En vraie petite pâtissière, vous suivez l'enseignement de votre grand-mère à la lettre : pour que la gélatine prenne facilement, utilisez 1 cuillère à café de vinaigre par sachet de gélatine.

Conserver le fromage plus longtemps

Si vous laissez votre fromage tel quel dans votre réfrigérateur, les moisissures arrivent vite et vous n'avez plus qu'à le jeter. Pour le conserver plus longtemps, Mamie l'enveloppait dans un linge imbibé de vinaigre de vin et l'entreposait au réfrigérateur.

Goût des fruits optimisé

Mamie aimait faire sa propre cueillette de fruits pour réaliser moult pots de confiture et de délicieuses tartes ou gâteaux. Lorsqu'elle faisait cuire des fruits, elle ajoutait 1 cuillère à café de vinaigre de vin à la préparation. Ainsi, après cuisson, leur goût n'en était que meilleur.

Éviter le brunissement des fruits coupés

Votre péché mignon, ce sont les salades de fruits. Un peu de pomme, de poire, d'abricot, d'ananas, de brugnon… Mais une fois dans votre bol, ils ont triste mine ! Pour éviter que les morceaux de fruits pelés et coupés ne jaunissent ou brunissent, trempez-les dans un bol d'eau dans lequel vous aurez ajouté 1 cuillère à soupe de vinaigre de cidre.

Éviter que le fromage moisisse

Votre fromage est recouvert de moisissures ? Et vous n'aimez pas jeter. Grattez-le avec un couteau que vous aurez au préalable trempé dans du vinaigre. Cela « désinfecte » votre fromage. À chaque fois que vous couperez une tranche, pensez à répéter ce geste : cela empêchera la formation de moisissures.

Éliminer le goût du gras

Grand-mère aime faire des frites maison le dimanche midi pour ses petits-enfants. Son truc ? Mettre 1 cuillère à soupe de vinaigre dans l'huile de sa friteuse. Les frites seront moins imprégnées d'huile et n'auront pas ce goût de « gras ». Et elles n'en seront que plus digestes.

Conserver un citron entamé

Il vous arrive souvent de n'avoir seulement besoin que de la moitié d'un citron. Que faire de l'autre ? Pour ne pas qu'elle s'abîme, entreposez-la dans une coupelle remplie de vinaigre de vin, au réfrigérateur. Pensez toutefois à la consommer dans les 2 jours.

Des épinards fanés

Vos épinards font la tête. Ce n'est pas comme ça que vous parviendrez à convaincre vos bambins d'en manger ! Pour leur redonner un peu de tenue, plongez-les dans un saladier rempli d'eau tiède. Mettez-y 2 morceaux de sucre et 1 cuillère à soupe de vinaigre. Ils auront ainsi meilleure mine !

Du chou-fleur bien blanc

Vous souhaitez conserver la belle couleur de votre chou-fleur une fois cuit ? Utilisez le vinaigre de vin, il a la particularité de garder intacte la couleur des légumes après cuisson. Sa blancheur restera donc inchangée si vous ajoutez une cuillère à soupe de vinaigre dans son eau de cuisson.

Du chou plus digeste

Le chou n'est pas le légume le plus facile à digérer. Pour le rendre plus digeste, grand-père avait l'habitude de verser dans l'eau de cuisson une cuillère à soupe de vinaigre. D'une pierre deux coups, sa forte odeur était atténuée. Ce qui faisait plaisir à Grand-mère !

Une béchamel réussie

La béchamel n'est pas la sauce la plus facile à réaliser. Ma grand-mère avait un petit truc qui faisait la différence : elle y ajoutait, en fin de préparation, une demi-cuillère à café de vinaigre de vin. Ainsi la béchamel était non seulement réussie mais avait également plus de tenue et d'allant.

De jolis beignets

En ajoutant 1 cuillère à soupe de vinaigre dans l'huile de friture, vos beignets garderont une jolie forme. De plus, ils seront plus digestes et moins gras, car le vinaigre empêche l'huile de pénétrer aussi facilement dans les fritures. Vos beignets seront donc allégés.

Empêcher la décoloration des avocats

Une fois épluché et coupé en petits morceaux, un avocat se décolore très rapidement. Des taches marron apparaissent, pas très convaincant dans l'assiette. Vous empêcherez ce phénomène en l'aspergeant d'un peu de vinaigre de vin. Le vert, c'est tout de même plus joli !

Conserver la belle couleur des artichauts

Les artichauts, après cuisson, ont tendance à griser voire à devenir marron. Leur goût n'est pas altéré, mais ils deviennent moins appétissants ! Ajoutez un morceau de sucre et une cuillère à soupe de vinaigre dans leur eau de cuisson, dès qu'elle commence à bouillir. Et ils conserveront leur belle couleur verte !

Atténuer l'odeur du gigot d'agneau

Le gigot d'agneau dégage une forte odeur. Nos grands-mères y remédiaient en ajoutant 2 cuillères à café de vinaigre de vin et 1 cuillère à café de miel dans le jus de cuisson. Peu avant la fin de la cuisson, elles arrosaient plusieurs fois la viande de jus. Et l'odeur était atténuée.

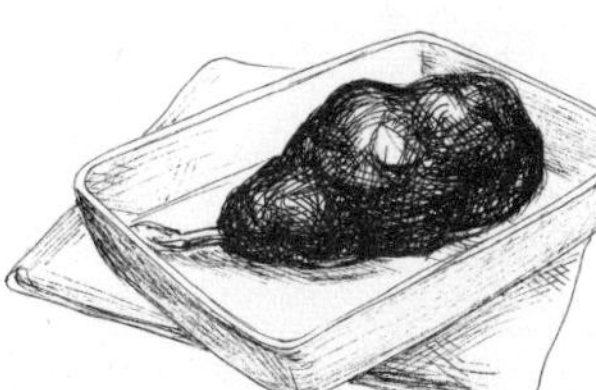

Dessaler les anchois

Les anchois, vous adorez ça, mais c'est bien trop salé ! Enlever l'excédent de sel sans dénaturer leur goût ? Facile avec Mamie. Passez-les quelques minutes sous l'eau du robinet, puis faites-leur prendre un bon bain de vinaigre de vin. Vous serez étonné !

Citrons juteux

Vous avez besoin du jus de 2 citrons pour préparer un mets et il ne vous en reste qu'1 dans le frigo ? Pas de panique, pressez votre citron et récupérez son jus. Rajoutez-lui un peu d'eau et 1 cuillère à café de bicarbonate de soude. Vous obtiendrez ainsi un jus moins acide, avec la quantité que spécifiait votre recette.

Salsifis amers

Les salsifis peuvent rebuter plus d'un palais, particulièrement celui des enfants. Si vous tenez à en faire manger à votre petit, rajoutez 1 pincée de bicarbonate de soude à son assiette. Cela adoucira le goût de son plat. Qui sait, votre enfant voudra peut-être même se resservir !

Yaourt sans sucre

Si vous essayez de limiter le sucre dans votre alimentation, commencez par ne plus sucrer vos yaourts nature. À la place, faites comme Grand-mère, ajoutez 1 cuillère à café de bicarbonate de soude. Il donnera un goût acidulé à vos produits laitiers en vous évitant les calories !

Un kiwi fade

En hiver, tous les matins, Grand-mère mangeait un petit kiwi. Lorsqu'elle tombait sur un fruit sans goût, elle ne manquait pas de le saupoudrer de 1 pincée de bicarbonate de soude. Non seulement elle rehaussait ainsi sa saveur, mais en plus elle le rendait plus tendre.

Des muffins bien gonflés

Les muffins de Mamie sont toujours joliment gonflés, avec une garniture bien répartie. Son astuce : le bicarbonate de soude. Lorsqu'elle préparait sa pâte, elle ajoutait 2 cuillères à café de bicarbonate de soude. Elle poursuivait sa recette tout en laissant agir cet ingrédient miracle. Résultat : elle obtenait à chaque fois des gâteaux bien gonflés avec une pâte aérée.

Un tiramisu réussi

Grand-mère avait son petit secret pour rendre la crème au mascarpone du tiramisu onctueuse. Elle rajoutait une petite pincée de bicarbonate de soude à sa préparation. L'air de rien, cet ajout aérera la crème et permettra d'éviter les grumeaux. En prime, elle rend le tout encore plus léger à digérer !

Pamplemousse trop acide

Le pamplemousse est très bon pour l'organisme. Il serait dommage de s'en priver. Si vous n'aimez pas son goût amer, jetez-lui une pincée de bicarbonate de soude. Il prendra une saveur acidulée qui ravira les palais amateurs de sucré.

Beurre rance

Au contact de l'air, le beurre prend un goût rance. Ne le jetez pas tout de suite et saupoudrez-y du bicarbonate de soude. Votre beurre reprendra sa saveur initiale avec une petite touche sucrée. Rajoutez ensuite du sel et vous aurez un ingrédient parfait pour accompagner vos tartines de foie gras.

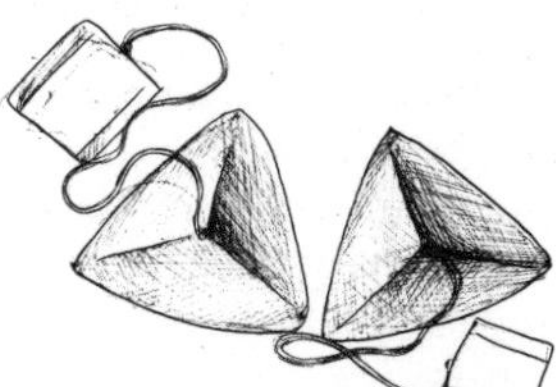

Thé au citron

Vous aimez le thé au citron, mais vous avez du mal à le digérer ? Ne vous interdisez pas d'en boire ! Mamie a la solution : rajoutez 1 cuillère à café de bicarbonate de soude dans votre tasse. Vous réduirez ainsi l'acidité de votre breuvage, souvent responsable des remontées acides.

Redonner du goût au melon

Les melons sont toujours difficiles à choisir. Ce n'est qu'une fois ouvert que vous vous rendez compte du goût de celui-ci. Il arrive que certains melons soient très fades. Rehaussez simplement leur saveur en saupoudrant une pincée de bicarbonate de soude. Vous pouvez faire de même pour la pastèque.

Limiter l'acidité des tomates

Les estomacs fragiles digèrent difficilement l'acidité des tomates. Avant de les éliminer de votre alimentation, saupoudrez-les, avant ou après la cuisson, de bicarbonate de soude. Un geste simple qui facilitera le travail de votre estomac.

Un poisson bien tendre

Le secret de Mamie pour obtenir un poisson tendre : le bicarbonate de soude. Avant de le faire cuire en papillote, elle n'oubliait pas de le saupoudrer avec ce produit magique. Testez : vos papilles verront la différence dès la première bouchée.

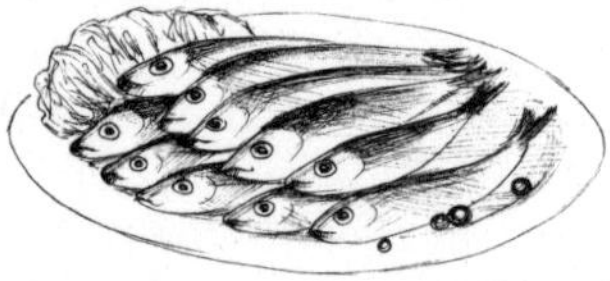

Atténuer l'odeur du fenouil

Lorsque Grand-mère cuisinait du fenouil, elle n'oubliait pas de jeter 1 cuillère de bicarbonate de soude dans son eau de cuisson. Elle évitait ainsi que l'odeur que dégageait sa préparation ne se répande dans toutes les pièces de la maison. Faites de même !

Des crucifères faciles à digérer

Pensez à ajouter 1 pincée de bicarbonate de soude dans l'eau de cuisson de vos choux et de vos choux-fleurs. Un geste simple et économique qui les rendra plus digestes. Ce petit ajout permet également de les rendre plus fermes tout en étant tendres.

Une orangeade pétillante

Vous avez pourtant suivi la recette d'orangeade à la lettre, mais elle est trop acide. Ne la jetez pas ! Avant de la servir, ajoutez simplement 2 cuillères à café de bicarbonate de soude par litre d'orangeade. Votre préparation pétillera et sera buvable !

Des légumes secs sans flatulences

La digestion des légumes secs entraîne souvent des flatulences. Évitez ce désagrément en les saupoudrant au préalable de bicarbonate de soude. Une pincée avant la cuisson suffit. Bonus : le bicarbonate de soude n'altérera pas leur goût.

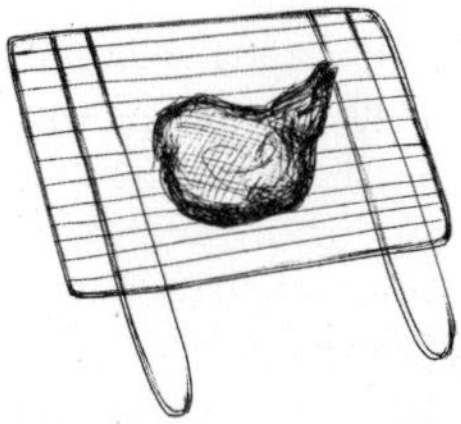

Un gibier moins goûtu

Le gibier peut être difficile à manger pour certains palais. Il est fort en bouche et dégage une odeur très prononcée. Limitez ce problème en jetant 1 cuillère à soupe de bicarbonate de soude dans l'eau de cuisson ou de braisage de votre viande.

Une viande croustillante

L'astuce de Mamie pour faire croustiller la viande : le bicarbonate de soude. Avant de jeter son morceau dans la poêle, elle la saupoudrait légèrement, puis elle faisait simplement faire à la viande 1 aller-retour sur le feu. Faites le test : votre mets sera en prime plus goûteux !

Réussir un pot-au-feu

Le pot-au-feu est un plat difficile à réaliser. Il demande une surveillance constante, au risque d'obtenir une viande trop sèche. Mettez toutes les chances de votre côté en rajoutant 1 cuillère de bicarbonate de soude dans votre marmite. Vous attendrirez naturellement votre morceau de bœuf.

Un chili con carne digeste

Hummm… Quelle joie de savourer un bon chili con carne. Le hic vient surtout après : la digestion est difficile et s'accompagne souvent de maux d'estomac. Remédiez-y simplement en saupoudrant de 2 cuillères à café de bicarbonate de soude votre préparation. Votre plat sera plus léger et beaucoup plus digeste.

Plumer facilement une volaille

Rien de plus simple que de plumer une volaille avec l'astuce de Grand-mère ! Portez à ébullition de l'eau avec 5 cuillères à soupe de bicarbonate de soude. Plongez-y votre viande 5 minutes puis plumez-la. Le plumage s'enlèvera presque tout seul !

Des agrumes moins acides

Vous adorez rajouter des citrons et des pamplemousses à vos salades, au plus grand déplaisir de votre compagnon qui les trouve trop acides ? La solution : ajoutez 2 pincées de bicarbonate de soude. Cela adoucira le goût des agrumes et ravira toutes les papilles du foyer.

Une purée onctueuse

Enfant, vous savouriez la délicieuse purée de Mamie. Dans vos souvenirs, elle était onctueuse, fondante, sans grumeaux… En un mot : parfaite. Vous cherchez encore le secret de Grand-mère ? Le bicarbonate de soude. Mamie rajoutait 1 cuillère à ses pommes de terre. Faites de même et retournez en enfance le temps d'un repas !

Un gratin dauphinois parfait

C'est la recette phare de nos grands-mères : le gratin dauphinois. Pas question pour Mamie de le rater. Si la recette peut varier d'une grand-mère à l'autre, sachez qu'elles ajoutaient toutes leur ingrédient magique : le bicarbonate de soude. Entre chaque couche de lamelles de pommes de terre, elles en jetaient 1 pincée. Ainsi, le lait ne caillera pas et les pommes de terre seront fondantes.

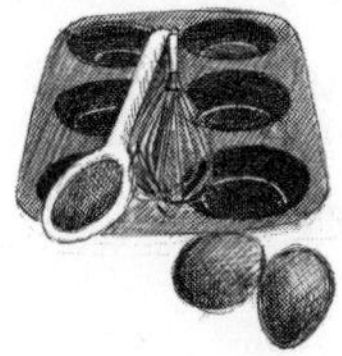

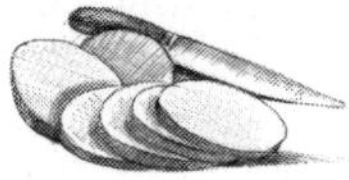

Alléger un gâteau

Vous adorez cuisiner de bonnes pâtisseries ? À tel point que chaque semaine vous testez une nouvelle gourmandise : muffins, cupcakes, tarte au citron… À force d'en manger, vous avez du mal à digérer. Ne renoncez pas à votre gourmandise ! Pensez plutôt simplement à alléger vos gâteaux. Rajoutez 3 cuillères à café de bicarbonate de soude à vos préparations. Vos sucreries seront ainsi plus digestes.

Des blancs en neige parfaits

Le bicarbonate de soude sera votre ingrédient magique si vous souhaitez réussir comme un chef des blancs en neige. Une cuillère à café pour 4 œufs suffit à les rendre fermes et encore plus légers. Si vous optez pour cet ingrédient, n'utilisez pas de sel au risque d'altérer le goût de vos blancs.

Cocktail fruité maison

Rien de mieux que 1 pincée de bicarbonate de soude dans vos jus de fruits frais. Non seulement il les fait pétiller, mais en plus il les rend plus digestes. Sans oublier qu'il permet de raviver leur couleur. Pensez-y si vous recevez des invités : ils seront tous bluffés.

Enlever les produits chimiques

Tout le monde le sait, les fruits et les légumes non bio achetés dans le commerce sont traités avec des produits chimiques. Même en les rinçant avec de l'eau, il reste toujours des résidus. Pour les enlever, plongez vos aliments dans de l'eau bicarbonatée. Rincez ensuite abondamment puis dégustez sans crainte : les pesticides ne seront plus là !

Conserver les fruits plus longtemps

À chaque fois c'est pareil : vous achetez des fruits et vous en jetez la moitié car ils ont trop vite moisi. Évitez simplement ce désagrément en leur jetant un peu de bicarbonate de soude. Il est un excellent conservateur naturel. En prime, il n'altérera que très peu la saveur de vos aliments.

Adoucir les confitures

Certains fruits ont une saveur qui peut rebuter plus d'un palais. Surtout lorsqu'ils sont cuits. Si vous souhaitez rendre plus doux le goût de vos confitures trop acides ou trop amères, saupoudrez en fin de cuisson votre préparation d'une petite poignée de bicarbonate de soude. Goûtez-la et ajustez la dose de bicarbonate selon vos préférences. Plus vous en rajouterez, plus la saveur sera atténuée.

Limonade pour sportif

Vous faites de longues randonnées ? Préparez-vous cette limonade en tablettes. Mélangez 150 g de sucre, 30 g de bicarbonate de soude, 15 g d'acide citrique et 15 gouttes d'huile essentielle de citron. Pressez le tout dans un mortier. Vous obtiendrez des pastilles, que vous conserverez à l'abri de l'humidité. Vous pourrez les transporter facilement. Il suffit de les mettre dans un verre d'eau et le tour est joué !

Citrons givrés

Savez-vous comment réaliser de délicieux citrons givrés ? Prélevez le zeste de 4 citrons. Mettez 30 cl d'eau dans une casserole, faites-y fondre 400 g de sucre, puis jetez-y les zestes. Découpez les chapeaux de 4 autres citrons. Videz-les et ajoutez leur jus dans la casserole. Filtrez et mettez au congélateur. Remuez fréquemment pendant les 30 premières minutes. Une fois le sirop congelé, remplissez-en vos citrons vides et replacez les chapeaux.

Le lemon curd de Mamie

Grand-mère savait préparer une délicieuse crème au citron. Elle mélangeait 100 g de beurre, 200 g de sucre, 3 œufs et le jus de 5 citrons dans une casserole. Faites chauffer à feu doux, puis fouettez jusqu'aux premières ébullitions. Retirez du feu et laissez refroidir : la crème va s'épaissir. Conservez dans un bocal au réfrigérateur.

Des zestes confits

Rien de plus simple que de confire des zestes. Faites-les blanchir dans de l'eau frémissante deux fois de suite. Égouttez-les entre deux. Mettez-les dans une casserole avec du sucre, et laissez cuire 2 heures à feu moyen. Laissez-les ensuite reposer une nuit, en les laissant dans la casserole. Le lendemain, ils seront fin prêts !

Un succulent saumon

Le saumon, vous l'aimez de toutes les manières. Grillé, en papillote, fumé, cru, en carpaccio... Et ce qui l'accompagne le mieux reste le citron. Quelle que soit la forme sous laquelle vous préparez votre saumon, arrosez-le d'un jus de citron. Il conservera la couleur rosée du poisson et évitera qu'il ne se dessèche.

Des zestes fins

Vous avez besoin de zestes très fins pour votre gâteau ? Avec un couteau, vous en avez pour la journée. Comment faisait Mamie ? Elle employait une râpe à fromage pour qu'ils soient les plus fins possibles. Ainsi, elle ne les sentait même plus lorsqu'elle croquait dans sa part de gâteau.

De la salade pour tous les goûts

Vous aimez votre salade bien relevée ? Assaisonnez-la d'une vinaigrette au jus de citron, une demi-heure avant de la servir. Elle sera ainsi bien imprégnée et son goût sera plus prononcé. En revanche, si vous préférez plutôt votre salade bien croquante, ne l'arrosez de jus de citron qu'au dernier moment.

Nettoyer sa salade

Il est temps de cueillir vos salades toutes fraîches dans votre potager. Avant de les consommer, veillez à bien les nettoyer. C'est là que le citron intervient ! Passez-les sous l'eau claire et ajoutez à cette eau un peu de jus de citron. Il éradiquera les petites bêtes ainsi que tout microbe.

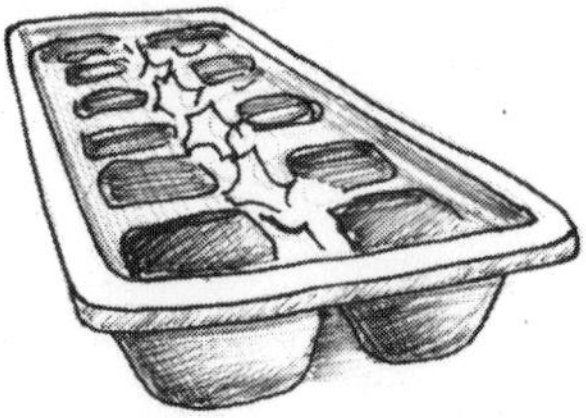

Pas de gâchis !

Il vous reste du jus de citron non utilisé ? Ne le jetez pas : mettez-le dans un bac à glaçons, pour un usage ultérieur. Si vous ne vous êtes servi que de la moitié d'un citron, placez la seconde inutilisée dans votre réfrigérateur : elle se conservera mieux et en désodorisera en même temps l'intérieur.

Remplacer du sel

Vous n'avez plus de sel sous la main ? Ou peut-être faites-vous un régime sans sel ? Remplacez-le par du citron. Il relèvera le goût de vos plats de la même manière, sinon mieux ! De plus, une nourriture trop salée peut engendrer une hypertension artérielle. Optez donc pour le citron si vous trouvez votre plat trop fade !

La température adéquate

Pour bénéficier au mieux des vertus du citron, diluez son jus dans une eau à peine tiède ou à température ambiante. Oubliez l'eau glacée ou au contraire l'eau bouillante. Elle annihilerait toute présence de vitamine C, celle-ci ne résistant pas à la chaleur.

Profiter des bienfaits du citron

Une fois votre citron pressé, hâtez-vous de boire son jus ! La vitamine C se volatilise au contact de l'air. Préférez un contenant en bois, en verre ou de matière naturelle plutôt qu'un récipient en plastique, en aluminium ou en métal. Ces derniers peuvent altérer les propriétés et les ressources nutritionnelles du fruit.

Prélever des zestes

Comment prélever au mieux des zestes de citron ? Pour éviter de vous blesser, mettez de côté le couteau et optez pour un zesteur, un épluche-légumes ou une râpe. Facilitez-vous la tâche et pensez à mettre vos citrons au réfrigérateur. Froids, les zestes se râpent beaucoup plus aisément.

Plus de jus !

Mamie savait comment tirer le maximum de jus de son citron. Pour le presser, elle pensait à le sortir du réfrigérateur à l'avance. Ou elle lui faisait prendre un bain d'eau froide une nuit durant. Le lendemain, elle le faisait rouler dans ses mains pour le ramollir et écraser la pulpe. Le passer 15 secondes au micro-ondes aura le même effet.

Attendrir la viande blanche

La viande blanche, comme les blancs de poulet ou les escalopes de dinde, peut se montrer parfois un peu sèche. Faites-la mariner 30 minutes dans un bain du jus d'un citron. Au bout de ce laps de temps, déposez-la sur du papier absorbant puis mettez-la à cuire. Goûtez : votre viande est tendre à souhait.

Vinaigrette citronnée

Le vinaigre, ce n'est pas votre tasse de thé. Seulement, une salade sans vinaigrette, c'est un peu fade. Réalisez une vinaigrette sans vinaigre… à base de citron ! Mélangez 10 cl d'huile d'olive, 6 cuillères à soupe de jus de citron, 1 cuillère à soupe de moutarde. Salez et poivrez à votre convenance.

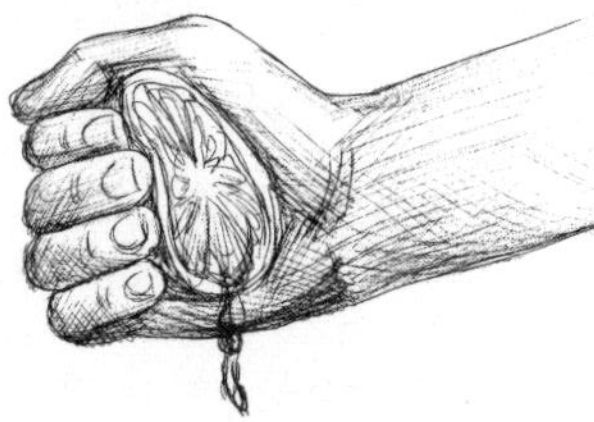

Cocktails givrés

Vous voulez étonner vos invités avec des cocktails fantaisistes ? Préparez des verres givrés. Versez, dans une petite assiette, un peu de sucre en poudre. Passez un morceau de citron sur le bord de chacun des verres. Puis passez le bord dans le sucre, qui y restera collé. Laissez sécher. Pensez à mettre un peu de colorant dans le sucre pour varier les couleurs !

Un rôti bien doré

Grand-mère avait le don pour dorer son rôti de veau ! Son secret ? L'arroser de jus de citron avant de le faire cuire. Mieux encore, le badigeonner de jus à l'aide un pinceau. Il prendra une jolie couleur dorée. Ça marche également sur un poulet. Sa peau sera croustillante à souhait !

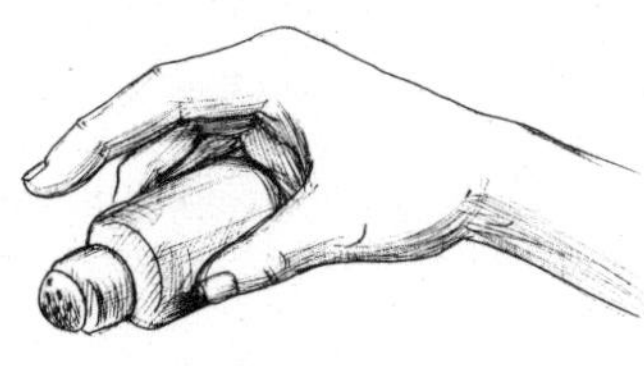

Du sel citronné

Grand-mère collectionnait les astuces pour agrémenter ses plats de manière originale ! Aromatisez votre sel avec du citron. Il suffit d'ajouter des zestes de citron séchés coupés en petits morceaux dans votre pot de sel. Laissez agir deux bonnes semaines. Une nouvelle façon d'assaisonner vos plats !

Un taboulé acidulé

Grand-mère savait cuisiner un succulent taboulé ! Mais comment s'y prenait-elle ? Voici son secret : la dernière étape de sa préparation consistait à y verser dessus quelques gouttes de jus de citron. En plus de le réhydrater, elle lui donnait ainsi une note acidulée. D'une pierre deux coups !

Une pâte brisée moelleuse

Nos grands-mères fabriquaient elles-mêmes leur pâte brisée. Leur petit truc en plus ? Ajouter à la préparation quelques gouttes de jus de citron. Son acidité dissout le gluten, protéine constituante de la farine. Ainsi la pâte formée était moins élastique, plus tendre et facile à utiliser.

Des fruits de la mer

Quel fruit accompagnera le mieux vos coquillages, vos crustacés ou vos poissons ? Le citron pardi ! Vous relèverez leur saveur en les assaisonnant uniquement avec du jus de citron pur. Il les désinfectera par la même occasion, vous évitant tout risque d'intoxication alimentaire.

Nappage au citron

Voici comment Mamie réalisait un succulent nappage au citron. Elle mélangeait le sucre glace avec le jus de citron, au fouet, énergiquement, jusqu'à obtenir une consistance pas trop liquide, mais ayant du tenant. Elle le versait ensuite sur son gâteau uniformément en s'aidant d'une spatule. Résultat parfait !

Fromage blanc maison

Grand-mère confectionnait elle-même son fromage blanc. Elle faisait chauffer ½ litre de lait, 2 minutes dans une casserole – ou 20 secondes au micro-ondes. Elle y versait ensuite quelques gouttes de jus de citron. Puis elle plaçait le lait au réfrigérateur, recouvert d'un film plastique, toute une nuit. Le lendemain matin, le fromage blanc était prêt !

Désinfectant alimentaire

Il est bon d'assaisonner les crustacés, les coquillages, ainsi que les crudités, les viandes et les poissons de jus de citron. Ce dernier a des vertus antiseptiques et « désinfectera » vos aliments s'ils contiennent des germes infectieux. Pratique également, si vous vous trouvez dans un pays étranger, pour les eaux "douteuses" : n'hésitez pas à les aromatiser !

Adieu, les grumeaux

Vous en avez assez de touiller, encore et encore, pour ne pas laisser de grumeaux dans vos sauces ? Mamie connaissait la solution pour éviter ce désagrément. Elle ajoutait à ses préparations quelques gouttes de jus de citron. Pas un grumeau ne lui résistait ! Ses sauces étaient bien fluides et dotées d'une légère note acidulée.

La crème sûre de Mamie

La crème sûre, autrement nommée « crème aigre », se caractérise par son acidité. Mamie vous livre sa recette : dans une casserole, elle mettait à chauffer (sans la faire bouillir) de la crème fraîche, à laquelle elle ajoutait le jus d'un demi-citron. Au bout de 10 minutes, elle la retirait du feu. Puis la conservait au frais.

Un déglaçage facilité

Pour allonger le jus de cuisson d'une viande, Grand-mère déglaçait sa poêle avec du jus de citron. Les sucs attachés au fond, grâce à l'acidité du citron, se détachaient plus facilement ! En prime, il apportait une touche acidulée à sa sauce. D'une pierre, deux coups !

Carpaccio de saumon

L'ingrédient sans lequel ne peut être préparé un carpaccio de saumon ? Le citron ! Le poisson doit être découpé en tranches très fines. Optez pour du citron vert. Mélangez son jus avec un peu d'huile d'olive, de l'aneth, salez et poivrez. Laissez mariner les tranches dans ce mélange plusieurs heures ; le citron va "cuire" le poisson.

Carpaccio de bœuf

Un carpaccio de bœuf sans citron, pas question ! Mamie coupait d'abord sa viande en très fines tranches. Elle préparait ensuite la marinade : le jus d'1 citron, 4 cuillères à soupe d'huile d'olive, 1 feuille de basilic hachée, du sel et du poivre. Badigeonnez la viande de ce mélange, au pinceau, et laissez reposer au réfrigérateur pendant plusieurs heures.

Du poisson en ceviche

Nos grands-mères péruviennes ont l'habitude de préparer leur poisson en ceviche. Elles font mariner le poisson cru dans un bain de jus de citron. L'acidité du citron va en quelque sorte cuire le poisson. Il est ensuite sorti de son bouillon et servi froid, la plupart du temps accompagné de patates douces et de maïs. Testez leur recette !

Carottes citronnées

Vos enfants raffolent des carottes, mais seulement lorsqu'elles sont râpées ! Pensez à les arroser de jus de citron une fois qu'elles sont coupées, pour qu'elles conservent leur couleur orange et que leur goût ne s'affadisse pas. Ne tardez pas à les manger, celles-ci perdent de leurs vitamines à l'air libre. À vos fourchettes !

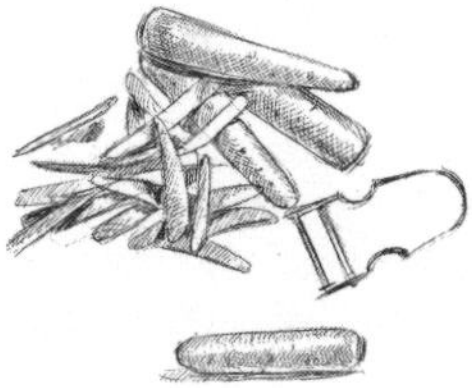

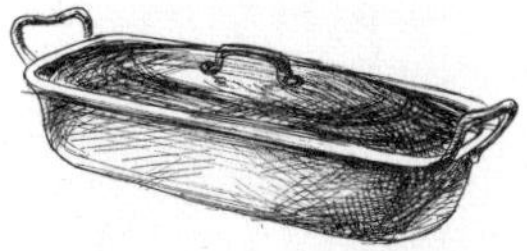

Blanquette de veau améliorée

Grand-mère préparait une délicieuse blanquette de veau. Vous vous êtes toujours demandé quel était son secret ? Le voici : une fois la viande préparée, elle ajoutait 1 cuillère à café de jus de citron à l'eau de cuisson. Les morceaux de viande en ressortaient tendres à souhait.

Un bouillon allégé

Mamie avait le don pour préparer un bon bouillon. Son petit plus ? Elle y ajoutait, en cours de cuisson, un morceau d'écorce de citron. Et elle n'oubliait pas de le retirer avant de servir le bouillon à ses invités ! Résultat : une petite touche acidulée, et surtout un mets plus digeste.

Barbecue citronné

Les barbecues en terrasse, l'été, il n'y a rien de mieux ! Grand-père savait s'occuper à merveille de la viande. Pour qu'elle soit bien tendre et pas trop sèche, il la faisait mariner 1 heure dans un mélange de jus de citron et d'huile d'olive. D'une pierre, deux coups : cela donnait aussi à la viande une note acidulée.

Chou-fleur citronné

Le citron va de pair avec le chou-fleur. Tout d'abord, avant la cuisson, pensez à arroser votre chou-fleur de jus de citron afin qu'il reste bien blanc une fois cuit. Pensez ensuite, pendant la cuisson, à mettre un morceau de citron dans la cocotte (ou dans la marmite). Ainsi, vous ne subirez pas l'odeur nauséabonde que le chou-fleur dégage.

Une bière originale

Avis aux amateurs de bière : avez-vous déjà essayé d'y ajouter un trait de jus de citron ? C'est comme cela que les Mexicains boivent leur chope ! En outre, si vous n'avez pas eu le temps de mettre vos bières au réfrigérateur et qu'elles ne sont pas assez fraîches à votre goût, le citron leur donnera une saveur plus rafraîchissante.

Conserver un citron pelé

Vous avez besoin des zestes d'un citron pour confectionner votre recette, mais vous ne savez que faire de votre citron mis à nu. Ne le jetez pas : plongez-le dans un petit récipient empli d'eau, et placez-le au réfrigérateur. Il peut se conserver de cette manière durant 2 semaines, à condition que vous changiez l'eau tous les jours.

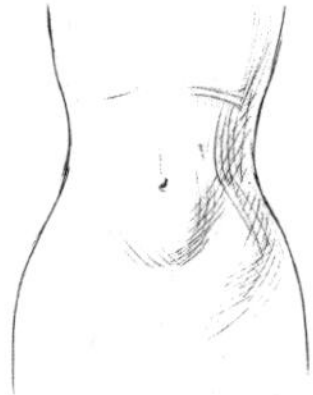

Assaisonnement citronné

Vous avez l'estomac sensible ? Ou peut-être suivez-vous un régime sans sel ? Difficile d'assaisonner vos plats ! Si vous souhaitez ne consommer ni vinaigre ni sel, optez pour le citron. Bien qu'il ait la réputation d'être acide, il n'est pas agressif pour l'estomac et facilite la digestion.

Une moutarde préservée

Bien que placée au réfrigérateur, dans son pot, le couvercle bien refermé, il se peut que la moutarde sèche en surface. Mais on peut compter sur Mamie, qui savait comment remédier à ce petit désagrément. Elle plaçait à l'intérieur du pot, directement sur la moutarde, une rondelle de citron. Et le condiment restait intact.

Du riz au lait parfumé

Lorsqu'elle préparait du riz au lait, Grand-mère y apportait sa touche. Quel était son secret ? Le citron pardi ! En confectionnant son mets sucré, elle y ajoutait 4 gouttes d'extrait de vanille et 3 gouttes d'huile essentielle de citron. Et ses petits-enfants n'étaient pas les seuls à en raffoler !

Une crème dessert améliorée

Vous commencez à vous lasser de votre recette pourtant fétiche de crème dessert à la vanille ? Vous en avez trop mangé ! Pourquoi ne pas l'agrémenter d'une touche acidulée afin de lui donner un peu d'originalité ? Ajoutez-y, lors de la préparation, 3 gouttes d'huile essentielle de citron. Satisfait ?

Atténuer l'amertume des zestes

La succulente recette que vous êtes en train de concocter nécessite des zestes de citron. Vous n'aimez pas l'amertume qu'ils dégagent ? Mamie sait comment l'atténuer. Ôtez la peau blanche se trouvant sous l'écorce. Puis plongez les zestes dans de l'eau bouillante, pendant 3 minutes. Résultat garanti !

Du saucisson trop sec !

Vous entamez un saucisson et le replacez tel quel au réfrigérateur. Lorsque vous souhaitez en manger, la fois suivante, son extrémité est toute sèche ! Pour éviter que la partie entamée ne durcisse, couvrez-la d'une rondelle de citron, en la faisant tenir avec du film plastique.

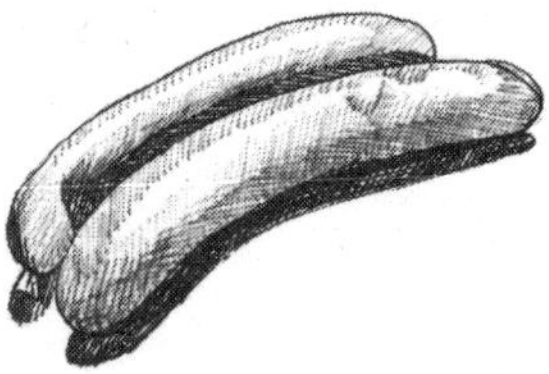

Des madeleines moelleuses

Les madeleines se dessèchent inévitablement, même si vous les conservez dans une boîte hermétique. Pour leur redonner un peu de moelleux, rien de tel que le citron. Faites chauffer un peu de miel mélangé à de l'eau et à du jus de citron. Imbibez les madeleines avec cette préparation à l'aide d'un pinceau. Dégustez !

Empêcher qu'un avocat noircisse

Une fois pelé et découpé, l'avocat s'oxyde et des taches noirâtres commencent à apparaître sur sa chair. Cela ne veut pas dire qu'il ne peut plus être mangé, mais ce n'est pas très appétissant ! Pour empêcher ce phénomène, arrosez-le d'un peu de jus de citron. Faites attention à ne pas avoir la main lourde, pour ne pas rendre votre plat trop acide.

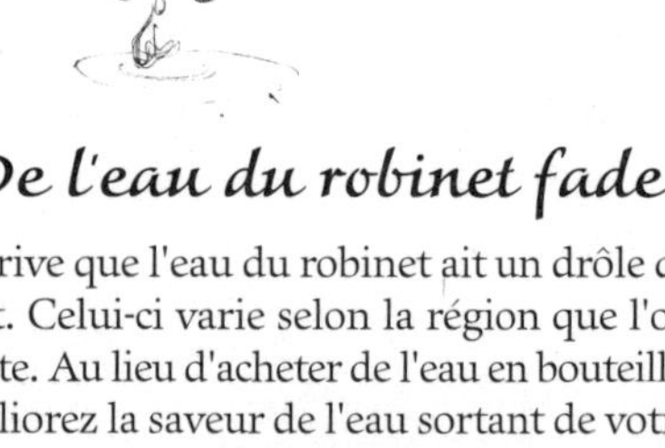

De l'eau du robinet fade

Il arrive que l'eau du robinet ait un drôle de goût. Celui-ci varie selon la région que l'on habite. Au lieu d'acheter de l'eau en bouteille, améliorez la saveur de l'eau sortant de votre robinet. Il suffit de déposer, dans la carafe utilisée, des feuilles de menthe fraîches et quelques gouttes de jus de citron. L'eau sera ainsi légèrement aromatisée.

Yaourt au citron

Comment transformer vos yaourts nature fades, si vous ne souhaitez pas y ajouter du sucre ? C'est très simple ! Procurez-vous de l'huile essentielle de citron et versez-en 1 goutte dans votre yaourt. Ajoutez-y également une petite cuillère à café de miel. Mélangez : votre yaourt est prêt à être dégusté !

Une mayonnaise réussie

Si vous voulez réussir votre mayonnaise sans qu'elle tombe en cours de préparation, suivez la recette de Grand-mère. Elle déposait la moutarde et le jaune d'œuf dans un bol, salait et y versait une goutte de jus de citron. Puis elle battait le tout avec l'huile. Le citron garantit la tenue de votre mayonnaise et il évite que des grumeaux ne se forment.

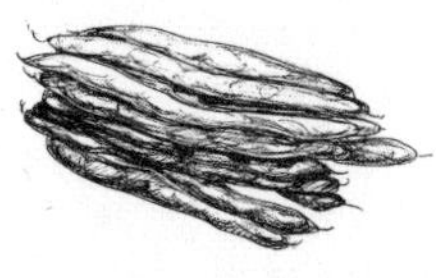

Des glaçons rigolos

Découpez un citron en rondelles. Divisez ensuite celles-ci en petits morceaux. Ils doivent être assez fins pour entrer dans votre bac à glaçons. Disposez-les dans chaque case et arrosez d'eau. Une fois congelés, vos glaçons seront non seulement aromatisés mais également décoratifs !

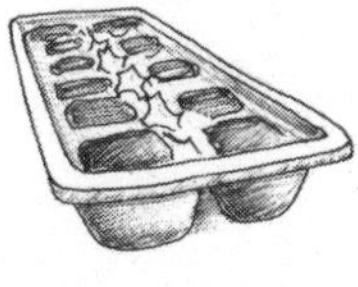

Des légumes boostés

Nos grands-mères raffolaient des légumes verts, cueillis dans leur potager. Lorsqu'elles les préparaient, elles pensaient toujours à les assaisonner du jus d'un demi-citron. Celui-ci aide à l'assimilation par votre organisme du fer contenu dans les légumes. Et le citron vous apporte un peu de vitamine C !

Régime de légumes

Les fêtes de Noël vous apportent leur lot de cadeaux mais aussi de kilos en trop ! Rien de tel qu'un petit régime aux légumes verts pour les faire fondre. Seulement, fini la noix de beurre ou le filet d'huile d'olive qui les accompagnait. Pour que vos plats ne restent pas fades pour autant, pensez au citron ! Il leur donnera une note acidulée.

Huile d'olive citronnée

Vous souhaitez parfumer votre huile d'olive ? Utilisez de l'huile essentielle de citron plutôt que du jus pur. Dans une bouteille d'huile d'olive d'1 litre, 2 gouttes d'huile essentielle de citron suffiront à en rehausser le goût. Vous pourrez ainsi aromatiser vos plats d'une touche citronnée.

Un glaçage original

Assez du traditionnel glaçage sur vos gâteaux, à base de sucre glace et d'eau ? Nos aïeules en concoctaient un autre, voici leur recette : elles badigeonnaient leur gâteau de jus de citron, à l'aide d'un pinceau. Faites de même dans un second temps, avec un peu de miel. Et régalez-vous !

Huile pour accompagner le poisson

Grand-mère vous régalait toujours avec la recette de son poisson, dont elle avait le secret. Elle vous le confie enfin : pour en rehausser la saveur, elle l'assaisonnait avec une huile aux agrumes. Mélangez 6 cl d'huile de colza avec 2 gouttes d'huile essentielle de citron, 2 d'orange douce et 1 de pamplemousse.

Des fruits intacts

Lorsque vous épluchez des fruits, pour en faire une salade ou une tarte, ils noircissent inévitablement quelques instants après. Grand-mère avait toujours un citron sous la main pour éviter ce désagrément. Elle arrosait ses fruits coupés de jus de citron. Ainsi, ils conservaient toutes leurs vitamines et leur belle couleur.

Nettoyer les fraises

Que vous les ayez achetées au marché ou que vous les ayez cueillies vous-même dans votre jardin, vous devez nettoyer vos fraises pour enlever tout reste de pesticide. Surtout, ne les passez pas sous l'eau ! Cela altérerait leur saveur. Optez plutôt pour le citron : aspergez vos fraises de son jus. Il en préservera le goût.

Une salade de fraises

Les fraises font partie des fruits qui s'abîment vite et qui ne se gardent pas bien longtemps. Mamie les mangeait de préférence dans la journée même. La cueillette a été bonne ? Tellement que vous ne finirez pas tout aujourd'hui ? Préparez donc une salade avec ce qu'il en reste. Arrosez-les de jus de citron, saupoudrez-les d'un peu de sucre, couvrez et placez au réfrigérateur.

Des plats égayés

Pensez à utiliser le citron de manière décorative dans vos plats. Vous pouvez les agrémenter de rondelles de citron, coupées elles-mêmes en deux ou en quatre. Le zeste fera son aussi son petit effet : prélevez-le en tournant autour du citron pour réaliser de fines bouclettes. Elles donneront une touche de fantaisie et de couleur à vos mets.

Éviter l'oxydation des crudités

Vous avez préparé un délicieux repas pour ce soir. En entrée, assiette de crudités. Mais quand vous vous apprêtez à les servir, elles font grise mine. Pour empêcher que les crudités ne s'oxydent, vous penserez, la prochaine fois, à les arroser d'un filet de jus de citron. Elles en seront également plus digestes.

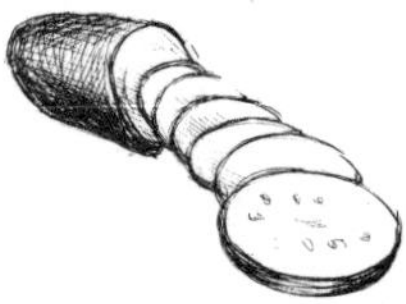

Des fruits qui durent

Vous consommez régulièrement des fruits. Seulement, il vous arrive souvent d'en jeter car ils mûrissent trop vite. Avec Mamie, fini le gâchis : si vous placez vos fruits frais dans une corbeille, pensez à y mettre en son milieu un citron. Il ralentira le vieillissement des fruits qui se conserveront ainsi plus longtemps.

La confiture de Mamie

Mamie savait comment procéder pour réussir parfaitement sa confiture. Afin qu'elles prennent le mieux possible, elle ajoutait quelques pépins de citron à la préparation lors de la cuisson. Ils contiennent de la pectine, un gélifiant naturel qui réagit au contact de la chaleur et du sucre.

Concombres minceur

Vous adorez les concombres à la crème, mais ils pèsent un peu trop lourd sur la balance. Suivez la recette de Grand-mère pour préparer une crème plus digeste : mélangez 1 cuillère à soupe de fromage blanc avec un peu de jus de citron. Assaisonnez de sel et de poivre selon votre goût. Vous pouvez vous régaler sans vous abstenir !

Des glaçons originaux

Ce soir, c'est cocktail au citron pour tout le monde ! Vodka, rhum, tequila… ces alcools s'accompagnent à merveille d'une rondelle de citron. Évitez de les couper au dernier moment et, afin qu'elles tiennent bien sur le verre, pensez à les congeler en avance, dans du film plastique. Elles serviront à la fois de décoration et de glaçon !

Artichauts bien verts

Cuisinez de délicieux artichauts ! Faites-les tremper 2 heures dans de l'eau pour les purifier des restes de produits chimiques. Mettez-les dans une cocotte avec 4 cm d'eau dans laquelle vous ajouterez un filet d'huile d'olive et 2 cuillères à soupe de jus de citron, pour éviter que les fonds noircissent. Quand la soupape siffle, laissez cuire encore 15 minutes.

Pas d'aluminium

Le citron et l'aluminium ne font pas bon ménage. L'acidité du citron rendrait le papier aluminium neurotoxique. Il est donc préférable d'opter pour du papier sulfurisé, si vous devez emballer un citron coupé par exemple, ou lors de préparations de papillotes au four.

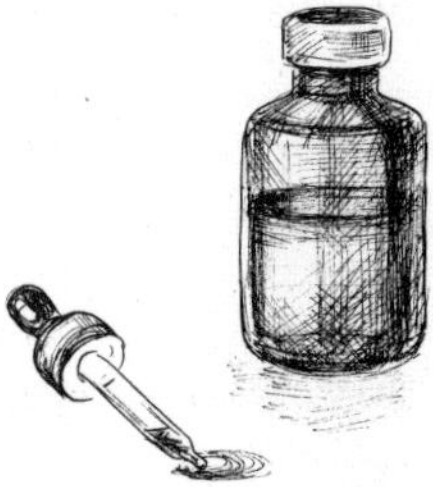

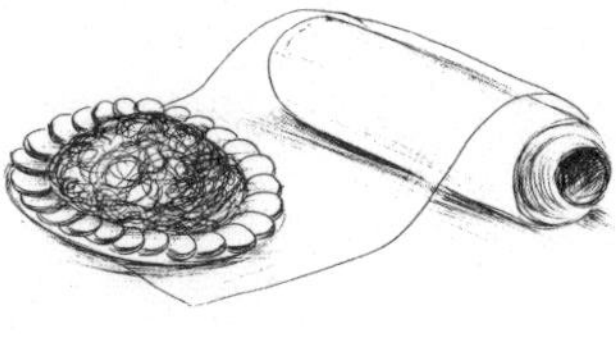

Laitage citronné

Le lait et le citron sont vos deux péchés mignons. Seulement, il est déconseillé d'allier les deux. L'acidité du citron peut faire tourner le lait. Si vous ne voulez pas être malade toute la journée, préférez l'huile essentielle de citron pour aromatiser votre bol de lait : 2 gouttes suffiront.

Atténuer l'acidité d'un citron

Les citrons sont des fruits très acides, ce n'est pas chose aisée de croquer dedans à pleines dents ! Mais son acidité est bénéfique pour la digestion, celle-ci stimulant les papilles digestives. Si vous souhaitez toutefois l'atténuer, il suffit de laisser tremper les citrons, découpés en rondelles, dans un récipient empli d'eau, pendant 24 heures.

Conservation

Les citrons se conservent 2 semaines à température ambiante. Si vous les mettez dans un sac plastique au réfrigérateur, vous pourrez les garder jusqu'à 6 semaines. Et en les plaçant dans un bac d'eau fraîche, toujours au réfrigérateur, ils tiendront 3 mois ! Mais l'eau doit être changée tous les jours. Et les citrons verts se préservent mieux que les jaunes.

Choisir son citron

Il y en a des tas au supermarché, mais lequel choisir ? Optez pour un citron jaune vif. Il doit être bien ferme et assez lourd. Un citron dont la couleur tire sur le vert sera plus acide. Un citron ayant la peau lisse, lustrée, fine et bien jaune, contiendra davantage de jus.

Préserver un citron entamé

Un citron entamé se dessèche assez vite. Si vous souhaitez le faire durer un peu plus longtemps, au lieu de le couper en deux, percez-y des petits trous à l'aide d'une fourchette. Vous pourrez de cette manière récolter son jus. Et aucun risque que les pépins ne tombent dans votre verre !

Utiliser le reste des bouteilles de vin

Si vous êtes adepte des plats en sauce, versez le vin dans des bacs à glaçons et conservez-le en prévision de vos futurs civets ou salmis. Deuxième solution : fabriquer du vinaigre. Trouvez un récipient de bonne taille, si possible opaque, et doté d'une ouverture large, comme un bocal. Achetez un vinaigre bio non pasteurisé et versez dans le récipient deux volumes de vin pour un volume de vinaigre. Recouvrez d'une gaze et laissez à température ambiante. Au bout de quelques semaines, une substance gélatineuse, la « mère de vinaigre », se formera en surface. Lorsque le goût de votre vinaigre vous paraît satisfaisant, filtrez-le : il est prêt.

Sucre vanillé maison

Le sucre vanillé est vendu en petits sachets. Difficile d'en avoir toujours sous la main ! Si vous voulez préparer du sucre vanillé en grande quantité, il vous suffit d'acheter des gousses, de les fendre en deux, de récupérer les graines et de les incorporer à votre boîte de sucre en poudre, en mélangeant bien pour qu'elles se répartissent harmonieusement.

Savoir si un œuf est encore bon

Comment différencier un œuf frais d'un œuf devenu impropre à la consommation ? Il suffit de les plonger dans une eau très fortement salée. L'œuf qui flotte est à jeter ; celui qui coule est encore bon à consommer. Bien sûr, il est avant tout recommandé de se fier à la date de péremption sur l'emballage.

Rendre le chou digeste

Chou vert, choux-fleurs, choux de Bruxelles… Tous ces choux goûteux ont deux inconvénients : ils sont difficiles à digérer et sentent fort. Pour qu'ils soient plus faciles à assimiler, il est conseillé de les cuire dans deux eaux. Blanchissez le chou dans l'eau 5 minutes, égouttez-le, et reprenez la cuisson. Pour que l'atmosphère de la cuisine ne se charge pas de l'odeur aigrelette du chou, enfermez un bon morceau de pain dans un petit sac en toile et déposez ce paquet dans votre cocotte : le pain absorbera une partie du parfum.

Rendre l'ail digeste

Bactéricide, diurétique, anticholestérol... l'ail a de nombreuses vertus reconnues mais pourtant, il n'a pas que des supporters. Certains le trouvent indigeste et, la plupart du temps, on le boude pour préserver son haleine. Pour minimiser ces deux inconvénients, il existe une méthode simple : il suffit de couper la gousse en deux dans le sens de la longueur et de retirer la partie verte qui se trouve en son centre.

Récupérer une crème anglaise

C'est la catastrophe : votre crème anglaise a bouilli et une bonne partie du mélange, sur le fond de la casserole, a pris l'aspect d'œufs brouillés. Pour la rattraper, rien de plus simple : passez le tout au mixer (en ôtant, bien évidemment, les éventuelles parties brûlées). Le tour est joué !

Purée de pommes de terre améliorée

Il faut toujours choisir une pomme de terre à chair bien ferme et un beurre de qualité. Faites bouillir les pommes de terre sans les éplucher. Une fois réduites en purée, on peut les remettre à feu très doux en remuant doucement pour qu'un peu d'eau s'évapore. Pour la parfumer, plusieurs solutions se présentent : en fin de cuisson, ajoutez une cuillère de crème fraîche, une grosse pincée de noix de muscade et un jaune d'œuf (impérativement hors du feu). Deuxième option, incorporez une cuillère de moutarde et quelques brins de ciboulette. Vous pouvez aussi ajouter des pousses d'épinard fraîches hachées ou ajouter à votre purée une carotte, une patate douce ou une betterave.

Préserver le fond des casseroles

Vos casseroles ne sont plus de première jeunesse, elles commencent à s'abîmer à cause des multiples passages au lave-vaisselle et, à chaque fois que vous faites bouillir du lait, leur fond noircit ? Pour limiter le phénomène, faites couler de l'eau froide au fond de la casserole, retournez-la rapidement pour la vider et ne l'essuyez pas. Remplissez de lait et faites chauffer : les quelques gouttes d'eau qui tapissent le fond le protégeront.

Plus de gâteau brûlé !

Bien régler la cuisson d'un gâteau épais n'est pas chose facile. Si votre gâteau commence à dorer alors qu'il est encore loin d'être cuit, couvrez-le d'une feuille d'aluminium. Ce chapeau l'empêchera de brûler.

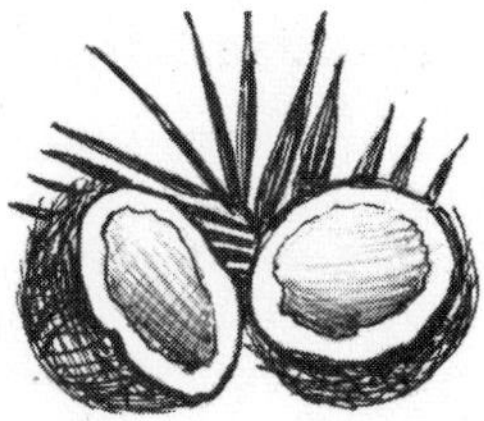

Noix de coco bien fraîche

La chair de la noix de coco restera bien fraîche si vous la conservez dans un grand bol d'eau au réfrigérateur.

Ouvrir une noix de coco

À la chignole, à la scie ou au marteau : chacun a en tête une méthode bien virile pour ouvrir les noix de coco. Mais quand on n'est ni bien outillé, ni très costaud, on peut quand même s'en sortir. Il suffit de placer la noix de coco dans un plat et de la mettre au micro-ondes à pleine puissance. Au bout de quelques minutes, on entend un « ploc » : la noix s'est fissurée. On arrête alors le four et on n'a plus qu'à attendre que la noix refroidisse.

Monder noix et amandes facilement

Pour décoller sans effort la peau des cerneaux de noix et amandes, passez-les 2 minutes au micro-ondes.

Mayonnaise inratable

Réussir sa mayonnaise, c'est le challenge de la cuisinière du dimanche. Heureusement, il existe de nombreux trucs pour réparer les dégâts et faire prendre la plus récalcitrante. Mettez un peu de mayonnaise ratée dans un bol et battez-la avec, au choix, une pointe de moutarde ou une cuillerée d'eau. Quand ce début de mayonnaise a pris, ajoutez lentement le reste de votre mayonnaise ratée. Si cette méthode ne vous paraît pas évidente, en voici une deuxième : prenez un nouveau jaune d'œuf et commencez à le travailler au mixeur-plongeur. Incorporez petit à petit la mayonnaise ratée en continuant à mixer.

Légumes farcis avec peu de viande

Vous pensez avoir trop peu de chair à saucisse pour cuisiner vos légumes farcis ? Vous pouvez réduire de moitié la quantité de viande habituelle en la remplaçant par de la semoule à couscous dont la consistance se fondra parfaitement dans la farce. Votre plat n'en sera que plus léger !

Ile flottante minute

On peut désormais acheter de la crème anglaise en brique, dans le commerce, mais pour servir une savoureuse île flottante, il manque encore « l'île ». Vous l'obtiendrez en battant 3 blancs en neige ferme avec 30 grammes de sucre glace et en passant le tout 1 minute au micro-ondes.

Glace maison

On peut réaliser une glace très simplement. Pour cela, il suffit de battre 400 grammes de lait concentré non sucré jusqu'à ce qu'il devienne mousseux. Ajoutez-y 150 grammes de sucre glace et une cuillère à soupe d'extrait de vanille ou de café et continuez à fouetter. Placez votre crème pendant plusieurs heures au congélateur. Pour faire de la glace au chocolat, remplacez le sucre par le poids équivalent en chocolat (fondu bien entendu). Attention, si vous utilisez un chocolat noir, faiblement sucré, vous aurez intérêt à faire un mélange (moitié chocolat, moitié sucre) en renforçant au besoin l'arôme chocolat en ajoutant du cacao amer. Pour que la glace prenne sans cristalliser, il est conseillé de la remuer toutes les 2 heures.

Garder le sel au sec

Dans une cuisine mal ventilée, l'humidité ambiante gagne vite la salière dont les trous finissent par se boucher. Mettez une dizaine de grains de riz dans votre salière : ils absorberont l'excès d'humidité et votre sel ne s'agglutinera plus. Ces grains de riz doivent être changés à chaque fois que vous remplissez la salière. Par ailleurs, entreposez celle-ci de préférence dans un placard, et non pas près de la cuisinière, où elle serait trop exposée aux vapeurs de cuisson.

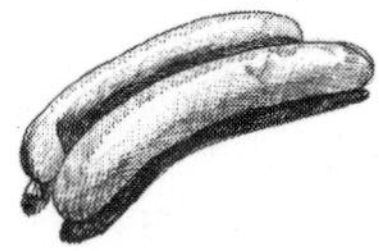

Éviter que les saucisses n'éclatent

Pour éviter que boudins, saucisses et autres andouillettes n'éclatent à la cuisson, pochez-les deux minutes dans une eau frémissante avant de les griller. Quant au boudin, vous pouvez aussi le « peler » et le couper en tranches avant la cuisson.

Éviter que les piques à brochette ne noircissent

La chaleur intense du barbecue a tendance à noircir, voire brûler, les piques à brochette. Cela n'arrivera pas si, avant de les utiliser, vous trempez les piques pendant un bon quart d'heure dans une bassine d'eau.

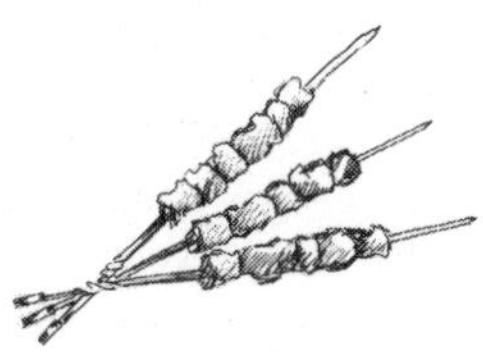

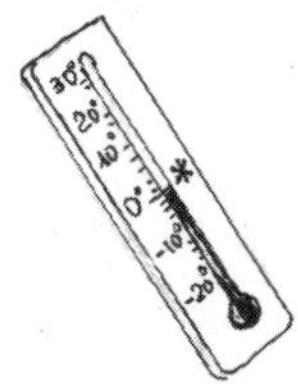

Équivalence degrés/thermostat

Pour réussir un plat à la perfection, la précision est la règle. Il n'est pourtant pas facile d'appliquer les consignes de cuisson des livres de recettes, données en degrés, lorsqu'on est devant un four réglé avec un thermostat. Souvenez-vous d'une chose : le thermostat 1 correspond à une température de 30 °C. Vous n'avez plus qu'à multiplier : thermostat 2 = 60 °C, 3 = 90 °C, etc.

Épaissir une sauce

La sauce de votre blanquette est trop liquide et vous n'avez pas de Maïzena sous la main ? Pour l'épaissir, mélangez dans un récipient à parts égales un morceau de beurre et un peu de farine. Sur feu très doux, incorporez, petit à petit, ce beurre manié à votre préparation. Si vous avez peur que des grumeaux se forment, délayez votre beurre manié à quelques cuillerées de sauce avant de l'incorporer. Enfin, si votre plat vous paraît trop gras pour y ajouter encore du beurre, coupez la cuisson. Attendez quelques minutes que le gras remonte à la surface, saupoudrez-le de farine. Patientez encore quelques minutes, le temps que le gras absorbe la farine, et reprenez la cuisson à feu doux.

Dorer un gâteau

Comment faire pour dorer un gâteau quand on n'a plus d'œuf dans son réfrigérateur ? Il suffit de passer au pinceau un peu de lait sur votre gâteau. Vous pouvez renforcer sa couleur et lui donner un côté caramélisé en ajoutant au lait une cuillerée à café de sucre en poudre.

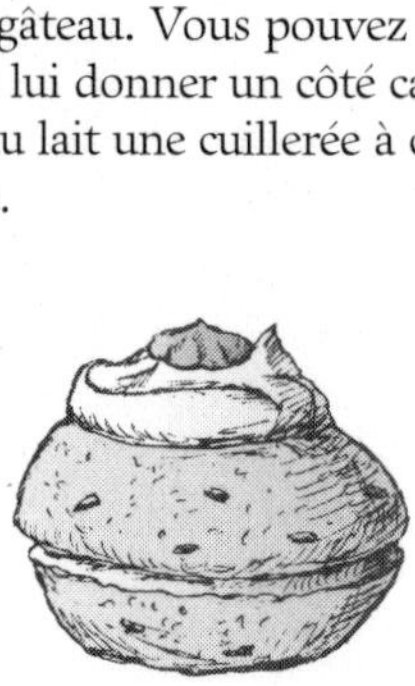

Dessaler un poisson

Vous aviez prévu une recette raffinée au saumon fumé mais vous avez eu la malchance de tomber sur un poisson beaucoup trop salé. Vous lui ferez perdre ce goût trop prononcé en le plongeant dans une assiette à soupe pleine de lait. Laissez reposer 1 heure au réfrigérateur, égouttez et séchez le poisson. Si celui-ci vous paraît encore trop chargé en sel, renouvelez l'opération et remplacez le lait contenu dans l'assiette, peut-être déjà saturé en sel.

Conserver un plat préparé

Mettre les restes du repas de midi au réfrigérateur, c'est bien, mais pas suffisant. Votre repas se conservera mieux sous vide, c'est-à-dire à l'abri de l'air. Couvrez votre assiette de film plastique spécial micro-ondes. Passez votre plat une ou deux minutes au micro-ondes : le film se dilate et l'intérieur se couvre d'humidité. Patientez quelques instants à l'air libre : le film va naturellement venir se coller à l'assiette et à son contenu, prêt à être mis au frais.

Conserver une salade

Les deux ennemis de la salade sont l'humidité et l'air. Pour conserver les feuilles d'une salade pendant plusieurs jours, essuyez-les très soigneusement puis enfermez-les dans une boîte hermétique en mettant, sur le dessous et sur le dessus, du papier absorbant que vous changerez au besoin. L'ensemble se conserve au réfrigérateur. Autre méthode, un peu moins rigoureuse mais qui fonctionne assez bien : enroulez votre salade dans un torchon propre. Glissez l'ensemble dans une poche plastique et entreposez au réfrigérateur.

Conserver un citron déjà utilisé

Ne coupez plus le citron, percez-le : lorsque vous coupez un citron pour en extraire le jus, la moitié de fruit, même conservée au réfrigérateur, sèche et se racornit vite. Vous aurez moins de peine à conserver le citron si vous lui faites simplement quelques entailles. Il sera facile d'en extraire le jus et, autre avantage, les pépins ne tomberont pas.

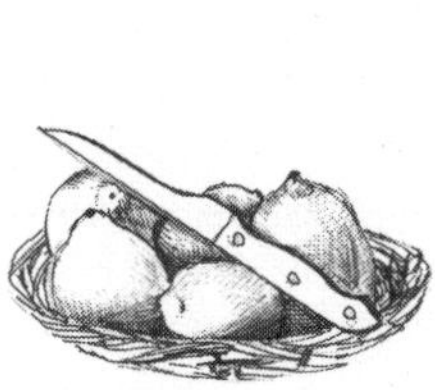

Conserver les pommes de terre

Les pommes de terre peuvent se conserver plusieurs mois et pourtant, dans nos cuisines, elles se mettent souvent à germer au bout de deux ou trois semaines. Pour préserver vos pommes de terre, l'idéal est de disposer d'une cave bien ventilée où la température flirte avec les 4 °C. Déposez-y vos pommes de terre, sans les laver, dans des sacs en toile ou des cageots (pas de sac plastique). Mettre une pomme (fruit) dans chaque sac ou cageot retardera la germination.

Conserver les herbes aromatiques

Même au réfrigérateur, les herbes aromatiques flétrissent très rapidement. Pour prolonger leur vie et conserver plus longtemps leur saveur, roulez-les dans un torchon humide ou immergez-les dans un bol d'eau que vous placerez au réfrigérateur.

Fleurs et plantes verdoyantes dans le jardin de Mamie

Vous rêvez d'une terrasse ou d'un jardin fleuris et luxuriants, mais vous n'avez pas vraiment la main verte ? Suivez les conseils de Mamie ! Elle sait qu'il suffit de bien associer les plantes et respecter les saisons pour avoir un potager généreux. Elle connaît tous ces remèdes et vous les confie.

Exigences des légumes en compost

La connaissance des rotations des cultures et de l'association des plantes entre elles sera complétée par l'étude des besoins en compost des diverses espèces. L'ail a peu de besoin en compost alors que les aubergines en réclament énormément. Ces informations sont nécessaires pour obtenir un potager au naturel et qui concernera un autre chapitre de ce livret.

La rotation des cultures

Associer les plantes entre elles pour qu'elles se protègent mutuellement n'est pas suffisant si vous plantez d'une saison sur l'autre des légumes incompatibles entre eux ou qui ont des besoins identiques, donc qui auront épuisé le sol. Ne pas faire de rotations aura aussi comme inconvénient de multiplier les insectes et les maladies qui sont propres aux légumes incriminés. Exemple : ne jamais cultiver deux années de suite les choux ou les aubergines au même endroit.

La contre-plantation

Entre les plantes à cycles longs qui occupent longtemps une rangée, intercalez des plantes à cycle court. Les semis se feront en même temps, ce qui permettra aux légumes à cycle court de ne pas étouffer entre les rangs de légumes à cycle long qui, à leur tour, pourront profiter au maximum de l'espace laissé par la récolte des légumes à cycle court. Exemple : les laitues d'hiver et les fraisiers.

Stop à la surpopulation

L'association des cultures doit prendre en compte les besoins de chaque plante en lumière et en eau. Vous pourrez donc planter simultanément les carottes et les navets, les épinards et les laitues, les aubergines et les courgettes. Par contre, les besoins en eau ne sont pas les mêmes entre les radis et les oignons, les haricots et le fenouil, les choux et les tomates.

L'espacement mathématique

En utilisant le principe de l'association des légumes, vous devrez adopter un écartement entre les plantes qui soit cohérent aux besoins de l'un et de l'autre. Si l'oignon a besoin d'un espacement de 30 cm et la carotte de 40 cm, la somme des deux fait 70 cm, donc vous sèmerez les carottes à 35 cm des oignons.

Les amis de la tomate

La tomate a de nombreux amis : l'aneth, l'asperge, le basilic, la carotte, le céleri, la ciboulette, la chicorée, le maïs, l'oignon, le persil et les radis. Les oignons et les poireaux sont également bienvenus, tout comme les œillets d'Inde. Par contre, il vous faudra absolument éviter la proximité du chou-rave, du concombre, des cornichons, du fenouil, de la betterave et des pommes de terre.

Raifort et romarin

Le raifort est une vivace dont les feuilles ressemblent à celles des épinards et de l'oseille, mais c'est sa racine qui est cultivée pour sa saveur piquante. Le romarin est davantage un condiment qui permet d'assaisonner les sauces. Ces deux plantes tolèrent la proximité de la carotte, des choux, du fenouil, du persil, des petits pois, de la pomme de terre, du thym et des tomates.

Radis roses et petits pois

À l'exception des choux, les radis ont de nombreux compagnons au potager comme l'ail, la carotte, le cresson et les haricots, la laitue et le persil, les petits pois et les tomates. Ils aiment aussi la proximité de la betterave rouge, du concombre, de la courge, de l'épinard et du fenouil. Vous les éloignerez des choux, des courges et des pommes de terre. Le radis noir bénéficie des mêmes critères associatifs.

Potiron et melon

Le terrain pour cultiver les potirons doit être léger, frais, meuble et riche en humus. Vous installerez les potirons et les melons ensemble, tout comme les courges et les giraumons qui sont de la même famille. Les laitues et le maïs seront de bons compagnons mais vous devrez éloigner les pommes de terre de la culture des potirons.

Pommes de terre et capucines

La culture de la pomme de terre est longue, fastidieuse et nécessite une surveillance constante. Les ravageurs sont majoritairement des insectes, dont l'abominable doryphore. Vous pouvez protéger « les patates » en cultivant entre les rangs des capucines, du céleri, des choux, des fèves, des haricots, des pois et du raifort. Évitez la compagnie des aubergines, des concombres, des cornichons, des courges, des framboisiers, de l'oignon, de la tomate, des potirons, des melons et des tournesols. Vérifiez les besoins en eau de chaque plante par rapport à sa voisine.

Les pois détestent l'échalote

Vous pouvez sans aucun problème semer avec les pois la betterave, la carotte, l'épinard, la laitue, l'oignon, la pomme de terre, la tomate et le céleri. Ces légumes se protègent entre eux mais il vous faudra éloigner des rangées de pois l'échalote, l'ail, l'oignon, le persil et le poireau.

Le persil et l'asperge

Le persil est une plante aromatique qui peut se semer en pots sur le bord de la fenêtre mais il apprécie également d'être semé entre les rangs de poireaux, de radis et de tomates. Ne le semez pas près des choux, des haricots, des laitues et des pois par contre il supportera sans problème d'avoir comme voisines les asperges. C'est l'assurance d'un développement optimum des deux plantes.

Le poireau et le pâtisson

S'il aime la compagnie des fraisiers, le poireau affectionne aussi la proximité de la betterave, de la carotte, du céleri, de l'épinard, de la laitue, de l'oignon, de la pomme de terre et de la tomate, sans oublier le pâtisson, l'asperge, la betterave, le cresson, le fenouil et les fraisiers. Épargnez-lui la compagnie des choux, des haricots et des pois.

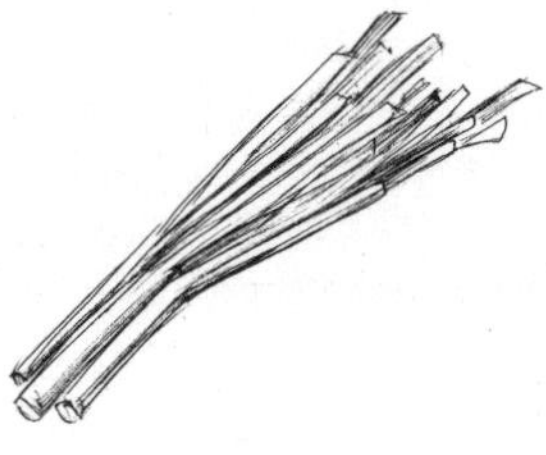

Le panais et les choux

Membre à part entière de la famille des carottes, qu'il soit cru ou cuit, le panais est un légume racine qui possède une agréable saveur sucrée. Il aurait des effets bénéfiques contre certains types de cancer. Il se marie fort bien avec tous les types de choux, avec les fèves, les haricots et les oignons.

L'oignon et ses amis

La betterave, la camomille, la carotte, le fenouil, le fraisier, la laitue, le poireau, la sarriette et la tomate sont des amis indéfectibles de l'oignon. Ils se protègent mutuellement des maladies et des prédateurs volants qui détruisent les récoltes. Évitez cependant de le cultiver à proximité des choux, des fèves, des haricots, des petits pois et des pommes de terre.

La menthe

En massif ou en potager, en couvre-sol ou en jardinière, la menthe possède des racines qui s'étalent rapidement et qui s'hybrident très facilement avec d'autres espèces. C'est pour cette raison que vous devez éviter de la cultiver près des choux, des navets, des pois, des radis et des tomates.

Le navet et la laitue

Le navet apprécie les sol frais, bien drainés et riches en humus car les sols calcaires et secs le rendent fibreux. Il s'agit d'un légume qui a peu d'amis, mais aussi peu d'ennemis ! Il apprécie la compagnie de la laitue, de la menthe, des petits pois et du romarin. Par contre, le navet de printemps déteste la proximité de l'ail.

Le melon et la laitue

Le melon est apprécié du maïs, de la laitue et des haricots nains. Il sera donc facile de le faire courir au jardin. Choisissez un endroit chaud et ensoleillé, privilégiez un sol riche et profond, enrichissez si besoin en compost et respectez un espacement minimum de 80 cm à 1 m entre chaque plant... Gourmand, le melon !

Le maïs et le concombre

Bien qu'ils aient des caractéristiques bien différentes, le maïs et le concombre font bon ménage au potager. Il en est de même bien entendu avec le cornichon. Dès que la terre est meuble, profonde, riche, chaude et bien arrosée, vous pourrez cultiver ces deux plantes et même utiliser les pieds de maïs pour faire courir vos cucurbitacées en hauteur. Attention, le maïs déteste les potirons...

Les haricots et les choux

Les choux ne semblent pas être de bonne compagnie dans la plupart des potagers. L'exception qui confirme la règle concerne les haricots qui affectionnent beaucoup leur voisinage et leur apportent de l'azote. Vous pouvez aussi planter auprès des rangs de haricots quelques pieds d'aubergines, des carottes, du céleri, des concombres, de la laitue, du maïs et des navets. Évitez l'ail, l'échalote, l'oignon et le fenouil.

La laitue et la betterave

Toutes les laitues apprécient le voisinage de la betterave, de la carotte, du chou cabus, des concombres, des fèves et des fraisiers. La présence des haricots, des navets et des oignons ne semble pas les déranger mais il faut éviter les cultures de l'épinard, du persil et du tournesol qui appauvrissent rapidement la terre ou attirent les insectes prédateurs.

La fraise et les poireaux

Les fraisiers aiment les sols acides, riches en humus et plutôt légers permettant à l'eau de s'infiltrer rapidement. Pour une récolte prolongée, offrez-leur une exposition à mi-ombre pour le Sud et du plein soleil dans les autres régions françaises. À côté des fraisiers, repiquez des poireaux, des oignons ou des laitues et semez des épinards, de l'oseille, des haricots nains. Par contre, évitez toutes les espèces de choux.

Les fèves préfèrent les panais

Cette légumineuse absorbe directement l'azote de l'air et il est donc inutile d'apporter à la terre du fumier ou des engrais azotés. Néanmoins, les engrais riches en potasse, que vous enfouirez deux ou trois semaines avant le semis, seront bienvenus. Les laitues, les panais et les pommes de terre sont d'excellents voisins.

Un insecticide contre les acariens

Pour fabriquer un insecticide contre les acariens, vous laisserez infuser 150 g de feuilles de coriandre dans 5 litres d'eau bouillante. Filtrez après 30 minutes, laissez refroidir et pulvérisez sur les légumes atteints.

Le fenouil et le céleri

Cette ombellifère aux belles fleurs jaunes et à l'arôme subtil peut atteindre 2 m de hauteur. Le fenouil aime le soleil et un sol dont l'acidité est neutre, riche en humus et bien drainé. Il déteste l'humidité et apprécie la compagnie du céleri rave ou céleri branche. Vous éviterez de le semer à côté des choux, des haricots et des tomates.

Un insecticide contre la mouche de l'asperge

Pour fabriquer un insecticide propre et vraiment actif contre la mouche de l'asperge, laissez infuser 150 g de basilic frais dans 5 litres d'eau bouillante. Laissez macérer pendant 45 minutes avant de filtrer. Laissez refroidir la décoction et pulvérisez à la tombée du jour.

Insecticide à l'oignon doux

Pour lutter contre les aphydés, les chenilles, les acariens, les escargots, la rouille et l'oïdium, laissez macérer 80 g d'ail et 500 g d'oignon dans 8 litres d'eau pendant toute une nuit. Au matin, filtrez et vaporisez. Ne jetez pas les oignons et l'ail, mettez-les au compost comme accélérateur.

Fabriquer un fongicide à base d'ail

Si les chenilles, acariens et escargots attaquent vos courgettes et vos aubergines, faites infuser 150 g d'ail frais légèrement broyé dans 5 litres d'eau bouillante. Après une infusion de 40 à 60 minutes, filtrez et pulvérisez. Vous pouvez également faire macérer 80 g d'ail dans 5 litres d'eau pendant 12 heures. Filtrez et ajoutez 4 ml d'alcool à brûler et vaporisez.

Insecticide fongicide à l'ail

L'ail est très efficace pour lutter contre les aphydés, les chenilles, les escargots, la rouille et l'oïdium. Voici une autre astuce pour créer un insecticide fongicide : laissez macérer 100 g d'ail écrasé dans 20 ml d'huile pendant 24 heures, puis ajoutez 1 litre d'eau, 10 ml de savon noir et un piment d'Espelette écrasé. Laissez reposer encore 24 heures et diluez ce produit dans 20 fois son volume d'eau avant de vaporiser.

Fabriquer un fongicide de prêles

Contre les maladies issues de champignons, de la rouille, du mildiou et de la pourriture, faites macérer 500 g de prêle dans 5 litres d'eau pendant 3 heures puis faites bouillir. Diluez un tiers et traitez les tomates, les pommes de terre et les laitues.

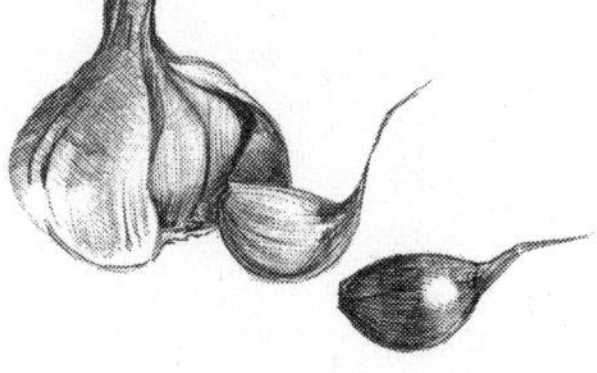

Éradiquer les insectes piqueurs

Pour éliminer les insectes piqueurs et suceurs, faites bouillir pendant 30 minutes 40 g de rhubarbe dans 1 litre d'eau. Laissez reposer 24 heures, filtrez et pulvérisez le soir sur vos plantes, murs et sols ; et vous ne serez plus inquiété par ces « satanés moustiques » !

Contre la fonte des semis

La fonte des semis est causée par plusieurs espèces de champignons qui varient suivant la plante, le sol ou la nature des contenants utilisés. Il est donc préférable de stériliser vos godets en les lessivant à l'eau de Javel et de mettre votre terreau au four (95 °C) pendant 1 heure, si vous n'êtes pas certain de sa qualité.

Fabriquer un fongicide avec du raifort

Pour lutter contre les diverses maladies des arbres fruitiers, faites infuser 150 g de raifort broyé dans 5 litres d'eau bouillante. Après 30 minutes, filtrez et laissez refroidir avant de pulvériser. Pour fortifier ce fongicide, ajoutez un verre de lait.

Le bicarbonate contre l'oïdium

Lorsque l'oïdium s'installe dans le potager, il est souvent trop tard pour sauver les plants atteints. Vous traiterez régulièrement de manière préventive en pulvérisant du bicarbonate de soude sur les pieds, sur et sous les feuilles. Coupez et brûlez les feuilles infectées.

L'oïdium est aux aguets

Pour lutter efficacement contre l'oïdium, vous devez, au moment des plantations, respecter les distances préconisées entre les plantes et arroser le matin de bonne heure plutôt que le soir. Vous laisserez sécher le sol entre deux arrosages et brûlerez les feuilles ou les plants atteints par la maladie.

L'humidité attire les limaces

Pour éviter l'invasion de limaces dans votre potager, vous éliminerez tous les recoins ombragés et humides proches de vos plantations. Déterrez les œufs en retournant la terre avant l'hiver et appliquez sur le sol une macération de feuilles de tabac. Plantez des géraniums, de la lavatère, des soucis et du thym.

Un champignon coopératif !

Le mycorhize est naturellement présent dans le sol, mais les années passant et les pesticides aidant, il a tendance à disparaître… Il possède de longs filaments blancs qui vont chercher dans les profondeurs du sol tous les éléments nutritifs nécessaires à vos plants. Pour favoriser sa présence, cultivez des poireaux.

Tithonia diversifolia, la fleur miracle

Cette belle plante aux fleurs jaunes, appelée également « tournesol mexicain », rappelle la marguerite. Vous la planterez en haies autour de vos plantations pour éloigner les insectes. En décoction, elle devient un formidable pesticide et un très bon engrais.

Faire son purin d'orties

Hachez grossièrement 1 kg d'orties pour 10 litres d'eau de pluie. Laissez macérer dans un récipient non métallique pendant 24 heures à 18 °C pour obtenir un insecticide rapide. Pour réaliser un stimulateur de croissance, laissez macérer 10 à 15 jours (10 % d'engrais obtenu pour 90 % d'eau).

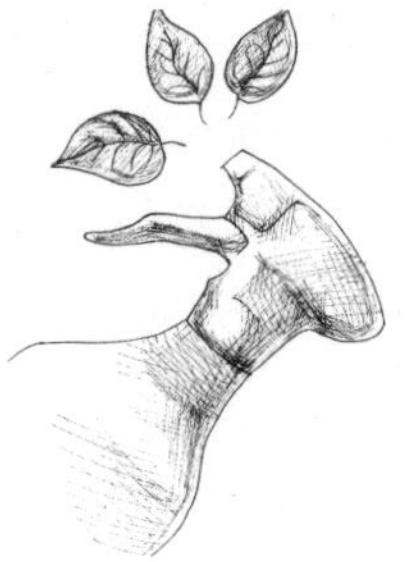

Éliminer la chrysomèle rayée du concombre

Ce petit coléoptère jaune de 5 à 6 mm possède trois rayures brunes. Si vous le pouvez, posez une toile flottante sur vos floraisons tardives et pulvérisez une infusion de tanaisie. Vous pouvez également cultiver des radis à proximité.

Faire son purin de tomates

Dans 10 litres d'eau de pluie, faites macérer pendant deux jours 1 kg de feuilles et de tiges de tomates que vous aurez hachées. En prévention contre les teignes des poireaux, les altises et les piérides du chou, pulvérisez cette préparation non diluée tous les quatre jours. En usage préventif, ce purin élimine les pucerons.

Traiter les cognassiers, poiriers et pommiers

Le cognassier est souvent victime de l'entomosporiose. Pour lutter contre ce champignon, pulvérisez de la bouillie bordelaise à la floraison, puis un mois plus tard. Pour les poiriers et les pommiers, il est préférable de traiter avant et après la chute des feuilles et lorsque les bourgeons commencent à gonfler.

Lutter contre les chancres et la cloque

Pour lutter contre la cloque et les chancres de l'abricotier, de l'amandier, du cerisier et du prunier, vaporisez de la bouillie bordelaise au moment du « gonflement » des bourgeons puis à la chute des feuilles. Pour le pêcher, vaporisez avant l'apparition des bourgeons.

La bouillie bordelaise contre le mildiou

Cette « bouillie » possède une base de cuivre et s'utilise de manière écologique dans le traitement préventif de nombreuses maladies : pour le mildiou de la pomme de terre, traitez avant le buttage puis tous les 15 jours ; pour le mildiou et la septoriose, traitez tous les 10 jours et après la pluie ; pour le mildiou de la vigne, traitez tous les 15 jours à partir du mois de mai.

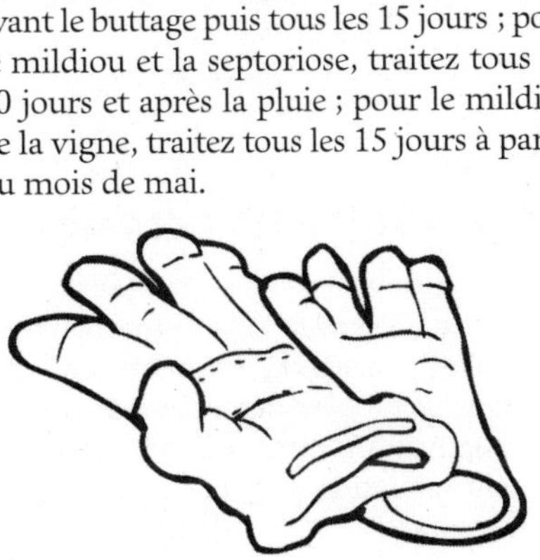

Attention au mildiou

En cas de temps humide et chaud, vous devrez traiter contre l'apparition du mildiou sur les tomates, les poivrons ou les courgettes. Vous pouvez créer votre propre composition de la manière suivante : pour un arrosoir de 10 litres, dosez 1 quart de décoction d'orties et de prêles mélangées avec 3/4 d'eau à laquelle vous ajouterez 40 g de bouillie bordelaise.

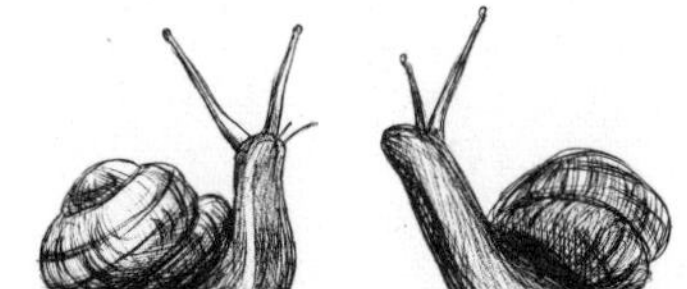

Le purin de fougères

Faites macérer 850 g de feuilles de fougères dans 10 litres d'eau de pluie pendant 10 jours. Ensuite, vous passerez au tamis et pulvériserez la potion diluée à 10 % pour lutter contre les pucerons, les escargots et les limaces. Récupérez le purin pour protéger le pied de vos légumes.

Les purins

Pour réaliser un purin, faites macérer pendant une dizaine de jours 1 kg de jeunes pousses non montées en graines dans une bassine non métallique d'une contenance de 10 litres de pluie. Il convient ensuite de filtrer le purin au tamis pour récupérer le liquide qui sera utilisé en pulvérisation.

La décoction de tanaisie

Faites macérer pendant 24 heures 400 g de plantes fraîches dans 10 litres d'eau et faites bouillir pendant 15 minutes. Pulvérisez pour lutter contre les pucerons, les chenilles altises ou les mouches des légumes. Diluez à 50 % pour épandre au jardin contre les fourmis et les carpocapses.

L'infusion de ciboulette

Cette préparation nécessite 200 g de fleurs séchées pour 1 litre d'eau bouillante. Laissez refroidir et pulvérisez cet insecticide sur les arbres fruitiers pour lutter contre les pucerons. Vous l'utiliserez également contre le mildiou et l'oïdium du concombre et du groseillier.

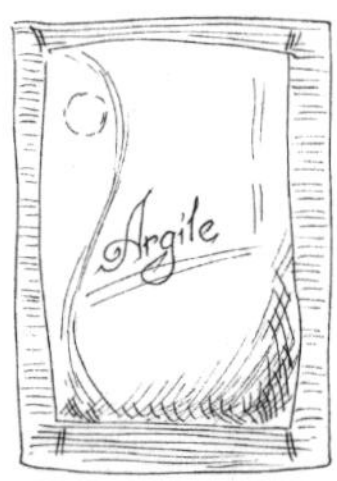

Un cataplasme répulsif

Si vous devez réaliser un pansement sur un arbre soumis aux attaques des rongeurs, créez un cataplasme additionné d'un répulsif : pâte d'argile + sang desséché + 1 œuf cru + fumier frais décomposé. Étalez le mélange et enroulez un bandage par-dessus.

Mon ami le perce-oreille

Surtout ne tentez pas de détruire les perce-oreilles au jardin, il s'agit là d'un ami, d'un bienfaiteur qui se délecte des pucerons et des cochenilles qui attaquent les plants du potager. Au contraire, offrez-lui le gîte en plaçant çà et là des pots renversés sur un tapis de mousse, près de vos plantes.

Accueillir la faune sauvage

L'hiver est le bon moment pour réaménager le jardin et accueillir la faune. Plantez une haie diversifiée et des arbustes à baies (callicarpas, houx, chèvrefeuilles). Laissez des emplacements le long des murs pour une végétation spontanée ; attirez les auxiliaires en disposant des fagots de branches, des tas de bois et de pierres pour les hérissons, les musaraignes et les lézards.

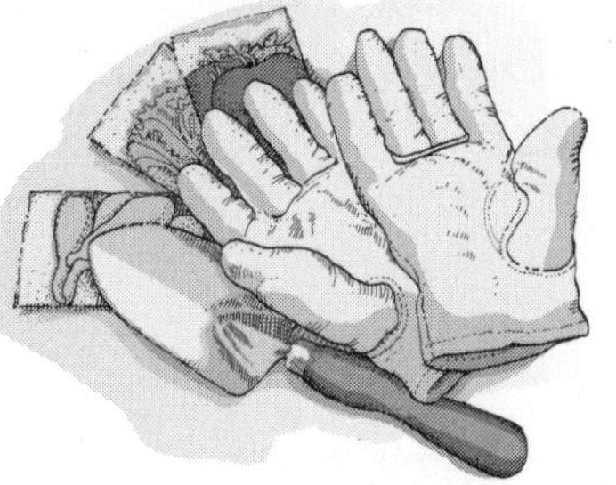

La protection des plantes en hiver

Recouvrez les vivaces d'un tapis de feuilles de 15 cm : les cannas (coupés à ras du sol), croscomias, criniums et agapanthes. Le pied des artichauts sera recouvert d'un tapis de paille. Recouvrez le sol des allées du potager avec des feuilles de tilleul et de noisetier ainsi qu'entre les pieds des légumes d'hiver comme les frisées, les choux et les épinards.

Détruire les dépôts verts de manière écologique

Les algues vertes sont des végétaux d'aspect mousseux, qui forment des dépôts verts sur les sols, les pots ou les dallages. Pour les détruire, vaporisez un fongicide naturel : 1 cuillère à café de bicarbonate de soude et 2 cuillères à café d'huile d'olive à diluer dans 1 litre d'eau. À renouveler une fois par mois.

La rotation des engrais verts ?

Dès que la récolte des légumes de juin, juillet et août est terminée, vous sèmerez en septembre un engrais vert comme le seigle fourrager ou la moutarde blanche. Laissez pousser en octobre, novembre et décembre. En janvier, coupez et broyez les plantules avec une binette. Enfouissez en février et semez votre prochaine culture en mars, avril et juin…

Le paillage apporte des fertilisants

Le paillage est l'allié du jardinier lorsqu'il couvre le sol. Il évite la pousse des mauvaises herbes et conserve l'humidité nécessaire tout en résistant au vent et au soleil. Il apporte aussi des fertilisants en se décomposant. Un bon paillis dure plus de quatre ans.

La durée de vie des paillages

Suivant l'épaisseur et la nature du paillis, le paillage sera plus ou moins efficace dans le temps : les écorces de pins et les copeaux de bois sont les plus durables ; viennent ensuite les écorces de feuillus, les paillettes de lin, les coques de cacao, de tournesol, de sarrasin et les paillettes de chanvre. Les tontes de gazon sont les moins durables.

Quels déchets pour faire du compost (1)

D'autres déchets divers seront ajoutés au compost : la paille de blé et de sciures non traitée, le bois broyé, le papier, la tourbe, les tailles de haies, les branches et les écorces. Les vieilles terres de vos pots et jardinières sont aussi incorporées à ce compost.

Quels déchets pour faire du compost (2)

Ces déchets sont des feuilles d'arbres riches en lignine et en cellulose. Ces feuilles sont récoltées à l'automne et seront ajoutées au compost au printemps. Les feuilles d'arbres fruitiers se compostent facilement alors que d'autres essences forestières ne se décomposent que très difficilement comme le chêne ou le châtaignier. Ne jamais utiliser des feuilles de noyer.

Quels déchets pour faire du compost (3)

Les déchets de la cuisine sont très utiles au compost : épluchures de légumes et fruits (sauf agrumes), les coquilles d'œufs, le papier absorbant, le marc de café, les fanes des pommes de terre, le carton ondulé. Ne jamais incorporer au compost du pain et autres pâtisseries.

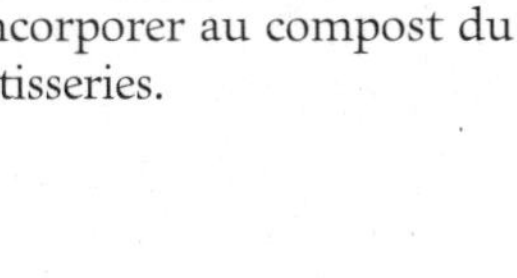

Quels déchets pour faire du compost (4)

Les tontes de gazon sont utilisées principalement pour du compost vert. Les tontes devront être séchées ou mises à faner pendant 72 heures avant de les incorporer au tas de compost. Intercalez régulièrement des feuilles de chêne et d'aulne.

Quels déchets pour faire du compost (5)

Ces déchets sont verts, humides, mous et donnent un faible rapport organique : jeunes engrais verts, déjections animales sans la litière (purin de cheval, bouse de vache, etc.), sang séché, fumier décomposé, gourmands de tomates, feuilles de choux et jus de fumier.

La fertilisation d'entretien

Pour avoir un potager en bonne santé, le jardinier rendra à la terre ce qu'il lui a prélevé. C'est la fertilisation d'entretien. Cette méthode consiste à rendre à la terre ce que les plantes ont besoin pour assurer leur croissance par l'apport d'engrais naturels : l'azote, le phosphore, le potassium, le calcium, le magnésium et le soufre.

Du fumier pour chauffer les semis

Les déchets verts et les fumiers fabriquent de la chaleur pendant leur décomposition. Vous pouvez utiliser cette couche pour accélérer les cultures précoces en déposant des godets sur le dessus en n'oubliant pas de placer une protection pour protéger vos plants des pluies abondantes.

Une couche de compost pour légumes précoces

Lorsque vous aurez créé un tas de compost, ajoutez 10 cm de feuilles mortes humides pour éviter un coup de feu, puis, après quinze jours, ajoutez 20 cm de terre tamisée et semez des radis, des carottes et des laitues. Vous récupérez les légumes plus tôt que les autres jardiniers.

L'apport indispensable de composts mûrs

D'autres légumes réclament des apports importants de composts mûrs comme : l'artichaut, l'aubergine, le céleri rave, les choux, le concombre, le cornichon, les différentes variétés de courges et de potirons, l'épinard, le fenouil, les fraisiers, le maïs, le melon, les poireaux, le poivron, la pomme de terre, les tomates.

L'apport moyen de compost

D'autres légumes ont besoin d'un apport moyen de compost pour donner de beaux légumes comme : l'asperge, la bette, la betterave, les carottes, les chicorées, la laitue, le panais, les pissenlits, les salsifis, le scorsonère.

L'absence d'apport de compost

Au potager, pour s'épanouir, certains légumes ont des besoins plus ou moins importants en compost. Certains pas du tout comme : l'ail, le chou de Bruxelles, la fève, l'échalote, les haricots, la mâche, le navet, l'oignon, les pois et tous les radis.

Quand faut-il supprimer les mauvaises herbes ?

Vous désherberez le rumex lorsqu'il est le plus fragile, au printemps ou au début de l'été. Cette plante, aussi appelée patience sauvage, fournit 80 000 graines par pied et peut survivre 80 ans au jardin. Le chiendent s'arrache en été lorsque le temps est chaud et sec. Les ronces s'arrachent à la Saint-Jean.

Recueillir la terre des taupinières

Si vous connaissez un terrain vague où les taupes prolifèrent, ramassez les petits monticules de terre. Une fois tamisée, au printemps, cette terre sera mélangée au terreau pour les semis en godets ou en caissettes. Vous utiliserez aussi cette terre pour recouvrir d'une fine couche les graines semées en place.

Fée du logis

Briquer, nettoyer, désinfecter, détartrer, être une parfaite fée du logis demande beaucoup de savoir-faire. Surtout si vous ne voulez pas y passer des heures ! Grand-mère a plusieurs années d'expérience et connaît toutes les astuces pour entretenir sa demeure sans se fatiguer. Piquez-lui ses idées, vous gagnerez un temps précieux.

De la rhubarbe pour l'argenterie

Un truc économique et écologique pour nettoyer l'argenterie ? Grand-mère en connaît quelques-uns, mais sa préférence va à la rhubarbe qui redonne brillant et enlève toutes les traces qui tachent couverts et bibelots. Comment faire ? Il suffit de laisser tremper l'argenterie dans l'eau de cuisson (refroidie) de la rhubarbe puis de frotter avec un chiffon doux.

Des outils impeccables

Pour garder vos outils propres et les préserver ainsi plus longtemps, pensez à les nettoyer après chaque utilisation et à jeter une poignée de riz dans votre caisse à outils. Bizarre ? Non ! Le riz est connu pour absorber l'humidité et du coup, prévenir l'apparition de la rouille, corrosive.

Chasser les mauvaises odeurs dans les toilettes

Suite à un repas un peu trop copieux, votre invité s'est soulagé aux toilettes. Et du coup, des mauvaises odeurs trahissent son passage. Pour les supprimer, il n'a qu'à gratter une allumette. Il n'y a pas mieux pour absorber toute odeur désagréable ! Laissez-en une boîte à portée de main !

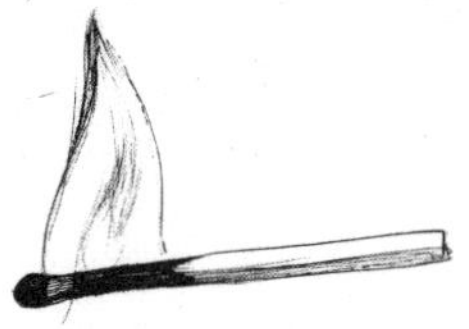

Fini les mauvaises odeurs dans le frigo !

C'est un fait, vous avez beau le nettoyer régulièrement, votre réfrigérateur sent mauvais. Au point d'en avoir honte au moment de l'ouvrir devant les invités... Pour y remédier, vous n'avez pas besoin de grand-chose pourtant. Une simple pomme de terre pelée coupée en deux fera l'affaire. À placer où vous voulez.

Des toilettes qui sentent bon

Vous le savez, les bombes désodorisantes sont nuisibles pour l'environnement. Et les autres systèmes ne vous ont pas convaincu jusqu'à présent (le parfum qui ne dure pas, une odeur bizarre, trop agressive ou inexistante...) ! Alors essayez les grains de café ! Une bonne poignée dans un bol et le tour est joué !

Un réfrigérateur qui sent bon

Forcément, un endroit où l'on stocke tant de nourriture ne peut pas sentir toujours la rose... Ce qui serait étrange d'ailleurs. Toujours est-il qu'il n'est pas non plus obligé de sentir franchement mauvais. Pour éviter les vieux relents de nourriture, disposez-y simplement un morceau de charbon de bois.

Anti-tabac

Marre des odeurs de cigarette dans la maison ? Pour éviter cela, l'idéal est de vider régulièrement les cendriers. Ou mieux, de ne pas fumer. Mais il existe aussi un autre moyen, naturel, de limiter les dégâts… Mélangez des herbes de Provence avec du sable mouillé et placez cette mixture au fond des cendriers. Voilà qui devrait absorber les odeurs de tabac froid.

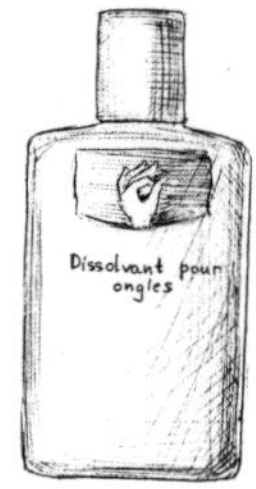

Entretenir le fer à repasser

Si la semelle de votre fer à repasser est sale ou souillée par du nylon par exemple, il suffit de la nettoyer avec un chiffon que vous aurez préalablement imbibé de dissolvant (celui-là même que vous utilisez pour retirer le vernis à ongles). La voilà impeccable prête à passer sur la pile de linge qui vous attend !

Nettoyer une tache d'urine sur la moquette

Lorsque son caniche s'oublie sur la moquette ou sur le tapis du salon, Grand-mère, en plus de gronder le coupable à quatre pattes, applique un détachant des plus surprenants ! En effet, elle met de l'eau gazeuse sur l'auréole. Les bulles font remonter l'urine, et Grand-mère n'a plus qu'à éponger avec de l'essuie-tout.

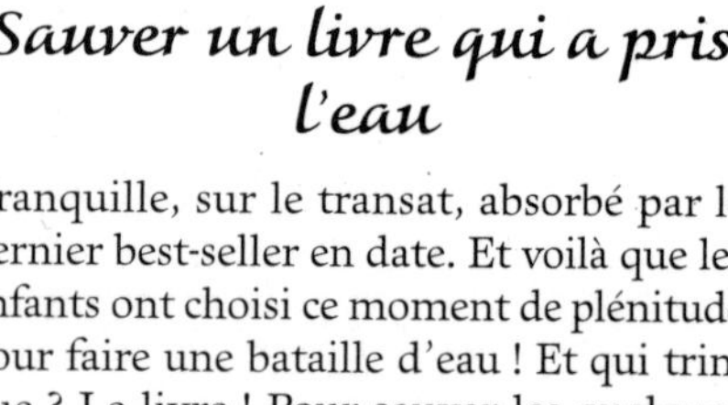

Sauver un livre qui a pris l'eau

Tranquille, sur le transat, absorbé par le dernier best-seller en date. Et voilà que les enfants ont choisi ce moment de plénitude pour faire une bataille d'eau ! Et qui trinque ? Le livre ! Pour sauver les quelques pages maltraitées, saupoudrez-les de talc et recouvrez le bouquin avec un objet lourd pendant 2 jours.

Repeindre les fenêtres sans abîmer les vitres

L'important quand on fait des travaux, c'est de bien préparer le support. Autrement dit, si vous souhaitez repeindre vos fenêtres en bois, il faut d'abord les nettoyer, poncer, décaper… Et protéger les vitres ! Comment ? En coupant un oignon en deux et en le frottant dessus ! Fini les coulures de peinture !

Nettoyer les fleurs artificielles

OK, les fleurs artificielles durent plus longtemps… Mais en plus de ne pas sentir bon, elles se salissent ! La faute à la poussière… Pour y remédier, faites une boulette avec la mie d'une baguette et passez-la sur les fleurs sales. Ensuite, brossez doucement avec un pinceau aux poils doux. Elles sont comme neuves.

Passer l'aspirateur dans les tiroirs

Pour retirer la poussière qui s'est accumulée insidieusement dans les rainures et coins des tiroirs, il suffit d'y passer l'aspirateur. Et pour cela, pas besoin de les vider ! Pour ne pas risquer d'aspirer le contenu, il existe une astuce… Enfilez un bas sur l'embout de votre aspirateur et le tour est joué !

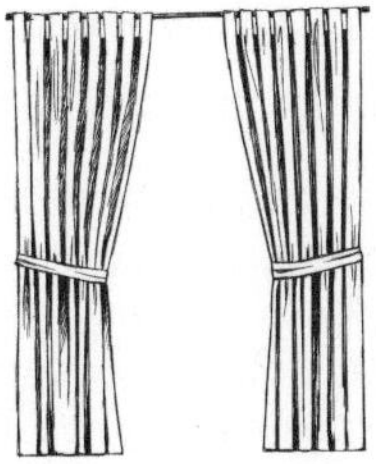

Des voilages comme neufs !

Vous avez décidé de tout nettoyer, du sol au plafond, rideaux compris ? Lorsque vous mettrez vos voilages dans le lave-linge, pensez à vider un sachet de levure chimique dans la dose de lessive. Ils ressortiront éclatants de propreté, comme lorsque vous les avez achetés. Pratique !

Place nette autour de la cuisinière

Et voilà, vous venez de terminer le grand ménage de printemps… Avant de remettre la cuisinière en place, enduisez toutes les surfaces qui l'entourent, même les murs, avec de la cire à bois que vous utilisez pour vos meubles. Elle empêchera la graisse projetée de coller et le prochain nettoyage sera nettement plus facile !

Fabriquer sa lasure !

Pour son portillon en bois, Grand-mère détient une recette qui lui évite d'acheter de la lasure. Elle mélange 20 g de pigments naturels avec une canette de bière (33 cl). Elle applique ensuite cette préparation au pinceau, dans le sens du bois. Et elle finit par une solution d'huile de lin et d'essence de térébenthine (2/3, 1/3).

Fini les lunettes trop fragiles !

Si vous craignez que les branches de vos lunettes ne tiennent pas le choc, prenez les devants et n'attendez pas qu'elles se cassent bêtement. Déposez simplement une petite goutte de vernis à ongles, transparent bien sûr, sur les vis qui les retiennent. De cette façon, elles ne se desserreront pas…

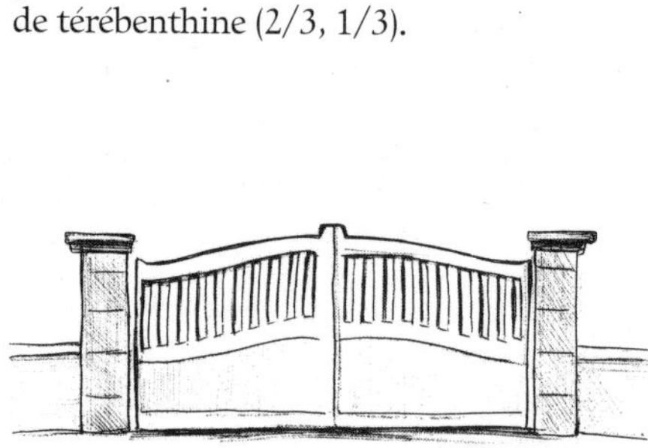

Récupérer du PVC très taché

Votre portail est dans un état lamentable ? Rien n'y fait, vous ne parvenez pas à le détacher ? Essayer un traitement de choc : la mousse à décaper les fours ! Suivez le mode d'emploi et rincez ensuite abondamment à l'eau claire. Voilà qui devrait venir à bout de la saleté la plus tenace.

Du PVC comme neuf

Portail ou encore fenêtres en PVC ont tendance à mal vieillir. Si vous les trouvez tachés ou jaunis, mélangez un verre d'argile blanche en poudre avec un 1/2 verre de savon de Marseille liquide. Laissez durcir durant 1 semaine. Frottez ensuite la surface à nettoyer avec un peu de ce produit sur un linge humide.

Retirer les coulures de peinture sur les fenêtres

Vous avez été un peu trop généreux en peinture, et votre pinceau, trop chargé, a laissé de belles coulures sur vos fenêtres ? Pas de problème, une carte de crédit (ou toute autre carte de même nature) fera l'affaire ! En effet, en guise de raclette, elle vous aidera à supprimer facilement les coulures.

Des vitres impeccables malgré les travaux !

Pour éliminer traces et autres taches sur vos vitres, nettoyez-les avec cette recette maison. Mélangez deux cuillères à soupe de fécule de maïs avec deux cuillères à soupe d'assouplissant pour le linge et un demi-litre d'eau chaude. Frottez ensuite les carreaux avec cette préparation. À éviter en plein soleil !

Lustrer les pièces métalliques des meubles

Une fois que vous avez ôté la rouille des pièces métalliques d'un meuble que vous souhaitez retaper par exemple (ferrures, poignées…), vous pouvez ensuite les lustrer avec une feuille d'aluminium froissée et roulée en boule. Il suffira alors de les frotter délicatement et elles brilleront comme au premier jour.

Nettoyer une bouteille thermos !

À force d'y mettre du café, votre bouteille isotherme n'a pas fière allure. Une sorte de film la recouvre et vous ne savez pas comment en venir à bout. Eh bien avec du riz cru ! Mettez-en une petite poignée à l'intérieur et versez 10 cl d'eau bien chaude. Secouez énergiquement et rincez à l'eau claire.

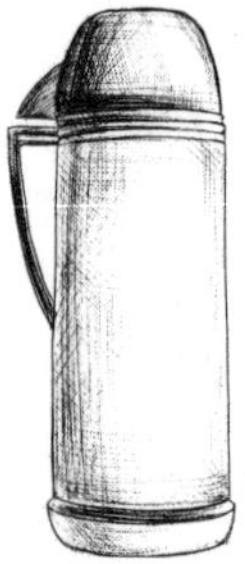

Chasser les odeurs de renfermé des meubles

N'ayez plus honte d'ouvrir votre vieux buffet devant les invités... En effet, il existe une astuce très simple pour ôter toute odeur de renfermé. Placez un bâton de cannelle dans un bol d'eau très chaude que vous disposerez dans le meuble. Les mauvaises odeurs disparaîtront très rapidement...

Décapant maison

Superbe ce meuble acheté au vide-grenier ! Mais avant qu'il trouve sa place dans le salon, il faut le retaper et le décaper ! Délayez 150 g de farine dans 1 litre d'eau. Faites chauffer et retirez du feu dès que ça frissonne. Ajoutez 200 g de cristaux de soude et 2 litres d'eau chaude. Décapez le meuble avec la pâte obtenue.

Visser plus facilement

Vous avez décidé de vous mettre au bricolage sans l'aide d'un homme ! Bien joué ! Sachez alors que pour visser sans souci une vis dans du métal, vous pouvez la graisser avec un peu de beurre ou de margarine. Une bonne manière de faciliter naturellement le vissage sans utiliser de produit toxique.

Exit la poussière quand on perce un trou

Pas envie de sortir l'aspirateur dès que vous percez un trou dans le mur ? Pas de problème. Avant de dégainer la perceuse, pensez à scotcher une enveloppe que vous aurez ouverte sous l'endroit que vous comptez percer. La poussière tombera tout naturellement dedans et vous n'aurez plus qu'à la jeter.

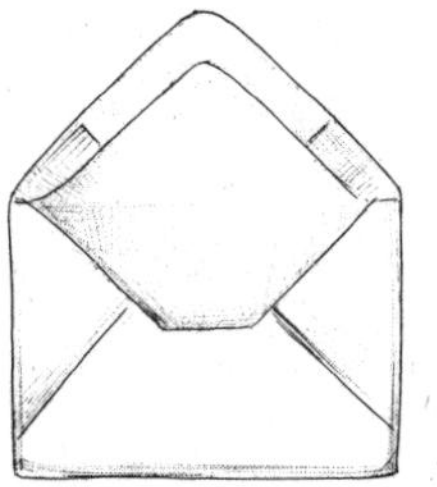

Un clou dans le plâtre sans fissurer le mur

Pour planter un clou dans un mur en plâtre sans laisser ni trace ni fissure, il existe un moyen rapide et efficace... Il suffit de laisser le clou tremper pendant au moins 5 minutes dans de l'eau bouillante avant d'utiliser le marteau. Attention tout de même à ne pas vous brûler en le saisissant !

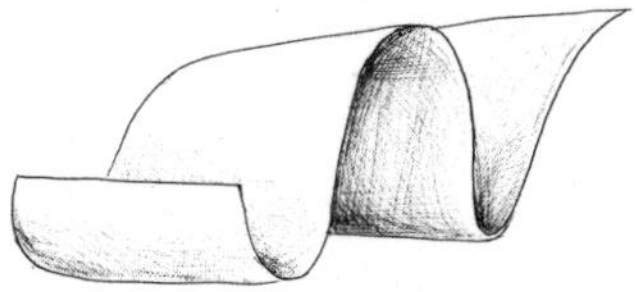

Fini les portes qui claquent !

Facile d'aérer, malgré les courants d'air ! Chaque fois que vous voudrez renouveler l'air de votre maison ou simplement chasser les mauvaises odeurs et éviter néanmoins les portes qui claquent, pensez à glisser du papier bulle (bulles vers l'extérieur) plié sous les portes. Et voilà des portes calées en silence...

Une moquette dépoussiérée sans aspirateur

Pour un nettoyage de moquette écolo, sans aspirateur, essayez les feuilles de thé humides ! Comment ça marche ? Il suffit de les disperser sur la moquette. Après avoir frotté quelques instants, ramassez-les simplement à la balayette. En plus, les poils de Médor ou de Matou disparaîtront !

De la craie pour les cols de chemise !

Saviez-vous que la craie blanche possède des vertus dégraissantes. Aussi, c'est tout naturellement que Grand-mère l'utilise pour frotter les cols et poignets de chemises avant de les mettre en machine. Et Grand-père peut ainsi se vanter de toujours porter des chemises impeccables !

Éloigner les fourmis dans le jardin

Si vous avez découvert une colonie de fourmis autour de votre arbre préféré, inutile de faire appel à un produit toxique qui pourrait lui nuire. Recueillez plutôt quelques mégots de cigarette et mettez-les dans l'eau chaude. Trempez-y ensuite un fil de laine que vous nouerez autour de l'arbre. Exit les fourmis !

Des meubles qui sentent bon

Vous avez récupéré une superbe armoire normande de votre grand-mère mais elle sent un peu le moisi et le renfermé. Qu'à cela ne tienne, avant d'y glisser manteaux et autres vêtements, déposez simplement à l'intérieur un bol de farine de moutarde. Un désodorisant naturel et très efficace !

La chasse aux vers à bois

Que ces sales petites bêtes s'en prennent à votre piano, à vos pieds de chaise ou qu'ils se régalent des étagères de votre buffet, ça ne peut plus durer. Il faut intervenir ! Armée d'une seringue, injectez de la paraffine dans les plus gros tous. Une fois la paraffine sèche, les vers seront asphyxiés.

Éloigner les vers à bois des meubles

Pour éviter de régaler tous les vers à bois de la maison et de voir vos meubles partir en festin, frottez simplement les zones sensibles avec un oignon. Quelles sont les zones sensibles ? Les bois tendres et peu sollicités. Les vers devraient s'en tenir éloignés pendant un petit moment.

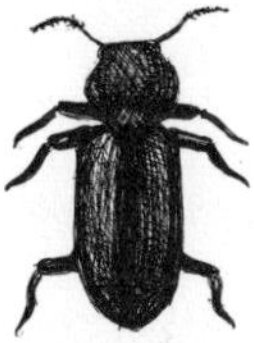

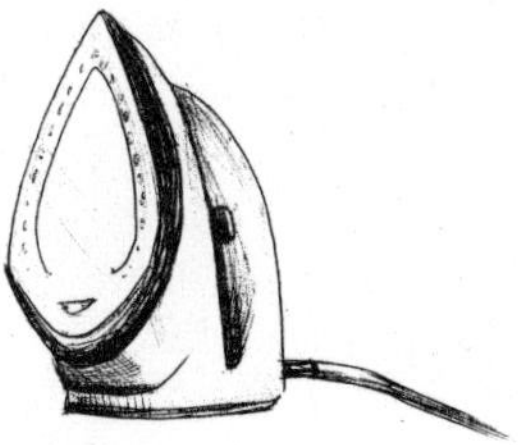

Estomper les traces de coup sur un meuble

Votre petit dernier a laissé tomber son tracteur en plastique sur votre table basse en bois massif ? Avant de vous lamenter, ou pire, de vous mettre en colère, dégainez pattemouille et fer à repasser réglé sur « lin ». Repassez la trace de coup qui devrait disparaître sous l'effet de la vapeur. À renouveler si nécessaire.

Rebooster un yucca !

Au programme ? Une cure de jouvence pour votre yucca. Pour cela, commencez par couper le tronc sous chaque pousse. Ensuite, faites couler de la cire fondue sur le sommet. D'autres pousses devraient rapidement faire leur apparition sur les côtés et votre yucca retrouvera ainsi un second souffle et vous remerciera.

Fini les tiroirs qui se coincent !

Le bricolage, ça ne vous fait pas peur… Vous avez même un rabot dont vous savez, en plus, vous servir. Le souci, c'est trouver les zones à raboter sur ce tiroir qui coince… Utilisez de la craie ! Mettez-en sur les endroits du tiroir en contact avec le meuble et fermez-le. Rouvrez-le : rabotez là où la craie a disparu !

Ouvrir un tiroir qui résiste

Inutile de vous inscrire à la salle de gym ou de sortir les haltères à cause d'un tiroir récalcitrant. Pensez plutôt malin et frottez ses côtés et arêtes à l'aide d'une bougie. Fini les tentatives infructueuses, la prochaine fois, votre tiroir s'ouvrira du premier coup, et inutile de forcer en plus.

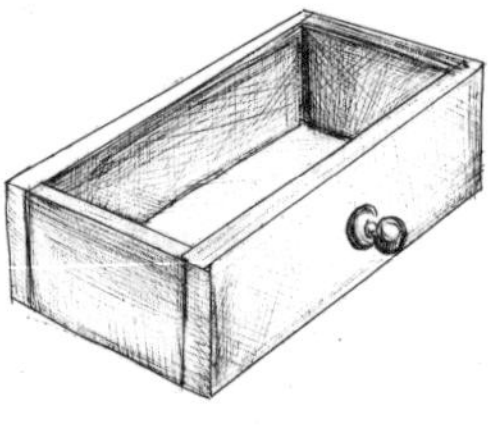

Des géraniums en pleine forme

Pour raviver vos géraniums quand ils font grise mine, rien de plus simple ! Il suffit de les arroser avec un peu de café noir, non sucré. Bien sûr, il doit également être froid. Voilà qui devrait leur donner une seconde vie… L'idéal : une cure de 1 semaine pour des géraniums toujours plus beaux !

Des bougies qui durent

Pour prolonger la durée de vie de vos bougies, pensez à déposer une pincée de sel au pied de la flamme. Ajoutez à cela un petit séjour au freezer ou au congélateur avant de les utiliser et voilà qui devrait suffire à réduire votre budget dîner romantique. En plus, vous éviterez ainsi des coulures inesthétiques.

Dégripper un boulon

Pour dissocier un écrou d'une vis que la rouille aura rendu inséparables, Grand-mère connaît un truc très facile, qui ne nécessite pas de muscles démesurés mais juste un peu d'ingéniosité. Elle place le boulon dans un verre de cola toute la nuit et le lendemain, pas besoin de forcer, l'ensemble est décoincé.

Reboucher une bouteille de vin

Pas toujours facile de conserver un bon vin car les bouchons sont souvent récalcitrants au moment du rebouchage. Mais cela ne doit plus vous empêcher d'ouvrir une bonne bouteille, que vous savez condamnée à ne pas être bue en entier. Eh oui, en immergeant le bouchon dans de l'eau bouillante, il sera bien plus docile.

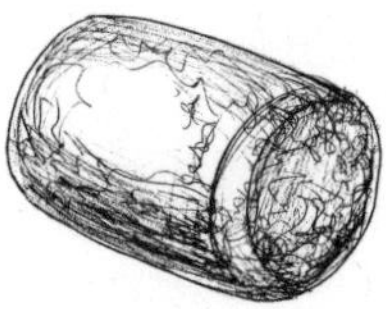

Halte aux odeurs de peinture !

Votre nouveau salon, fraîchement repeint, en jette vraiment. En revanche, les odeurs de peinture vous empêchent de lancer les invitations tous azimuts pour partager ce résultat avec vos amis... Eh bien placez un oignon et de la mie de pain dans une assiette posée dans la pièce, les odeurs disparaîtront !

Faire taire un parquet qui grince

Marre de marcher sur la pointe des pieds ? Assez de vous faire repérer chaque fois que vous vous levez la nuit pour une petite virée dans le frigo ? Alors prenez les devants et faites définitivement taire ce satané parquet grinçant. Pour cela, saupoudrez un peu de talc dans les interstices.

Dehors les araignées !

Elles ont huit pattes... Sont parfois velues. Effrayantes même. Mais aussi tout à fait inoffensives dans nos régions ! Aussi, pour éviter d'écraser les araignées à grands coups de semelles, mieux vaut encore les éloigner. Comment ? En dispersant simplement quelques feuilles de tomate dans la maison.

Un antimites naturel

Vous en avez assez des vêtements dévorés ? Pour éloigner les mites de vos penderies en évitant d'imprégner vos vêtements de l'odeur si particulière de la naphtaline, placez des feuilles fraîches de géranium, ou de menthe, dans des sachets de mousseline. À déposer dans tous les placards de la maison !

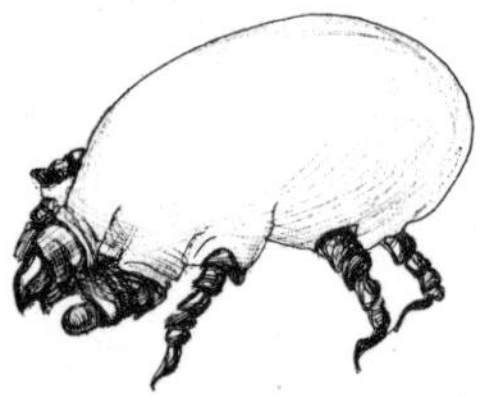

Faciliter l'ouverture des fenêtres en bois

Fenêtre récalcitrante ? Difficile à ouvrir ? Impossible à fermer ? C'est sans doute un problème lié à l'humidité qui a fait gonfler le bois. Pour y remédier, essayez d'appliquer un peu de talc dans les rainures du bas de vos fenêtres. Cela devrait aider à en faciliter la manipulation.

Décaper le four

Si vous êtes plutôt du genre réticent à utiliser des produits abrasifs, voire toxiques, pour décaper le four et ensuite y placer des aliments, voici une astuce naturelle qui devrait vous plaire. Quand votre four est encore chaud, vaporisez de l'eau sur la graisse et ajoutez du sel. Une fois les parois refroidies, nettoyez simplement à l'aide d'une éponge classique.

Rebooster des piles raplapla

Si des piles, non rechargeables bien sûr, sont sur le point de vous lâcher, posez-les durant une petite quinzaine de minutes sur un radiateur en fonction. Voilà qui devrait suffire à prolonger leur durée de vie de quelques heures… Avant de les remplacer définitivement. Attention, cette astuce ne fonctionne qu'une fois.

Entretenir la bouilloire

Pour éliminer les taches et le calcaire accumulé sur les parois et au fond de votre bouilloire, rien de plus simple. Faites-y bouillir du jus d'orange, mais pas n'importe lequel, du 100 % pur jus. Mieux, pressez vous-même les agrumes ! Renouvelez l'opération jusqu'à ce que votre bouilloire soit impeccable.

Désodoriser plats et casseroles

Liquide vaisselle et autres produits abrasifs ne viennent pas toujours à bout des odeurs incrustées dans les plats, casseroles et autres poêles. Pour les chasser de manière efficace et naturelle, tentez un récurage avec de la farine de moutarde. Voilà qui devrait éliminer les odeurs imprégnées pour longtemps !

Faire briller les couverts en argent

Versez de l'eau bouillante dans un plat en Pyrex puis ajoutez du sel de cuisine. Plongez ensuite un morceau de papier aluminium et placez vos couverts en argent dessus. Fourchettes et compagnie ressortiront plus brillantes que jamais ! Pensez simplement à changer le papier aluminium dès qu'il devient terne.

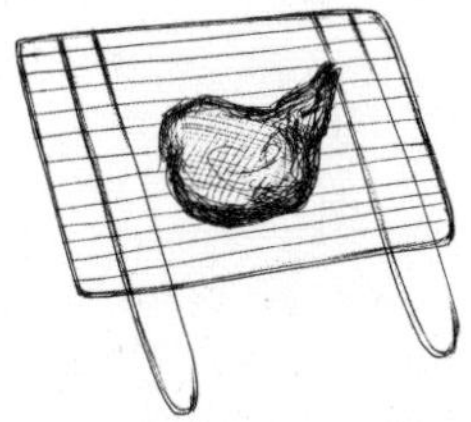

Nettoyer la grille de barbecue

Saucisses le samedi et poisson le dimanche ? Pas facile de réutiliser la même grille. La faute à du gras carbonisé ou des odeurs tenaces. Pas de problème ! Une fois la grille refroidie, frottez-la simplement avec du papier journal, puis lavez-la normalement. Fini les mauvaises odeurs au barbecue suivant !

Fini les odeurs de litière !

Vous le savez certainement, les chats adorent l'odeur de l'eau de javel. En verser quelques gouttes sur les petits cailloux de leur litière permet même de les aider à être propres. Autre méthode, plus naturelle, pour désodoriser sa litière sans contrarier Matou ? Saupoudrez-en le fond avec du talc.

De la laque contre les autocollants

Le petit dernier a encore fait des siennes et vous a collé des autocollants Spider-Man partout : radiateurs, frigo, fenêtres... Pas de problème, un peu de laque à cheveux vaporisée sur les autocollants devrait en venir à bout. Attendez quelques minutes puis grattez délicatement... Le vilain Spider-Man a disparu !

Préserver les bijoux

Pour éviter que vos bijoux ne s'oxydent dans votre coffret à bijoux, placez-y simplement un bâton de craie que vous aurez emprunté dans les affaires scolaires de votre enfant. En effet, la craie absorbera l'humidité, et bracelets et autres bagues resteront brillants plus longtemps.

Nettoyer les souillures de mouches

Pour éliminer efficacement les souillures de mouches, fréquentes notamment en cas de forte chaleur, rien de tel qu'un peu de lait sur un coton ou du papier absorbant. Frottez délicatement, les taches devraient disparaître tout naturellement. Et ce, sans produit abrasif.

Chasser les mouches de la maison

Le ruban adhésif jaune qui pendouille et sur lequel viennent s'agglutiner les mouches, très peu pour vous. Alors essayez plutôt de placer quelques feuilles de tomate aux endroits stratégiques de la maison (cuisine, entrée...). Voilà qui devrait en repousser une grande majorité. Et de manière naturelle en plus.

Éloigner les fourmis des placards

Invasion de fourmis. Le placard est infesté de ces petites indésirables qui grouillent de tous les côtés. Pas de panique ! Placez quelques poignées de cerfeuil de-ci de-là... Les fourmis ne supportant pas cette odeur, elles devraient déguerpir illico et déserter pour longtemps votre garde-manger.

Une toile cirée sans marques de plat

Si vous avez malencontreusement déposé un plat très chaud à même la toile cirée sans passer par la case « dessous de plat », essayez de frotter délicatement la trace laissée avec un peu d'huile de camphre. Les stigmates devraient petit à petit s'estomper pour finalement disparaître.

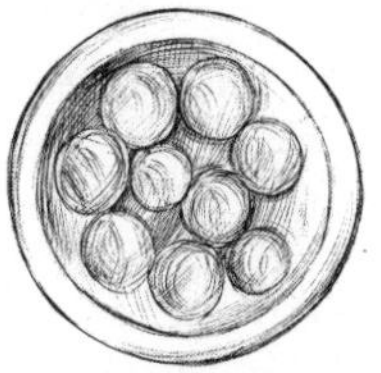

Un linoléum éclatant de propreté

Pour donner une seconde jeunesse à votre sol en lino, mélangez 1 jaune d'œuf battu avec un 1/2 verre d'eau tiède (pour une surface plus importante, n'hésitez pas à multiplier les quantités). Badigeonnez ensuite la surface que vous souhaitez traiter et laissez sécher sans rincer. Le voilà éclatant comme au premier jour !

Nettoyer le tanin d'une tasse de thé

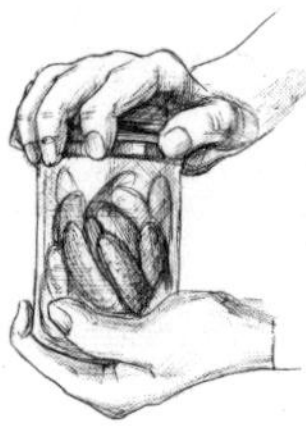

Si les grands amateurs de thé ne nettoient pas leur théière, les tasses, elles, n'y coupent pas. Le remède contre le tanin, qui résiste même au lave-vaisselle parfois : frotter l'intérieur de la tasse avec du gros sel. Un bon moyen de déloger les traces sans contrarier les puristes.

Aucun bocal ne résistera

Mari en déplacement, voisin de palier en vacances… Comment ouvrir ce bocal récalcitrant avec de petits bras ? Facilement en fait… Juste en l'approchant de la flamme de votre gazinière. Eh oui, sous l'effet de la chaleur, le fer va se dilater et vous pourrez ainsi sans problème ouvrir le bocal.

Contre les bocaux rebelles

Comment ouvrir un bocal complètement hermétique quand on n'a aucun accessoire adapté ni assez de force ! Pas de problème ! Il suffit de le plonger, tête en bas, dans de l'eau bouillante. Voilà qui devrait suffire. À éviter en revanche, le tournevis qui déformerait définitivement le couvercle.

Du sel pour les poêles qui accrochent

Si vous n'avez pas encore cédé à la tentation des poêles au revêtement anti-adhésif et que vous préfériez la bonne vieille fonte de nos grands-mères, voilà une astuce qui devrait vous servir. Lorsque le fond de votre poêle, ou de votre cocotte, accroche, frottez-le avec du gros sel.

Une tache de vin rouge sur le canapé

Halte ! Surtout pas de sel en cas d'accident ! Celui-ci pourrait « brûler » et décolorer le tissu ! Si un invité renverse son verre de vin rouge sur la nappe, la moquette ou le canapé, courez vous munir d'un peu de… vin blanc ! Noyez la tache puis épongez délicatement jusqu'à totale disparition de l'auréole. Résultat garanti.

Détartrer la bouilloire

Quand la bouilloire est entartrée, produits chimiques et autre vinaigre blanc ne sont pas les seules solutions. Pensez notamment au soda, type Fanta ou Coca. À faire bouillir comme l'eau habituellement. Votre bouilloire ressort propre et détartrée, comme neuve, sans l'odeur désagréable du vinaigre !

Décoller facilement une étiquette

Verres neufs. Et sous chaque pied, un code-barres. Bien collé bien sûr. Comment l'ôter ? Simplement en le badigeonnant d'huile de table. L'idéal étant de procéder délicatement, sans déborder, avec un coton-tige. Attendre que l'huile pénètre jusqu'à atteindre la colle. Et voilà, l'étiquette se décolle facilement.

Fini la buée sur les miroirs !

Plus besoin d'attendre pour se maquiller après la douche ! Avec cette astuce, vous direz adieu à la buée sur le miroir ! Frottez un savon sur la surface du miroir puis, à l'aide d'un linge propre, éliminez les traces jusqu'à totale disparition du savon. À renouveler une fois toutes les 3 semaines pour plus de tranquillité.

Serpillières économiques

Vos serviettes de toilette ne tiennent plus qu'à un fil ? Votre peignoir de bain commence à être vraiment élimé ? Offrez-leur une seconde vie : pensez à les convertir en lavettes ou en serpillières. Deux ou trois coups de ciseaux et le tour est joué, vous voilà paré pour le ménage de printemps !

Effacer les égratignures de chat

Votre félin adore faire ses griffes sur votre belle table en bois ? Rattrapez ses bêtises en appliquant une lotion maison. Diluez la même quantité de vinaigre blanc et d'iode. Appliquez ensuite à l'aide d'un pinceau sur les zones abîmées.

Rideau de douche impeccable

Évitez les marques et les traces de moisissures sur votre rideau de douche avec du vinaigre blanc. Diluez-en avec un peu d'eau et passez régulièrement un coup d'éponge imbibée de cette préparation.

Nettoyer les vitres d'un insert

Il n'est pas toujours évident de conserver une vitre d'un insert propre. Ne briquez plus en vain : utilisez plutôt le mélange miraculeux de Mamie. Mélangez du bicarbonate de soude avec du vinaigre blanc jusqu'à obtenir une pâte homogène. Nettoyez la vitre de votre insert avec ce mélange.

Chasser l'odeur des bocaux

Vous utilisez constamment vos bocaux en verre pour stocker vos diverses préparations culinaires : confitures, fruits confits, soupes… Avec le temps, ils conservent l'odeur des aliments qu'ils ont stockés. Remédiez-y simplement en les lavant avec du vinaigre blanc et de l'eau chaude. Puis laissez-les une nuit au réfrigérateur.

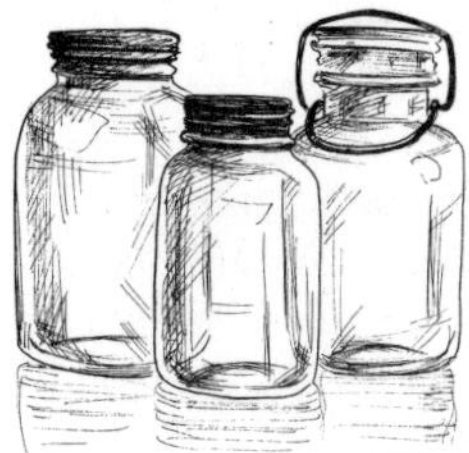

Fabriquer son encaustique

Rien de plus simple que d'entretenir son beau sol en parquet. Mélangez à parts égales de l'huile d'olive et du vinaigre. Appliquez cette préparation sur votre sol à l'aide d'un chiffon plié en quatre et fixé sur votre balai. En un passage, votre parquet brillera de mille feux. En prime, vous réaliserez des économies : 1 pot de yaourt de cette encaustique suffit pour nettoyer 15 m^2.

Éponge encrassée

Vous l'utilisez sans cesse pour briquer vos surfaces ou votre vaisselle : l'éponge. À force, elle s'use et s'encrasse. Avant de vous résigner à la jeter, redonnez-lui un coup de neuf en la trempant dans de l'eau vinaigrée : 1 litre d'eau tiède pour 1 tasse de vinaigre. Laissez agir 30 minutes, puis essorez-la : votre éponge sera comme neuve.

Désinfecter une planche de travail

Les aliments déposent naturellement des bactéries lors de leur manipulation. Si vous ne nettoyez pas correctement votre planche de travail, elle se retrouve infectée de salmonelles. Le vinaigre blanc fera des miracles pour les éliminer ! Versez-en sur l'ensemble de la surface, puis vaporisez immédiatement du peroxyde d'oxygène ou de l'eau oxygénée à 3 %. Rincez soigneusement à l'eau avec une éponge.

Poubelle parfumée

Votre poubelle dégage une odeur nauséabonde ? Chassez-la avec le nettoyant maison de Mamie : mélangez de l'eau chaude avec du vinaigre d'alcool et quelques gouttes d'huile essentielle d'eucalyptus ou de lavande. Un coup d'éponge avec ce mélange et le tour est joué.

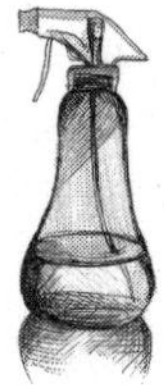

Fini les taches d'urine

Votre enfant a eu un accident de couche et a taché votre beau tapis blanc ? Vaporisez immédiatement du vinaigre blanc sur la surface touchée et laissez agir 15 minutes. Si vous n'avez pas de vaporisateur sous la main, utilisez un chiffon qui en est imbibé et tapotez doucement la marque avec.

Rasoir toujours impeccable

Avec le temps, vos rasoirs électriques s'encrassent : les poils s'y accumulent petit à petit. Faites d'une pierre deux coups en les rinçant une fois par semaine avec du vinaigre blanc. Non seulement ils seront propres comme au premier jour mais ils sentiront bon !

Des vitres impeccables

Vos vitres sont très encrassées ? Suivez les conseils de Grand-mère : cueillez une poignée d'orties et laissez-les sécher 2 jours. Imprégnez-les avec du vinaigre blanc. Les feuilles des orties deviennent ainsi une éponge naturelle parfaite pour nettoyer vos carreaux. N'oubliez pas vos gants : vous éviterez les piqûres !

Garder les toilettes propres

Mamie était maligne : elle nettoyait régulièrement ses WC en y versant 1 verre de vinaigre blanc. Un coup de brosse et elle n'avait plus qu'à laisser agir durant une nuit entière. Le lendemain, le produit avait fait son effet : le tartre n'était plus et la brillance était là. Et pour le parfum, elle ajoutait 5 gouttes d'huile essentielle de lavande.

Chasser les mauvaises odeurs d'une glacière

Vous avez oublié des aliments dans votre glacière fermée ? Ils ont pourri et ont laissé une odeur nauséabonde à l'intérieur… Avant de vous résigner à la jeter, essayez de la récupérer en y laissant un bol d'eau très chaude avec du vinaigre blanc. Fermez votre glacière et changez l'eau toutes les heures. Si l'odeur persiste, recommencez le lendemain.

Bijoux et pierres précieuses

Si le vinaigre fait briller vos bijoux en tout genre, il est fortement déconseillé sur vos pierres précieuses incrustées. Il en est de même pour vos perles. L'acide qu'il contient les ferait fondre. Une seule goutte suffit à causer des dommages irréparables. N'hésitez pas à faire un test sur une surface non visible.

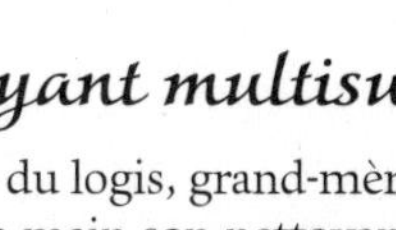

Nettoyant multisurface

En vraie fée du logis, grand-mère avait toujours sous la main son nettoyant magique. Faites-en de même : dans une bouteille d'eau chaude, versez 2 cuillères à soupe de bicarbonate de soude avec 1 verre de vinaigre blanc et 10 gouttes d'huile essentielle de lavande. Pensez à secouer avant utilisation.

Des mains toujours propres

Lorsque vous cuisinez, vos mains sentent souvent mauvais après. Elles se sont imprégnées des aliments que vous avez manipulés. Surtout lorsque vous venez de préparer du poisson ou des crustacés ! Chassez ces mauvaises odeurs simplement en frictionnant vos mains avec du vinaigre blanc et du savon de Marseille.

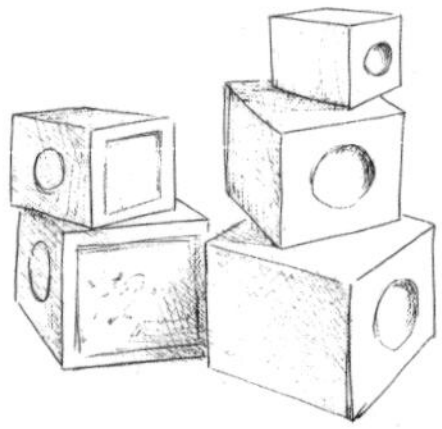

Désinfectant naturel

Si vous cherchez une lotion qui désinfecte naturellement, optez pour celle de Mamie ! Voici sa recette magique : dans un flacon, diluez 30 gouttes d'huile essentielle d'arbre à thé dans 1 litre de vinaigre blanc. Secouez énergiquement. Votre désinfectant est prêt à l'emploi.

Des lunettes impeccables

Vos lunettes sont toujours sales ? Même après un coup de chiffon, des traces de gras ou de doigts peinent à partir ? Pour y remédier, dans un vaporisateur, mélangez la même quantité de vinaigre blanc et d'eau et nettoyez-les avec. Regardez : tout est net !

Fabriquer ses lingettes nettoyantes

Récupérez des vieux morceaux de tissu doux et propres et découpez-les en carrés de 15 à 20 cm de côté. En parallèle, préparez votre nettoyant maison : dans un seau, versez 3 cuillères à soupe de vinaigre blanc, 1 cuillère à soupe de savon liquide et 2 tasses d'eau. Trempez-y vos bouts de tissu et conservez le tout dans une boîte fermée et hermétique. Vous aurez ainsi toujours une lingette nettoyante à portée de main.

Un four toujours propre

Décrasser son four est loin d'être une partie de plaisir ! Le gras accumulé refuse souvent de partir du premier coup. Facilitez-vous la tâche avec la préparation miracle de Mamie. Dans 1 litre d'eau, diluez 2 cuillères à soupe de bicarbonate de soude et 2 de vinaigre blanc. Le mélange doit mousser légèrement. Passez un coup d'éponge avec votre nettoyant maison sur un four tiède.

Nettoyer une lèchefrite

Vous adorez cuisiner mais faites très attention aux matières grasses ? La lèchefrite n'a donc plus de secret pour vous ! Si vous peinez à la dégraisser, versez 1 tasse de vinaigre et 2 cuillères à soupe de sucre dessus lorsqu'elle est encore tiède. Laissez agir 5 minutes, puis décollez le gras à l'aide d'une éponge abrasive.

Un liquide vaisselle opérationnel

Lorsque vos casseroles sont trop graisseuses, il est difficile d'enlever le gras accumulé durant leur utilisation. La raison : votre liquide vaisselle n'est pas un nettoyant assez efficace ! Boostez-le donc avec du vinaigre blanc ! Ajoutez-en 5 cl à votre flacon. Vos ustensiles seront propres presque sans effort !

Une carafe étincelante

Votre carafe a terni avec le temps ? Redonnez-lui de la brillance : versez une poignée de riz cru avec du vinaigre blanc à l'intérieur. Fermez-la, puis secouez énergiquement. Finissez votre coup d'éclat en passant un chiffon doux imbibé de vinaigre blanc. Votre carafe étincelle !

Des jouets de bébé propres

Tout le monde le sait : les bébés adorent porter tout ce qui passe entre leurs mains à leur bouche. Afin de limiter les infections, il est essentiel de veiller à la bonne hygiène de leurs jouets. Désinfectez-les avec du vinaigre blanc : un coup de chiffon doux imprégné de ce produit et le tour est joué !

Chasser les insectes naturellement

Vous avez beau tout faire : vos placards sont constamment envahis par les insectes. Pour les éradiquer une bonne fois pour toutes, diluez 75 cl de vinaigre de cidre avec 1 bouchon de liquide vaisselle dans un petit bol. Laissez-le reposer dans votre placard 1 semaine. Les petits nuisibles seront attirés par l'odeur et s'y noieront.

Mélange à proscrire

Si le vinaigre blanc est un puissant nettoyant naturel, il ne faut absolument pas le diluer avec de l'eau de Javel. Les deux produits associés dégagent une vapeur toxique dangereuse pour votre santé. Maniez-les donc avec précaution lorsque vous les utilisez dans votre maison.

Une maison trop vinaigrée

Vous l'avez compris et l'utilisez partout dans votre maison : le vinaigre a tout bon, côté nettoyant. Du sol au plafond, vous briquez votre maison avec. Tout brille, certes, mais l'odeur du vinaigre s'est imprégnée dans votre intérieur. La solution : diluez 10 gouttes d'huile essentielle de votre choix dans un bol rempli d'eau et laissez-le dans les pièces de votre maison.

Halte aux bouilloires vinaigrées

Le vinaigre fait des miracles pour enlever le tartre de votre bouilloire. En un lavage, le résultat est là… et l'odeur aussi. Grand-mère a la solution : le citron ! Passez-en une rondelle sur les parois de votre bouilloire, puis faites-la bouillir avec des zestes à l'intérieur. Sentez : un doux parfum citronné s'en dégage à présent.

Précaution à prendre

Si le vinaigre est un nettoyant multifonction, il ne fait pas bon ménage avec le marbre. Étant un puissant agent anticalcaire, cette roche poreuse serait rapidement abîmée à son contact. Évitez donc d'en mettre sur vos éviers, vos sols ou vos plans de travail composés de cette matière. Une goutte suffit pour que votre surface ne reste pas de marbre justement !

Enlever l'odeur du vinaigre sur le linge

Vous avez opté pour le vinaigre blanc pour adoucir vos vêtements ? Efficace, certes, mais l'odeur reste déplaisante… Chassez-la rapidement en ajoutant 3 gouttes d'huile essentielle à votre eau de lavage : de pamplemousse, d'orange ou de lavande, il ne reste plus qu'à faire votre choix.

Des casseroles en cuivre impeccables

Vous adorez faire la cuisine ? Gâteau au chocolat, hachis Parmentier… vous pouvez y passer la journée. Par contre, nettoyer vos casseroles en cuivre est loin d'être votre tasse de thé ! Ne perdez plus de temps à frotter en vain : diluez 1 cuillère à café de gros sel marin dans 1 verre de vinaigre blanc. Vos casseroles seront opérationnelles pour la prochaine fois.

Décoller les étiquettes

Vous venez de finir votre petit pot de pâte à tartiner et souhaitez récupérer le récipient pour en faire un verre ? Le hic : l'étiquette refuse de partir entièrement. Ne perdez plus votre temps à frotter ! Imprégnez simplement l'étiquette visée de vinaigre blanc tiède à l'aide d'une éponge. Laissez agir, puis passez un coup d'eau. Renouvelez l'opération si besoin.

Briquer les robinetteries en chrome

Vous n'avez pas hésité lors de l'achat : vous vouliez des robinets en chrome dans votre salle de bains. Ils sont aussi design que difficiles à nettoyer. Heureusement, le vinaigre blanc est là ! Il vous suffit d'en vaporiser sur les surfaces à nettoyer. Laissez agir 2 minutes, puis passez un coup de chiffon et le tour est joué !

Des cuivres étincelants

Si vous souhaitez avoir des cuivres impeccables, suivez la recette magique de Mamie. Mélangez à parts égales du jus de citron avec du vinaigre blanc. Frottez les zones à nettoyer à l'aide d'une brosse à dents et essuyez à l'aide d'un papier absorbant ou d'un chiffon doux. Brillance assurée !

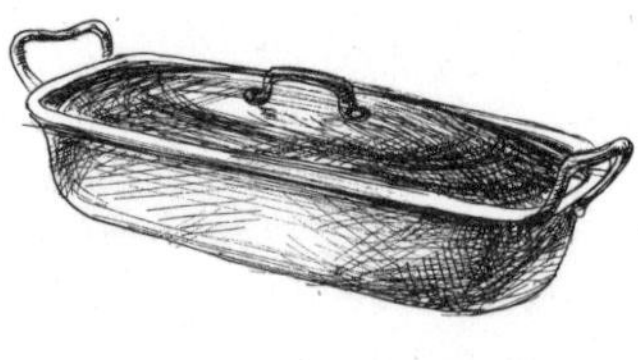

SOS casserole brûlée

Vous avez oublié votre casserole sur le feu ? Résultat : elle accroche et vous ne parvenez pas à la nettoyer correctement. Avant de vous résigner à la jeter, remettez-la sur le feu avec 3 verres de vinaigre blanc. Couvrez-la et portez le tout à ébullition pendant 5 minutes. Finalisez l'opération sauvetage à l'aide d'une éponge si besoin.

Entretenir le carrelage

Votre carrelage devient de plus en plus terne ? Vous avez beau le laver régulièrement, rien n'y fait. Essayez le vinaigre blanc ! Diluez-en 2 bouchons avec des paillettes de savon de Marseille dans un grand seau d'eau chaude. Lavez votre sol avec : coup d'éclat garanti.

Briquer l'argenterie

Vous recevez ce soir et souhaitez que votre présentation soit parfaite ? Donnez un coup d'éclat à votre belle argenterie avant que vos invités arrivent. Passez un coup de chiffon doux imbibé de vinaigre blanc dessus. Elle brillera ainsi de mille feux toute la nuit !

Éradiquer les fourmis

La campagne amène souvent son lot de petits nuisibles tels que les fourmis ! Elles envahissent vos plaintes et vos placards sans arrêt. Chassez-les à l'aide du vinaigre blanc. Vaporisez-en sur les surfaces où elles ont l'habitude d'aller et étalez une éponge imbibée de vinaigre blanc sur l'ensemble de la trajectoire des insectes.

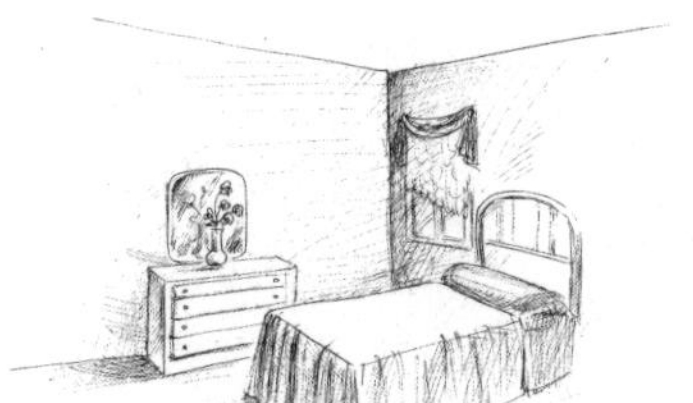

Désodoriser la literie

Les matelas sont des surfaces contraignantes à nettoyer. Ils s'imprègnent facilement des mauvaises odeurs qui sont difficiles à chasser. Sauf si vous connaissez le secret de Mamie : dans un vaporisateur, diluez du vinaigre blanc avec de l'eau et vaporisez votre literie avec.

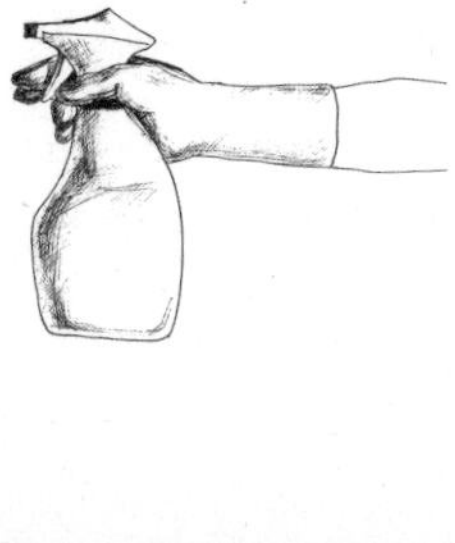

Un adoucisseur maison

Vous souhaitez faire une lessive en vitesse. Malheureusement, vous n'avez plus d'adoucissant sous la main ? Allez fouiner dans vos placards, vous y trouverez sûrement du vinaigre blanc. Mettez-en 2 bouchons dans votre machine à laver. Résultat garanti.

Détartrer un fer à repasser

Avec le temps, votre fer à repasser s'est entartré. Résultat : il accroche de plus en plus. Désencrassez-le avec du vinaigre blanc. Imbibez-en un coton et passez-le sur la semelle de votre précieux instrument. Il glissera à nouveau comme au premier jour.

Désinfecter sans eau de Javel

L'odeur de l'eau de Javel vous rebute ? Pourtant vous l'utilisez quand même pour désinfecter vos surfaces et tuer les microbes. Pour cause : vous ne connaissez que ce produit comme antibactérien. Remplacez-la par du vinaigre blanc, il est tout aussi efficace et presque sans odeur.

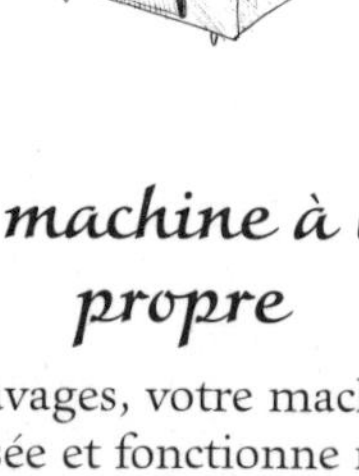

Une machine à laver propre

Au fil des lavages, votre machine à laver s'est encrassée et fonctionne moins bien. La cause : le calcaire ! Pour le chasser une bonne fois pour toutes, glissez un verre de vinaigre blanc dans votre machine et lancez-la à vide à 30°. Attention : le vinaigre blanc ne doit pas bouillir.

Détartrer une baignoire

Vous avez beau frotter, rien n'y fait : le tartre de votre baignoire refuse de partir. Ne vous fatiguez plus en vain, suivez plutôt l'astuce de Mamie, qui briquait le tout en un coup de chiffon. Dans une bassine d'eau bien chaude, diluez 5 cuillères à café de vinaigre blanc et nettoyez votre baignoire avec.

Nettoyer son wok

Versez dans votre wok sale et bien gras 2 cm d'eau et diluez-y 1 cuillère à soupe de bicarbonate de soude. Mettez à chauffer le récipient jusqu'à ébullition. Après refroidissement, vous arriverez sans difficulté aucune à retirer la pellicule collée au fond du wok. Lavez ensuite normalement et rincez.

Détacher l'argenterie

Redonnez un coup de neuf à votre argenterie tachée et ternie par le temps avec du vinaigre blanc. Versez-en 3 cuillères à café dans une bassine d'eau bien chaude. Laissez tremper vos ustensiles durant 15 minutes avant de rincer soigneusement à l'eau.

Entretien des meubles en plastique

Vous possédez des meubles en plastique ? Qu'ils soient blancs ou de couleur, ils ternissent inévitablement avec le temps et l'usure et se couvrent de traces indélébiles. Pas pour Mamie ! Elle les éliminait avec du bicarbonate de soude et ravivait ainsi la couleur de ses meubles. Diluez 2 cuillères à soupe de bicarbonate de soude dans 1 litre d'eau et frottez !

Brûleurs de cuisinière

Les brûleurs d'une cuisinière à gaz finissent le plus souvent teintés de noir. Préparez un mélange de bicarbonate de soude et d'eau, à parts égales. Une fois la solution bien remuée, imprégnez-en une éponge et frottez-les avec. Les traces noires devraient succomber. Rincez à l'eau claire et essuyez avec un chiffon sec.

Entretien des meubles en rotin ou en bois tissé

Les meubles en rotin ou en bois tissé sont un véritable casse-tête à nettoyer ! Un premier lavage au vinaigre blanc fera l'affaire ; mais pour plus d'efficacité et pour éliminer les traces persistantes, complétez-le avec un second lavage au bicarbonate de soude dilué. Mouillez le moins possible, rincez et essuyez au fur et à mesure.

Contre les mites

Le bicarbonate de soude ne pourra rien contre ces vilaines bêtes. En revanche, il viendra compléter l'effet de la naphtaline qui, elle, viendra à bout des mites. Se plaçant particulièrement dans vos placards, la naphtaline dégage une très forte odeur peu agréable. Accompagnez-la d'un peu de bicarbonate de soude qui va agir comme désodorisant.

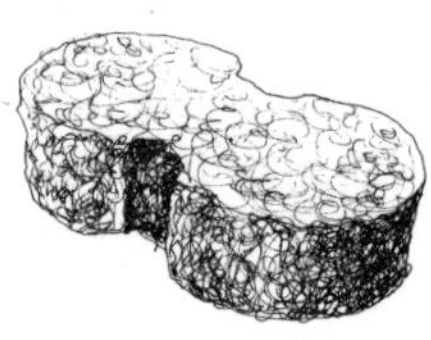

Entretien des meubles en bois moisis

Certains de vos meubles en bois présentent des moisissures naissantes ? Imbibez une éponge douce humide de vinaigre blanc, puis trempez-la dans du bicarbonate de soude. Frottez doucement le bois et passez l'éponge dans le sens des fibres. Rincez à l'eau claire et séchez dans l'instant pour éviter la prolifération des moisissures.

Nettoyer les meubles en bois plaqué

Pour nettoyer vos meubles en bois plaqué, assez fragiles, rien de tel que la douceur du bicarbonate de soude. Imprégnez une éponge douce, humidifiée, de bicarbonate et nettoyez les meubles avec. Attention, toujours dans le sens du bois pour éviter tout accident et décollement. Cela vaut aussi pour les meubles en bois massif.

Du bicarbonate périmé ?

Le bicarbonate de soude n'est pas une substance réutilisable à l'infini : une fois qu'il a servi, s'il a « absorbé » les saletés et les mauvaises odeurs, vous pouvez le jeter d'office. En revanche, pour savoir si votre bicarbonate est utilisable, faites cette expérience sur une pincée : versez dessus quelques gouttes de vinaigre blanc. Si le mélange fait des bulles, c'est qu'il est encore bon !

Tapis de douche

Avant de nettoyer votre tapis de douche, attendez qu'il soit bien sec. Ne le secouez pas, vous feriez voler toute la poussière. Passez l'aspirateur pour enlever le plus gros, puis saupoudrez-le de bicarbonate de soude. Brossez pour bien le faire pénétrer et laissez agir plusieurs heures. Il va absorber l'humidité et prévenir les moisissures.

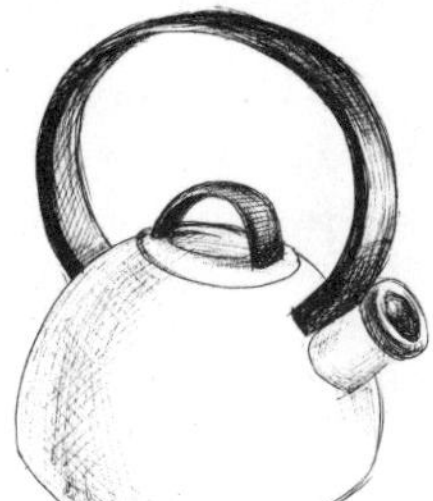

Une bouilloire propre

Nettoyer une bouilloire pleine de tartre et de saletés, facile avec Mamie. Mettez à bouillir un mélange d'eau et de vinaigre blanc à parts égales, dans lequel vous ajouterez 2 cuillères à café de bicarbonate de soude. Jetez ensuite ce liquide et rincez à l'eau claire, puis essuyez.

Nettoyer une gourde

Difficile de nettoyer correctement une gourde avec son ouverture étroite. De plus, elle dégage bien souvent une odeur de renfermé. Remplissez votre gourde d'eau et de 1 cuillère à soupe de bicarbonate de soude. Fermez, secouez fortement pendant 5 minutes. Laissez ensuite agir pendant 3 jours. Rincez : adieu mauvaises odeurs et saletés !

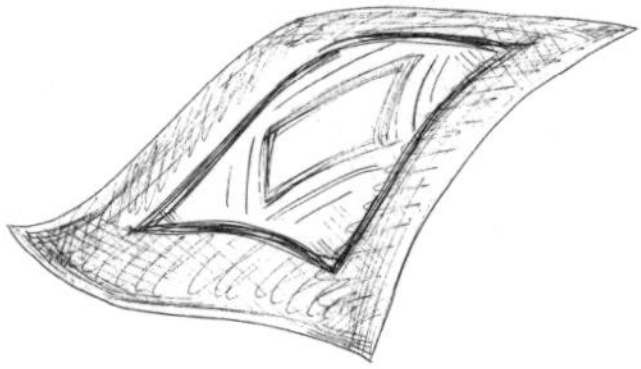

Un paillasson propre

Le paillasson de votre entrée se salit inévitablement bien rapidement… puisque vous essuyez vos chaussures dessus tous les jours. Attendez qu'il soit bien sec et saupoudrez-le de bicarbonate de soude. Laissez agir quelques heures puis passez l'aspirateur. Une bonne quantité de poussière et de saletés sera éliminée.

Entretien du fer à repasser

Pour prolonger la vie et assurer le bon fonctionnement de votre fer à repasser, vous devez le chouchouter. Remplissez le réservoir du fer avec une eau très légèrement bicarbonatée (à 2 % environ). Puis nettoyez la semelle avec un linge imbibé de vinaigre.

Planche à découper

Une planche à découper doit être nettoyée régulièrement : plus vous l'utilisez, plus vous y faites des microrayures… dans lesquelles se logent un paquet de microbes ! Pensez à bien la nettoyer avec un premier lavage au vinaigre blanc, puis un second avec une pâte à base d'eau et de bicarbonate de soude.

Nettoyer un vase

Difficile de nettoyer un vase, surtout lorsque son col est étroit : impossible de glisser sa main dedans. Versez-y 1 cuillère à café de bicarbonate de soude puis remplissez-le à moitié d'eau. Bouchez le vase si vous le pouvez puis secouez. Finissez de le remplir et laissez agir 24 heures. Le lendemain, rincez et laissez sécher.

Nettoyer les jouets de bébé

Il est important de conserver une hygiène irréprochable pour les tout-petits. Il faut nettoyer les jouets certes, mais pas avec n'importe quel produit ! Les détergents classiques peuvent être nocifs pour votre bébé. Utilisez le bicarbonate de soude pour éviter tout risque d'allergie ou d'intoxication. Sachez toutefois que le bicarbonate nettoie mais ne désinfecte pas.

Conservation du bicarbonate

Sachez-le, le bicarbonate n'est pas récupérable. Une fois qu'il a été utilisé, que ce soit pour nettoyer ou pour désodoriser, il perd toutes ses propriétés. Pensez à l'acheter en petites quantités : un paquet qui reste ouvert deviendra inutilisable au bout de 1 an. Ne l'oubliez donc pas au fond d'un placard et gardez-le toujours sous le coude !

Appareils ménagers de couleur

Même si le changement est plus flagrant sur les appareils ménagers blancs, qui jaunissent, ceux de couleur n'y échappent pas non plus. Avec le temps et l'usure, ils ternissent également. Nettoyez-les avec un linge humide trempé dans du bicarbonate de soude. Ce dernier ravivera leur couleur.

Des coussins propres

Vos enfants aiment se chamailler et utiliser les coussins de votre salon dans la bataille ! Mais vous ne lavez pas vos coussins tous les quatre matins et la poussière s'accumule. Pour les assainir, saupoudrez-les de bicarbonate de soude et faites-le pénétrer dans les fibres. Laissez agir quelques heures puis secouez-les à l'extérieur.

Aluminium et bicarbonate

Il est utile de rappeler que le bicarbonate de soude et l'aluminium ne font pas bon ménage. Le bicarbonate risque d'abîmer vos contenants en aluminium si vous les nettoyez avec, car il les décape un peu trop efficacement ! Surtout si l'aluminium ne possède pas de revêtement antiadhésif.

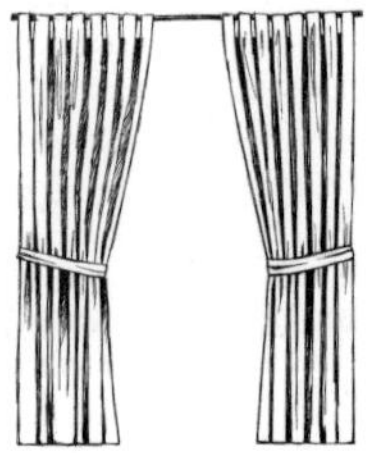

Rideaux et voilages ternis

Les rideaux et les voilages sont soumis aux aléas du temps : lorsque le soleil tape, il ternit les couleurs de ces derniers. Mamie avait la solution : elle les faisait tremper dans de l'eau bicarbonatée, à raison de 2 cuillères à soupe dans une grande bassine remplie d'eau. Et ce toute une journée. Rincez avec de l'eau froide : les couleurs seront ravivées.

Nettoyer son four

Utilisez le bicarbonate de soude comme détergent : diluez-en une bonne quantité dans de l'eau tiède pour obtenir une solution saturée et mettez-la dans un pulvérisateur. Pulvérisez l'ensemble de votre four avec ce produit et frottez bien. Le bicarbonate dissout les graisses. Laissez agir quelques heures. Rincez avec de l'eau citronnée, puis de l'eau claire et séchez.

Détacher un meuble verni

Les taches sur un meuble verni ne passent pas inaperçues : liquide, traces de crayon, de doigts… Nettoyez-les avec du bicarbonate de soude. Il va supprimer les taches sans rayer le verni. Saupoudrez-en directement sur la tache et frottez avec un linge humide. Rincez et séchez la surface avec un chiffon sec.

Assainir le sac de l'aspirateur

Lorsque vous passez l'aspirateur dans votre demeure, prenez cette bonne habitude : une fois par mois, aspirez 45 g de bicarbonate de soude (ou 3 cuillères à soupe). celui-ci va se mélanger à la poussière et assainir ainsi le sac de votre aspirateur : il va piéger les odeurs et stopper le développement des moisissures et des allergènes.

Étouffer un feu de cuisine

De l'huile qui se met à prendre feu, une casserole ou une poêle qui s'enflamme : on est jamais à l'abri d'un tel accident. C'est pourquoi il est bon d'avoir du bicarbonate de soude à portée de main : jetez-en à la base des flammes pour les éteindre. Bien entendu, cela ne dispense pas d'avoir un extincteur à la maison !

Des vitres éclatantes

Entre la poussière et les traces de doigts, vos vitres sont cracra ! Diluez 2 cuillères à soupe de bicarbonate de soude dans 1 litre d'eau. Imbibez un linge de cette solution et passez-le sur vos vitres. Le bicarbonate dégraisse et ôte la poussière sans rayer les vitres. Essuyez-les avec un chiffon non pelucheux.

Des joints toujours blancs

Les joints de votre salle de bains, et également ceux de l'évier, s'abîment et se salissent davantage avec l'humidité. Prenez-en soin grâce au bicarbonate de soude : diluez-en 1 cuillère à soupe dans 1 litre d'eau et frottez les joints avec une éponge imbibée de cette solution. Pour les traces persistantes, saupoudrez directement du bicarbonate dessus et brossez.

Nettoyer les carreaux de salle de bains

Le carrelage de votre salle de bains est tout sale ! Il est grand temps de mettre la main à la pâte (ou plutôt à l'éponge). Diluez 15 g de bicarbonate de soude dans 1 litre d'eau. Imbibez votre éponge avec ce mélange, puis frottez. Le bicarbonate dissout les graisses et désincruste les saletés sans rayer. Ne rincez pas, il empêchera le développement de moisissures. Laissez simplement sécher.

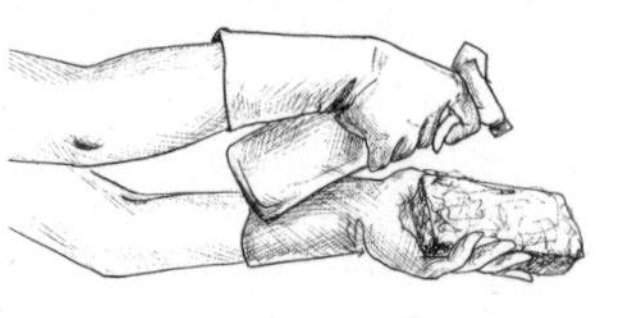

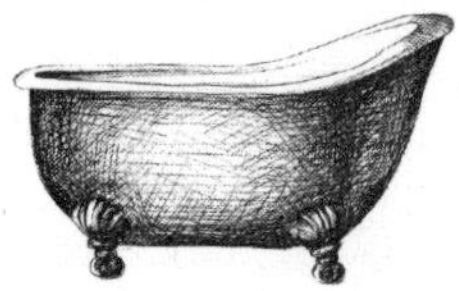

Nettoyer sa baignoire

Votre baignoire est forcément touchée par les traces de tartre, c'est inévitable ! Ce lieu de toilette doit être rigoureusement nettoyé pour y conserver une hygiène parfaite. Votre allié sera ici le bicarbonate de soude. Saupoudrez-en dans votre baignoire et frottez-la avec une éponge humide. Rincez, le tartre n'est plus.

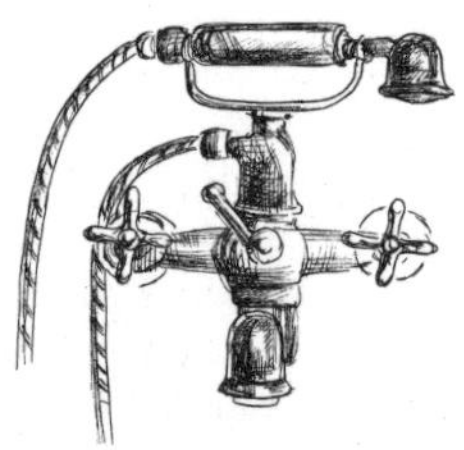

Détartrer la robinetterie

La robinetterie de votre évier, du lavabo ou de votre douche laisse à désirer. Elle est inévitablement ternie à cause du tartre. Pour raviver son éclat d'antan, c'est simple : trempez votre éponge humidifiée dans du bicarbonate de soude. Il ne vous reste plus qu'à frotter ! Rincez à l'eau claire et séchez avec un chiffon non pelucheux.

Contre le calcaire

Voici l'une des vertus du bicarbonate de soude : il lutte contre le calcaire et prévient sa formation. Utilisez-le dans votre lave-linge, votre lave-vaisselle ou pour nettoyer les traces, en particulier dans la salle de bains ou dans l'évier de la cuisine. Imbibez-en une éponge, frottez puis rincez à l'eau claire.

Une brosse à dents propre

Prenez cette bonne habitude qu'avaient nos aïeules : le soir, après vous être lavé les dents, faites tremper votre brosse à dents dans de l'eau bicarbonatée, à raison de 15 grammes (soit 1 cuillère à soupe) pour 50 centilitres d'eau tiède. Laissez-la dans cette solution toute la nuit. Le bicarbonate va dissoudre les résidus et les impuretés piégées dans la brosse à dents.

Un peigne toujours propre

Un peigne, avec l'usage quotidien que vous en faites, se salit bien vite. Pour le requinquer, faites-lui prendre un bain d'eau bicarbonatée. Diluez-en 1 cuillère à soupe dans 50 cl d'eau bien chaude. Laissez-le tremper toute la nuit. Les résidus, la poussière et le sébum laissés seront dissous par l'action du bicarbonate de soude. Rincez et séchez le lendemain.

Lave-vaisselle optimisé

Si vous possédez un lave-vaisselle, prenez la bonne habitude de diviser par deux la dose de détergent que vous utilisez, qu'il soit en poudre ou en tablettes. Remplacez cette moitié par 15 g de bicarbonate de soude. Ce dernier aide à dissoudre les graisses et lutte contre le calcaire. Il contribue en prime à l'entretien du lave-vaisselle. D'une pierre deux coups !

Plaques de cuisson étincelantes

Vos plaques de cuisson sont vite recouvertes de traces de brûlé difficiles à faire partir. Nos aïeules utilisaient le bicarbonate de soude pour en venir à bout. Faites comme elles : saupoudrez-les d'un peu de bicarbonate et frottez avec votre éponge humidifiée. Résultat garanti : les taches partiront aussitôt !

Plaques en vitrocéramique 1

Pour venir à bout des traces de brûlé sur vos plaques en vitrocéramique, rien de plus simple : humidifiez votre éponge et trempez-la dans du bicarbonate de soude. Frottez les marques en faisant de petits cercles avec le côté jaune de l'éponge, non abrasif, pour ne pas rayer les plaques. Ajoutez un peu de jus de citron pour plus d'efficacité.

Nettoyer son micro-ondes

Le micro-ondes, vous l'utilisez tous les jours, ou presque ! Il se salit bien vite et ce n'est pas chose aisée de le nettoyer. Rien de plus facile avec le bicarbonate de soude : humidifiez une éponge et saupoudrez-la de bicarbonate. Il ne vous reste plus qu'à frotter ! Rincez à l'eau claire. Les traces partiront facilement.

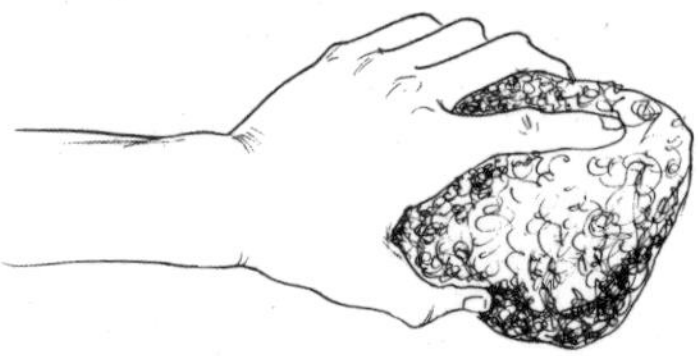

Plaques en vitrocéramique 2

Les plaques en vitrocéramique doivent être nettoyées avec précaution. Il ne faut surtout pas utiliser le côté abrasif vert de votre éponge. Arrosez-les de vinaigre et saupoudrez ensuite de bicarbonate de soude. Le mélange des deux produits est infaillible : les traces ne feront pas long feu. Rincez à l'eau claire.

Plaques en vitrocéramique 3

Le bicarbonate de soude est idéal pour nettoyer vos plaques en vitrocéramique : sa texture poudreuse a une action abrasive mais ne raye pas le verre. Mouillez les plaques et saupoudrez du bicarbonate. Laissez agir quelques heures puis décrocher avec une spatule en bois les couches de brûlé.

Contre les moisissures

Les pièces d'eau sont les plus touchées par les moisissures, comme les pièces peu aérées. Elles sont toxiques et peu esthétiques, mais le bicarbonate de soude va vous aider à les éliminer. Pour empêcher leur développement, frottez les marques de moisissure avec ce mélange : 6 cuillères à café de bicarbonate de soude dans 1 litre d'eau chaude.

Désodoriser le réfrigérateur

Votre réfrigérateur dégage des odeurs plus que nauséabondes ? Même après l'avoir lavé, elles restent gênantes. Placez donc 1 petite coupelle pleine de 6 cuillères à soupe de bicarbonate de soude près du ventilateur de votre appareil. Le bicarbonate piège et neutralise les odeurs. Remuez-le de temps à autre. Renouvelez la coupelle tous les 3 mois.

Contre les acariens

Il est difficile de faire face aux acariens. Microscopiques, ils produisent des déjections très irritantes pour les voies respiratoires. Pour éviter le développement de ces allergènes, utilisez le bicarbonate de soude. Saupoudrez-en sur le canapé, les fauteuils, la moquette… et brossez pour le faire pénétrer dans les fibres. Laissez agir 4 heures puis passez l'aspirateur.

Assainir l'air

L'air ambiant est rempli de toutes sortes de poussières et autres saletés polluant vos poumons ! C'est là que le bicarbonate de soude va intervenir. Il remplace aisément les produits d'entretien pour votre intérieur. Utilisez-le également à la place des désodorisants chimiques. Il limite aussi la propagation des moisissures. Faites-en bon usage !

Odeurs de renfermé

Vos placards, peu souvent aérés, ont tendance à sentir le renfermé. Il existe un moyen d'éviter ce phénomène : placez dans vos armoires et dans vos placards 1 petite coupelle remplie de 150 grammes de bicarbonate de soude. Ce dernier va absorber les odeurs. Remuez de temps en temps. Changez-la tous les 3 mois.

Assainir le lit

Le matelas et les oreillers sont de vrais nids à acariens et à moisissures. Que vous soyez allergiques ou non, assainissez votre espace de repos en le saupoudrant de bicarbonate de soude. Brossez pour le faire pénétrer dans les fibres. Laissez agir 6 heures puis passez l'aspirateur. À renouveler tous les 3 mois.

Accessoires de maquillage

Vous vous servez tous les jours de petits pinceaux et d'ustensiles de maquillage. Résultat, ils s'abîment et se salissent vite. Entretenez-les et nettoyez-les grâce au bicarbonate de soude. Mettez 50 centilitres d'eau bien chaude dans une bassine et versez-y 2 cuillères à soupe de bicarbonate de soude. Mettez-les à tremper toute 1 nuit. Le lendemain, rincez-les et séchez-les : ils sont comme neufs !

Des bigoudis propres

Vous avez de beaux cheveux bouclés ? Et ce grâce à vos précieux bigoudis ! Pour en prendre soin, faites tremper ces derniers toute 1 nuit dans ce mélange : 2 cuillères à soupe de bicarbonate de soude dans 50 centilitres d'eau chaude. Le lendemain, rincez bien le tout et essuyez-les soigneusement.

Repousser les fourmis

Les fourmis ont élu domicile dans votre cuisine et ne cessent d'aller et venir dans votre garde-manger. C'est là que le bicarbonate de soude va vous aider. Il suffit d'en placer une fine ligne à l'endroit où les ouvrières ont l'habitude de faire leur va-et-vient. Mettez-en aussi contre les plinthes et au pas de votre porte d'entrée. Elles ne s'aventureront plus chez vous !

Nettoyer sa brosse à ongles

Une brosse à ongles fait partie des ustensiles qui se salissent vite et qui sont assez embêtants à nettoyer. Pour ce faire, rien de tel que le bicarbonate de soude : Mélangez 2 cuillères à soupe de bicarbonate de soude à 50 centilitres d'eau bien chaude. Laissez tremper la brosse 1 nuit. Rincez le lendemain : votre brosse à ongles est toute propre.

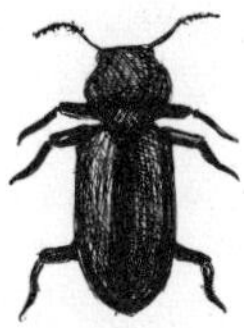

Repousser les cafards

Des cafards ont envahi votre demeure ? Même si ce n'est pas la petite bête qui va manger la grande, ce n'est pas vraiment agréable… Pas de panique : posez un peu de bicarbonate de soude aux endroits où vous avez l'habitude de les voir se balader. Ils vont en avaler et se déshydrater. Fini l'invasion des petites bêtes marron !

Nettoyer de l'argent

Vos bijoux en argent ne sont plus ce qu'ils étaient… Avec le temps et l'usure, l'argent ternit et se couvre d'une pellicule noire. Le bicarbonate arrive à la rescousse : faites tremper vos bijoux dans de l'eau chaude additionnée de 1 cuillère à soupe de bicarbonate de soude. Laissez agir puis rincez. Pour plus de brillance, frottez-les dans vos mains avec du bicarbonate humide.

Entretien de l'opale

Les bijoux incrustés de pierre d'opale ne peuvent être lavés avec de l'eau savonneuse ou de l'alcool. Pour les nettoyer, déposez-les sur du papier absorbant légèrement mouillé, puis frictionnez-les avec du bicarbonate de soude. Rincez ensuite avec 1 linge humide. Séchez-les immédiatement avec un second chiffon.

Entretien des éponges

Vos éponges synthétiques sont bien sales et toutes raplaplas ? Faites-leur prendre 1 bain de jus de citron et d'eau brûlante. Au bout de quelques heures, rincez. Ensuite, trempez-les encore, mais cette fois dans du bicarbonate de soude dilué dans de l'eau. Elles seront requinquées !

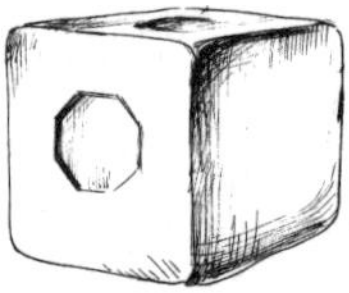

Nettoyer l'aluminium

Comment ôter cette pellicule graisseuse qui se fixe sur l'aluminium ? Avec ce mélange : 50 grammes de bicarbonate de soude, 10 centilitres de crème de tartre, 10 centilitres de vinaigre blanc et 2 cuillères à soupe de paillettes de savon de Marseille. Touillez bien et appliquez cette pâte sur un tampon en laine d'acier. Nettoyez l'aluminium avec. La mixture se conserve 1 an en bocal.

Nettoyer les clubs de golf

Vous maltraitez vos clubs de golf lorsque vous tapez avec force dans la balle ! Ils nécessitent d'être correctement entretenus, de plus ils sont rapidement sales. Nettoyez-les, le fer et le bois, avec 1 brosse humide que vous aurez trempé dans du bicarbonate de soude. Cela les requinquera !

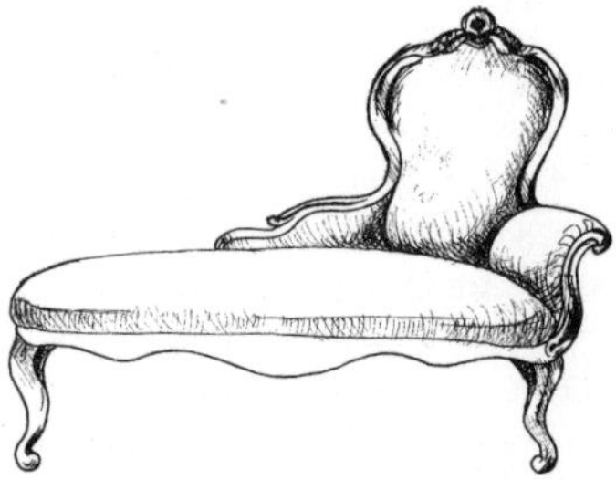

Rafraîchir son canapé

Votre canapé, ainsi que les fauteuils assortis, ont triste mine. La poussière, la luminosité, l'usure sont autant de facteurs qui ternissent leur couleur. Saupoudrez du bicarbonate de soude sur ces derniers pour les rafraîchir. Laissez agir quelques instants puis passez-y l'aspirateur. La magie a opéré !

Nettoyer son rideau de douche

Un rideau de douche se salit inévitablement, à cause de l'humidité. De la moisissure se crée et laisse des traces noires pas très esthétiques. Éliminez-les en lavant votre rideau à la machine en ajoutant 15 grammes de bicarbonate de soude à l'eau de lavage, directement dans le bac. Finissez en ajoutant 25 centilitres de vinaigre blanc au cycle de rinçage.

Gonfler un ballon

Vous organisez la fête d'anniversaire de votre petit frère et vous avez une multitude de ballons à gonfler pour la décoration. Vous avez mal aux joues ? Arrêtez de souffler : versez 1 cuillère à café de bicarbonate de soude et 5 centilitres de vinaigre dans votre ballon. Fermez-le et secouez : il se gonfle comme par magie !

Pâte à sel optimisée

Mélangez 1 verre de Maïzena, 2 verres de bicarbonate de soude et 1 verre d'eau dans une casserole. Mettez à chauffer à feu très doux jusqu'à ce que la pâte formée se décolle. Laissez tiédir et pétrissez. Laissez sécher à température ambiante. Votre pâte à sel est prête : elle est plus blanche et plus dure que la pâte à base de farine et elle supportera mieux l'humidité.

Blanchir un appareil ménager jauni

Les appareils ménagers de couleur blanche ont tendance à jaunir avec le temps. Pour les récupérer, mélangez 1/2 tasse de bicarbonate de soude et 1 tasse d'eau de Javel, le tout dans 5 tasses d'eau bien chaude. Frottez vos appareils avec cette solution et laissez agir 15 minutes. Faites un second lavage à l'eau savonneuse puis rincez : ils ont retrouvé leur éclat d'antan.

Traces de doigts sur la peinture

Pour vos murs, vous n'êtes pas vraiment adeptes du papier peint. Vous avez opté pour de la peinture bien blanche. Qui dit blanc dit sale plus facilement ! Certaines traces, de doigts notamment, peuvent vous donner du fil à retordre. Nettoyez-les avec de la pâte de bicarbonate de soude : diluez-en un peu dans de l'eau, trempez-en votre éponge et frottez !

Graffitis sur bois

Vos enfants aiment dessiner. Mais les coups de feutre et de crayon de couleur dépassent souvent sur votre belle table en bois qui en fait les frais. Avec le bicarbonate de soude, vous n'avez plus à vous inquiéter. Il suffit d'en imbiber 1 éponge mouillée pour venir à bout de ces graffitis.

Sol mélaminé

Votre sol est recouvert d'un revêtement stratifié mélaminé et se trouve maculé de traces difficiles à faire partir. La plupart sont dues aux marques noires laissées par les semelles de chaussures. Pour les faire partir, rien de plus simple : 1 éponge imbibée d'eau et de bicarbonate de soude. Frottez, rincez. Recommencez jusqu'à totale disparition des taches.

Taches sur de l'inox

Qu'il soit simplement terni ou taché, le remède est le même pour l'inox. Un peu de vinaigre blanc, un peu de bicarbonate de soude et un peu d'huile de coude. Brossez les marques avec ce mélange. Si elles persistent, après avoir laissé sécher, frottez directement avec 1 chiffon imprégné de bicarbonate.

Taches sur du marbre

Le marbre est assez résistant aux taches, mais il a tendance à ternir. Vous le raviverez en le frottant avec 1 chiffon imprégné d'eau bicarbonatée. S'il y a des taches, grattez-les au préalable si cela est possible. Vous en viendrez à bout avec 1 pâte de bicarbonate (du bicarbonate de soude et de l'eau).

Taches sur la faïence

Votre vase en faïence est tout sale ! Comment bien le nettoyer ? Réalisez 1 pâte à base de bicarbonate de soude que vous mélangerez à un peu d'eau chaude. Apposez un peu de cette pâte sur 1 linge doux et frottez les traces. Rincez et essuyez. Votre vase a retrouvé son éclat d'antan.

Taches sur la porcelaine

De vilaines traces noires ornent votre beau service en porcelaine, et elles sont coriaces ! Optez pour le bicarbonate de soude : mélangez-en un peu avec de l'eau bien chaude et imbibez 1 chiffon de cette pâte. Frottez les marques, rincez et essuyez : votre service est comme neuf !

Une bouteille isotherme propre

Une bouteille isotherme est souvent tachée de marques de café. Pour y remédier, remplissez-la au tiers de bicarbonate de soude et d'un peu d'eau froide. Agitez bien la bouteille : le résultat est surprenant. En revanche la bouteille nécessite plusieurs rinçages avant d'être réutilisée.

Taches sur du cuivre

Vos belles casseroles en cuivre sont tachées ? Voici la solution soufflée par nos aïeules : mélangez à parts égales du bicarbonate de soude et des cendres de bois en poussière (pensez à retirer les morceaux solides de charbon). Mouillez pour en faire une pâte et frottez les marques avec ce mélange, rincez et séchez.

Taches de brûlé à la cuisson

Le fond de votre casserole laisse à désirer ! Les taches noires de brûlé sont difficiles à faire partir. Versez dans la casserole 1 mélange de vinaigre blanc et de bicarbonate de soude. Laissez agir 1 instant, videz et grattez à l'aide d'une spatule en bois. Rincez, puis recommencez si elles persistent.

Taches sur un abat-jour

Votre abat-jour présente de vilaines auréoles ? Préparez 1 base en mélangeant du bicarbonate de soude et de l'eau à parts égales (rajoutez un peu de bicarbonate si la pâte est trop liquide) et appliquez-la sur les taches. Rincez avec 1 éponge humide. Attention, ne pas utiliser sur 1 matériau qui ne supporte pas l'eau, comme le papier ou la soie !

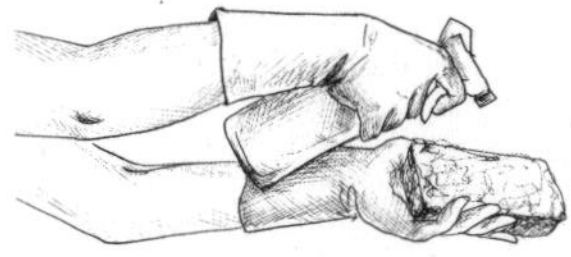

Taches de gras

Le citron, avec ses pouvoirs dégraissants, viendra à bout de toutes les taches de gras sur votre sol et sur diverses surfaces. Vous avez renversé de l'huile par terre ? Après avoir épongé le surplus, nettoyez la marque avec une éponge imbibée de jus de citron pur. Rincez et séchez avec un torchon propre.

Nettoyer une poêle antiadhésive

Vous n'arrivez pas à ravoir votre poêle ? Une fine pellicule de graisse y reste collée... Optez pour le citron additionné de bicarbonate de soude. Mélangez 2 cuillères à soupe de jus de citron et 1 de bicarbonate. Lavez votre poêle puis versez-y cette mixture, et frottez. Rincez à l'eau bien chaude.

Nettoyer les plaques électriques

Les plaques électriques se salissent inévitablement, avec les projections d'huile se dégageant de la poêle, lorsque vous cuisinez. Le citron vous aidera à leur redonner leur éclat d'antan. Versez du jus de citron sur votre éponge et nettoyez vos plaques. Rincez et séchez avec un chiffon non pelucheux.

Nettoyer l'inox

Votre évier en inox fait grise mine ! Mamie va vous aider à lui rendre son éclat. Lavez-le d'abord à l'eau savonneuse. Rincez et séchez. Passez ensuite dessus un chiffon propre, légèrement imbibé de jus de citron. Il dégraissera, désinfectera et éliminera les traces de calcaire. Regardez : votre évier brille à nouveau !

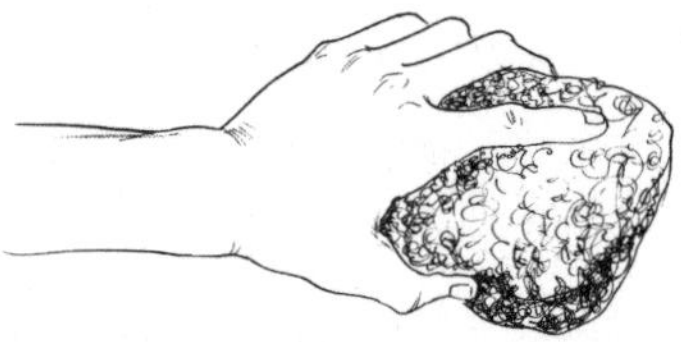

Nettoyer un rideau de douche

Les moisissures se développent facilement sur un rideau de douche. Vous devez le nettoyer régulièrement. Pour ce faire, mélangez 1 cuillère à soupe de sel avec 2 de jus de citron. Frottez les taches avec une éponge imprégnée de cette mixture. Laissez sécher le rideau, puis procédez à un lavage normal.

De l'encre magique

Épatez vos petits avec ce tour de magie. Trempez un coton-tige dans du jus de citron et servez-vous-en pour écrire sur une feuille blanche. Patientez un moment, le temps que la feuille sèche. Allumer une bougie et éteignez la lumière. Placez la feuille tout près de la bougie (sans la brûler !) : le message apparaîtra !

Fabriquer de la cire

N'achetez plus de cire pour traiter vos meubles : confectionnez-la vous-même ! Mélangez bien 12 cl de jus de citron et 25 cl d'huile d'olive. Appliquez-en un peu sur un chiffon et cirez vos meubles. Laissez sécher. Conservez dans un pot avec un couvercle. La cire se conserve 3 semaines au réfrigérateur.

Un broyeur d'ordures qui sent bon

Épluchez un citron et découpez les épluchures en morceaux. Mettez-les dans le broyeur. Versez un peu d'eau froide par-dessus. Cela devrait désodoriser votre broyeur d'ordures. Vous pouvez utiliser de vieux citrons, même un peu abîmés, mais ils ne doivent pas être moisis. Sinon, gare aux mauvaises odeurs !

Désodorisant pour le lave-vaisselle

Il arrive que des odeurs nauséabondes se dégagent de votre lave-vaisselle. Elles sont dues au mélange de saleté et d'humidité. Mamie savait comment y remédier. Rien de compliqué : il suffit de placer dans votre lave-vaisselle des épluchures de citron lorsqu'il ne fonctionne pas. Ainsi, il sentira bon le fruit !

Nettoyer une râpe à fromage

Une râpe à fromage, quelle invention merveilleuse ! Mais tellement compliquée lorsqu'il s'agit de la nettoyer… Grand-mère avait trouvé la solution : elle y passait un demi-citron avant de la laver. L'acidité du citron empêche le fromage de rester collé à la râpe. Il suffisait de la rincer, et le tour était joué !

Désodorisant pour le four

Vous avez cuisiné de délicieuses papillotes au four… Un régal. Seulement, votre four en a gardé tout le parfum. Une cuisine qui empeste le poisson, ce n'est pas des plus agréables ! Désodorisez-le en y faisant chauffer quelques épluchures de citron, pendant une dizaine de minutes. Lorsque votre four sera bien chaud, l'odeur de citron annihilera celle du poisson.

Désodorisant WC

Les toilettes ne sont pas le lieu le plus agréable, en ce qui concerne les odeurs. Vous désodoriserez la pièce en y plaçant une pierre poreuse sur laquelle vous aurez versé 3 gouttes d'huile essentielle de citron. Le parfum s'estompant au bout d'une semaine, renouvelez l'opération lorsque la pierre n'émet plus d'odeur.

Un plan de travail propre

Aujourd'hui, vous avez sorti votre tablier : pour l'anniversaire de votre filleul, vous êtes chargée de confectionner toutes les pâtisseries ! Vous voilà avec un plan de travail tellement sale que vous n'en distinguez même plus la couleur d'origine. Désodorisez-le, désinfectez-le et nettoyez-le en même temps. Comment ? Avec du jus de citron !

Désodorisant cuisine

C'en est fini des mauvaises odeurs dans la cuisine, grâce au citron ! Faites bouillir des épluchures de citron dans une casserole d'eau, pour que sa senteur se répande. Vous pouvez aussi en disposer dans un four encore chaud le temps qu'il refroidisse. Sa chaleur propagera également une bonne odeur de citron.

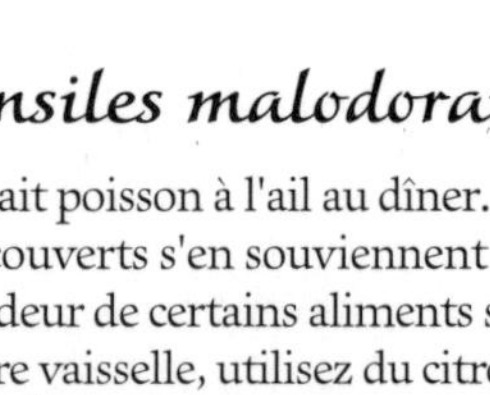

Ustensiles malodorants

Ce soir, c'était poisson à l'ail au dîner. Vos ustensiles et couverts s'en souviennent encore. Si la forte odeur de certains aliments s'imprègne sur votre vaisselle, utilisez du citron pour les nettoyer. À la place de l'éponge, employez un demi-citron et frottez-les avec. Cela les désodorisera par la même occasion.

Parfumer un humidificateur

Les humidificateurs, avec le temps, se mettent à dégager une odeur assez nauséabonde. Pensez à les parfumer avec du citron ! Remplissez-le d'eau à laquelle vous ajouterez 15 ml de citron. Si vous le nettoyez, pensez à laver ses parois avec un demi-citron et 2 cuillères à soupe de bicarbonate de soude.

Adieu, odeurs de cuisine.

Les odeurs de cuisine sont inévitables. Elles peuvent parfois être si fortes qu'elles dérangent grandement votre nez. En prévention, préparez cette solution : mélangez 1 cuillère à café d'huile essentielle de citron, une demi-cuillère de pamplemousse, demi-cuillère de bergamote et 25 gouttes de santal. Vaporisez ce mélange 15 minutes avant la cuisson.

Purifier l'atmosphère

L'huile essentielle de citron est tout indiquée pour assainir l'air ambiant de votre demeure. N'hésitez pas à en verser quelques gouttes dans un diffuseur, sur vos pots-pourris, dans une soucoupe que vous placerez au-dessus d'un radiateur voire même sur vos ampoules éteintes. Une fois allumées, elles répandront l'huile.

Nettoyer des boîtes en plastique

Les résidus de nourriture salissent les boîtes en plastique et y laissent même parfois leur odeur. Le citron va vous aider à les nettoyer et les désodoriser. Versez-y 1 cuillère à soupe de jus de citron et 1 cuillère à soupe de bicarbonate de soude. Frottez avec le côté abrasif de votre éponge. Puis remplissez-les d'eau et laissez agir une nuit. Rincez le lendemain.

Entretien des WC

Les toilettes doivent être régulièrement désinfectées pour y faire régner une hygiène irréprochable. Confectionnez un produit désinfectant en mélangeant 40 gouttes d'huile essentielle de citron, 40 de lemongrass et 40 de pin sylvestre. Ajoutez 1 cuillère à café de ce mélange et 2 cuillères à soupe d'eau-de-vie à 15 cl d'eau. Il ne vous reste plus qu'à verser cette préparation dans la cuvette.

Lave-vaisselle amélioré

Optimisez l'efficacité de votre lave-vaisselle ! Pour ce faire, rien de bien sorcier : il suffit de remplacer le liquide de rinçage par la même quantité de jus de citron. Ce dernier est un agent nettoyant qui combat le calcaire. Votre vaisselle n'en sera que plus éclatante !

Nettoyer les vitres

Confectionnez vous-même votre produit pour laver les vitres, plus efficace et moins onéreux qu'un produit industriel. Mélangez 90 cl d'eau et 10 cl d'alcool à brûler. Ajoutez-y 5 gouttes d'huile essentielle de citron. Versez le tout dans un vaporisateur. Votre nettoyant est prêt, vos vitres vont briller de mille feux !

Tache de café

Le café peut tacher votre blanche vaisselle. Si vous êtes las de frotter pour venir à bout de ces traces plus que coriaces, faites comme Mamie. Elle appliquait d'abord un peu de jaune d'œuf sur les taches puis elle y passait un demi-citron. Son coup d'éponge devenait aussitôt plus efficace !

Tache de thé

Vous êtes un grand consommateur de thé, et vos tasses finissent par être gravées à jamais de ces fâcheuses traces de tanin. Vous avez beau frotter, vous n'arrivez pas à les éliminer ? Déposez un peu de jaune d'œuf sur les taches, puis un peu de jus de citron. Utilisez le grattoir de votre éponge pour en venir à bout.

Entretien du parquet

Le parquet s'abîme et se tache facilement. Il doit être nettoyé régulièrement. Pour ce faire, additionnez 10 gouttes de jus de citron et 5 cl de paraffine, préalablement fondue, à 1 litre d'eau. Mélangez bien. Lustrez votre parquet avec un linge imbibé de cette préparation puis laissez sécher naturellement.

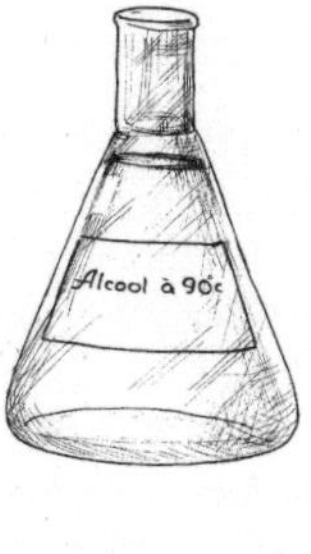

Entretien du rotin

Mamie savait prendre soin de ses meubles en rotin. Elle déposait d'abord des chiffons par terre, autour des meubles, pour ne pas salir le sol. Pour les nettoyer, elle versait dans 1 litre d'eau chaude 2 cuillères à soupe de jus de citron. Elle imbibait un torchon de ce mélange et en frottait le rotin.

Nettoyer son réfrigérateur

Le réfrigérateur doit faire l'objet d'une hygiène impeccable, puisqu'il contient la nourriture que vous mangez. Lieu préposé au développement de champignons, vous devez le désinfecter régulièrement pour ne pas que l'alimentation soit contaminée. Utilisez le citron : son jus éradiquera toute moisissure.

Entretien des mosaïques

Vous possédez des mosaïques dans votre appartement ? Qu'elles soient en pierre, en verre, en marbre, en émail ou en métal, optez pour le citron ! Il vous aidera à leur redonner tout leur éclat. Imprégnez votre éponge de jus de citron ou servez-vous d'un demi-citron directement pour nettoyer vos mosaïques.

Des vieilles pièces qui brillent

Vous collectionnez les vieilles pièces de monnaie ? Celles-ci font grise mine. Le citron va vous aider à donner une seconde vie à vos pièces ternies. Versez du jus de citron dans une petite coupelle et plongez-y les pièces une vingtaine de minutes. L'acidité du citron leur fera retrouver leur éclat d'antan.

Contre les moisissures

Le citron empêche la formation de champignons grâce à ses propriétés antifongiques et désinfectantes. Il vous aidera ainsi à lutter contre les moisissures. Servez-vous d'une éponge que vous aurez imbibée au préalable de jus de citron pour nettoyer les surfaces propices à leur développement.

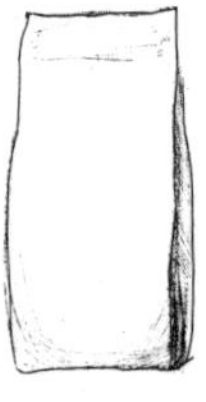

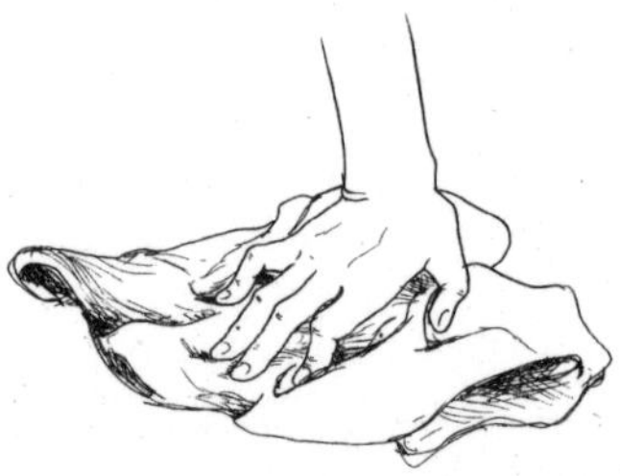

Parfumer armoires et penderies

Fabriquez un petit sachet parfumé pour vos armoires, penderies et tiroirs à vêtements. Si vous n'avez pas de sachet, prenez un mouchoir en tissu et versez-y 200 g de bicarbonate de soude et le zeste d'un citron. Nouez-le à l'aide d'un petit ruban. Il ne vous reste plus qu'à placer vos sachets odorants aux endroits où vous rangez votre linge.

Laver sa baignoire

Lavez sa baignoire n'est pas une partie de plaisir ! Récurer, frotter... Vous pouvez vous simplifier la tâche avec le citron ! Découpez-en un en rondelles. Salez-les. Utilisez ces dernières comme une éponge et nettoyez votre baignoire. Les traces de saleté et de calcaire ne feront pas long feu !

Parfumer un feu de cheminée

Conservez les épluchures des citrons que vous pressez. Coupez-les en gros morceaux et faites-les sécher sur du papier absorbant, sur un radiateur par exemple, ou dans un endroit sec. Il ne vous reste plus qu'à les ajouter au petit bois lorsque vous allumerez votre feu de cheminée. Il en sera ainsi parfumé !

Désodoriser les ustensiles de cuisine en bois

Vos ustensiles de cuisine en bois, cuillères, spatules et planches à découper, gardent une odeur qui laisse à désirer ? Le citron va vous aider à réparer ce petit désagrément. Frottez-les avec la pulpe d'un demi-citron, à l'aide d'une éponge. Ils seront ainsi nettoyés et désodorisés.

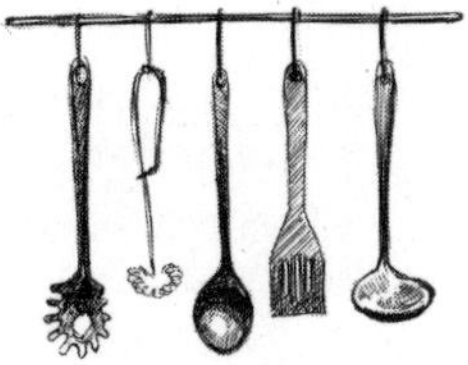

Nettoyer un lavabo

Un lavabo se salit bien vite : entre les taches de maquillage, de dentifrice, de crèmes diverses et de savon, sans parler de la poussière et du calcaire... Ayez toujours un citron sous la main ! Servez-vous d'un demi-citron sur lequel vous verserez un peu de sel fin comme d'une éponge, et votre lavabo brillera de mille feux.

Nettoyer le laiton

Vous possédez des bijoux en laiton, mais vous n'avez pas la moindre idée de la façon de les entretenir ! Concoctez une pâte avec du sel fin et un peu de chair de citron. Frottez vos bijoux avec la mixture obtenue. Si certaines traces sont coriaces, vous pouvez renforcer son pouvoir nettoyant avec un peu de bicarbonate de soude.

Contre les insectes volatiles

Assez des bestioles qui s'amusent à virevolter dans votre salon ! Et qui viennent vous enquiquiner dans votre chambre, la nuit ! Pour y remédier, coupez un citron en rondelles. Placez-en quelques-unes sur une ficelle que vous suspendrez au plafond. L'odeur les fera fuir !

Insecticide

Le citron est en soi un véritable insecticide naturel. Pour éviter tout intrus indésirable dans votre lieu à vivre, n'hésitez pas à déposer par-ci par-là quelques rondelles de citron ou à verser quelques gouttes de son jus. Son odeur et son acidité repousseront les insectes. Ils n'oseront plus mettre les pattes dans votre demeure !

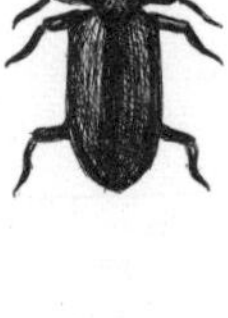

Touches de piano jaunies

Les touches en ivoire de votre beau piano ne sont plus ce qu'elles étaient... Redonnez-leur leur blancheur d'antan : additionnez de la sciure de bois et du jus de citron. Nettoyez les touches avec un linge doux imprégné de ce mélange. Laissez sécher et lustrez avec un chiffon de laine.

Nettoyant citronné

Le citron a des pouvoirs dégraissants et détartrants. Il désinfecte et laisse une odeur agréable. Réalisez un nettoyant multi-usages pour votre maison : dans 2 litres d'eau chaude, versez 20 cl de savon de Marseille liquide, 10 cl de jus de citron et 2 gouttes d'huile essentielle de citron. Résultat garanti !

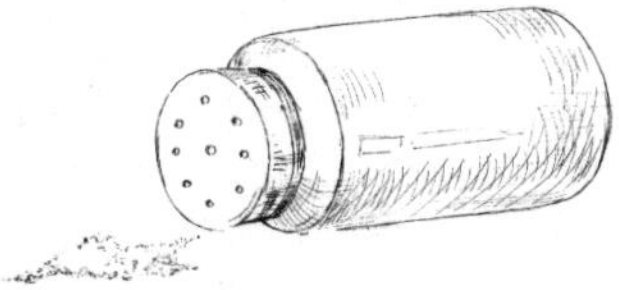

Liquide vaisselle maison

Confectionnez votre propre liquide vaisselle en suivant la recette de Grand-mère. Versez 10 cl de liquide vaisselle écologique, 1 cuillère à soupe de vinaigre blanc, 1 de bicarbonate de soude et 15 gouttes d'huile essentielle de citron, le tout dans un flacon de 50 cl. Complétez avec de l'eau. C'est prêt !

Entretien du marbre

Fini les taches sur votre beau plan de travail en marbre ! Il suffit de les frotter avec une éponge imbibée de jus de citron et de sel fin. Continuez en y passant un linge imprégné d'huile de lin. Rincez aussitôt : le citron pourrait blanchir le marbre s'il n'est pas immédiatement nettoyé.

Nettoyer son micro-ondes

Voici un moyen efficace et rapide de nettoyer son micro-ondes. Faites chauffer pendant 2 minutes une tasse d'eau dans laquelle vous aurez versé le jus d'un citron. La vapeur ainsi dégagée va désincruster la saleté. Vous n'aurez plus qu'à terminer le travail en passant un petit coup d'éponge. Votre micro-ondes sent bon !

Entretien du fer à repasser

Votre fer à repasser ne fonctionne plus très bien et a triste mine. Il est peut-être entartré. Nettoyez-le et détartrez-le avec du citron. Passez sur la semelle un demi-citron sur lequel vous aurez versé du sel fin. Rincez aussitôt avec une éponge et séchez avec un chiffon.

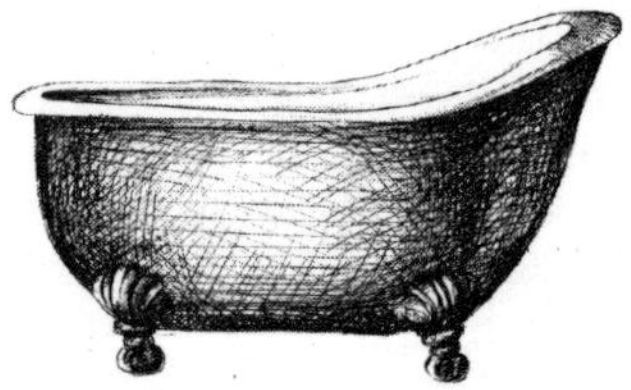

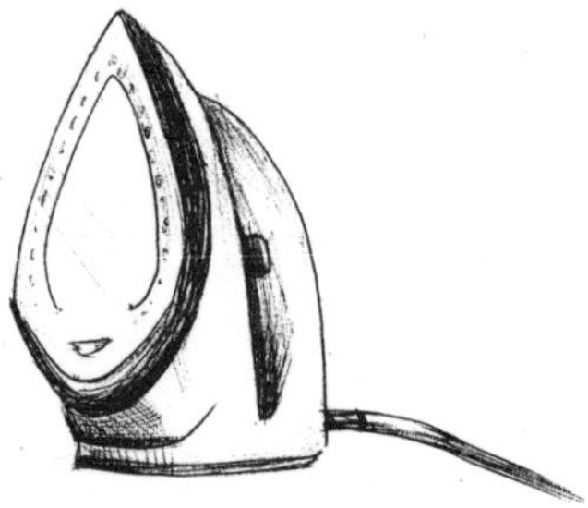

De l'émail comme neuf

L'émail de votre lavabo ou de votre baignoire commence à ternir et à jaunir ? N'attendez pas : après les avoir bien nettoyés, frottez-les avec une éponge imbibée de jus de citron (ou passez directement un demi-citron). Rincez à l'eau claire : ils auront retrouvé leur éclat d'antan.

Entretien des éponges

Les éponges sont de vrais nids à bactéries. Normal, puisqu'elles vous servent exclusivement à nettoyer votre intérieur. Pour les désinfecter et leur ôter ces odeurs nauséabondes, faites-leur prendre un bain d'eau citronnée. Et ce, pendant 24 heures. Le lendemain, elles ressortiront toutes propres !

Désinfectant

Créer un désinfectant multi-usages, facile avec Mamie ! Elle additionnait simplement les propriétés du citron et du sel. Elle imbibait son éponge du jus d'un citron et la saupoudrait ensuite de sel fin. Il ne lui restait plus qu'à frotter pour assainir l'ensemble des surfaces de sa demeure. Sans oublier de rincer abondamment !

Désinfecter l'air ambiant

Si certains membres de votre famille sont vulnérables aux allergènes, il est important d'assainir l'air de votre demeure. L'huile essentielle de citron a des propriétés germicides. Embaumez votre intérieur en en mettant un peu dans un diffuseur. Renouvelez tous les jours.

Une vaisselle qui brille

Avoir de la belle vaisselle qui brille, c'est toujours plus agréable pour composer une jolie table. Quel est l'ingrédient miracle qu'utilisaient nos grands-mères pour obtenir un tel résultat ? Le citron ! Il suffit de vous servir de son jus comme d'un nettoyant : frottez vos assiettes et vos couverts avec une éponge imbibée de jus de citron, résultat garanti !

Faire sécher du citron

Pour réaliser divers objets de décoration, nos grands-mères faisaient sécher des rondelles de citron. Comment procédaient-elles ? Après avoir finement découpé les citrons, elles laissaient les tranches sécher sur un radiateur ou au soleil pendant 4 à 5 jours. Si vous n'avez pas cette patience, passez-les au four durant 12 heures, à 90 °C (th. 3). Elles doivent être craquantes.

Guirlandes citronnées

Décorez votre intérieur avec du citron ! Réalisez de jolies guirlandes avec des rondelles de citron séchées. Transpercez-les d'un fil solide à l'aide d'une grosse aiguille et faites un nœud autour des deux extrémités afin qu'elles ne bougent pas. À mettre sur la table, sur le sapin de Noël, ou à accrocher dans la maison.

Pot-pourri

Confectionnez un joli pot-pourri citronné. Faites sécher des rondelles de citron, puis posez-les dans une petite coupelle. Accompagnez-les de fleurs et d'épices de votre choix, selon les couleurs que vous souhaitez mettre en avant, et le mariage de senteurs désiré. Versez dessus quelques gouttes d'huile essentielle de citron. Renouvelez quand l'odeur s'estompe.

Raviver du cuivre terni

Votre belle bassine en cuivre en a vu de toutes les sortes, des confitures. Entretenez-la et ravivez son éclat grâce au citron. Imbibez votre éponge de jus de citron pur, ou servez-vous d'un demi-citron directement pour la nettoyer. Essuyez-la ensuite avec un chiffon de laine pour lui rendre sa brillance d'antan.

Embaumer la maison

Vous souhaitez apporter une touche citronnée à votre demeure ? Faites d'une pierre, deux coups : prenez 5 citrons, plantez une dizaine de clous de girofle dans chacun d'eux. Amusez-vous à varier les motifs. Vous parfumerez votre intérieur tout en le décorant. Une activité à faire avec vos enfants !

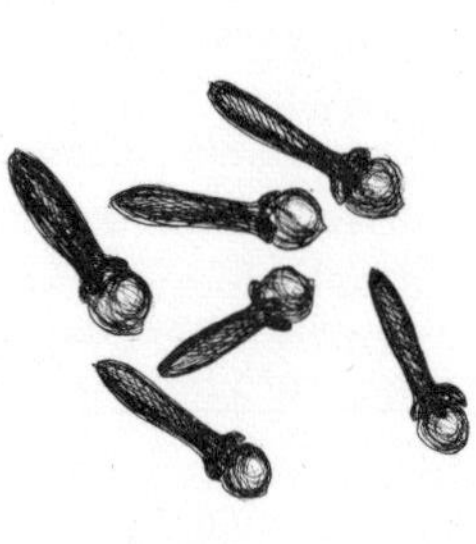

Nettoyer le cuivre

L'association citron et sel se montre très efficace pour nettoyer le cuivre. Si votre ensemble de casseroles est constellé de taches coriaces, vous arriverez à les éliminer en les couvrant de gros sel. Frottez-les ensuite avec un demi-citron. Rincez à l'eau claire et lustrez avec un chiffon doux.

Entretien du cuir

Pour préserver la beauté des vêtements, des objets ou du mobilier en cuir, nos aïeules utilisaient une mixture secrète. Elles mélangeaient un blanc d'œuf monté en neige avec le jus d'un citron. Elles se servaient de cette préparation pour nettoyer le cuir.

Des joints bien blancs

Difficile de récupérer les joints jaunis et noircis entre les carreaux de votre salle de bains. Mais rien n'est impossible pour Mamie ! Préparez une pâte à base de bicarbonate de soude et de jus de citron, à parts égales. Posez-la sur les joints et laissez agir plusieurs minutes. Frottez ensuite avec une vieille brosse à dents et rincez.

Du cirage trop sec

Cirer vos chaussures, ce n'est pas votre tasse de thé. Vous n'utilisez pas si souvent votre boîte de cirage : du coup, celui-ci est devenu tout sec. Ne le jetez pas pour autant, il est facile de le récupérer : il suffit de lui ajouter quelques gouttes de jus de citron bien chaud. Mélangez : le cirage est de nouveau utilisable.

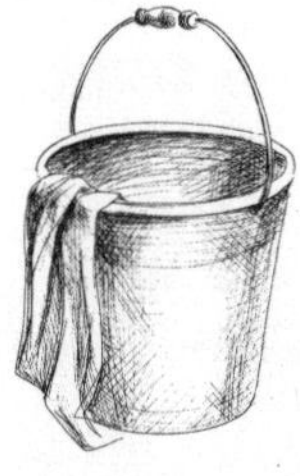

Un carrelage propre

Nos aïeules ne s'embêtaient pas avec des produits industriels et coûteux lorsqu'il s'agissait de nettoyer leur sol. Elles ajoutaient simplement du jus de citron et un peu de bicarbonate de soude à leur seau d'eau. Après avoir passé une serpillière imprégnée de ce mélange sur leur carrelage, il brillait de mille feux !

Nettoyer un chauffe-biberon

Vous avez beau nettoyer votre chauffe-biberon, il y reste des traces de calcaire. Comment les faire disparaître ? Avec une éponge imbibée de jus de citron. En un passage, les traces seront éliminées. Vous pouvez également utiliser directement un demi-citron. Rincez à l'eau claire et séchez aussitôt.

Fabriquer du cirage

Réalisez un cirage maison pour les chaussures à cuir foncé, avec des produits naturels. Additionnez 1 cuillère à soupe de jus de citron à 2 d'huile d'olive dans un petit contenant. Fermez-le et secouez énergiquement. Trempez un linge dans ce mélange et passez-le sur vos chaussures propres et sèches. Laissez agir quelques minutes et faites briller avec un second linge.

Détartrer une machine à laver

Ce week-end, c'est le grand ménage de printemps : rien n'échappera à votre chiffon ! Lorsque vous vous attaquerez à l'intérieur de votre machine à laver, pensez à ajouter du jus de citron sur votre éponge. Il enlèvera les traces de calcaire sur le tambour. De plus, il lui laissera une agréable odeur !

Détartrer la robinetterie

La robinetterie, que ce soit dans la cuisine ou dans la salle de bains, est sujette aux traces de calcaire. Grand-mère ne s'ennuyait pas à frotter de longues heures pour en venir à bout ! Elle passait tout simplement un demi-citron sur les marques puis rinçait à l'eau claire. Et sa robinetterie brillait de nouveau !

Tache de betterave

La betterave contient des pigments pouvant laisser des traces rouges sur les ustensiles en bois. Celles-ci se montrent difficiles à éliminer par un simple lavage. Mélangez donc du jus de citron et du sel fin dans un petit contenant. Appliquez cette préparation sur les taches et frottez jusqu'à disparition. Rincez à l'eau tiède.

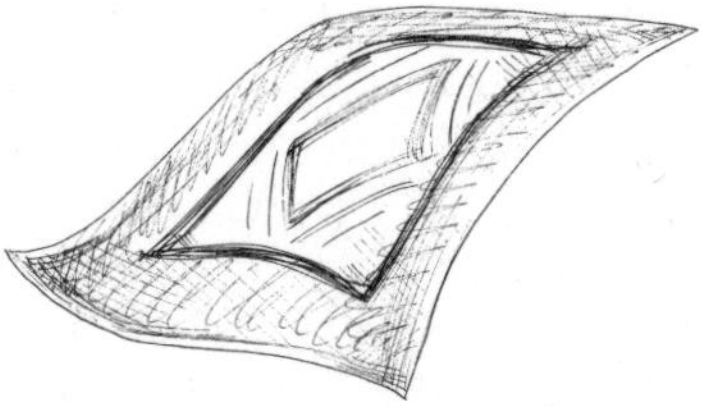

Entretien des tapis et moquettes

Pour désinfecter et nettoyer moquettes et tapis, pensez aux huiles essentielles. Mélangez, à 200 g de bicarbonate de soude, 4 ml d'huile essentielle de citron, 3 ml d'huile essentielle d'orange et 2 ml d'huile essentielle de patchouli. Laissez reposer 24 heures, puis saupoudrez cette solution sur vos moquettes et tapis. Laissez agir 15 minutes et passez l'aspirateur.

Nettoyer le bronze

Vous possédez des objets de décoration en bronze mais vous ne savez pas comment les entretenir ? Suivez les conseils de nos aïeules. Elles utilisaient les vertus du citron ! Nettoyez le bronze avec un chiffon imbibé de jus de citron pur. Rincez à l'eau tiède puis séchez avec un linge doux.

Entretien des bijoux en argent

Nos aïeules savaient prendre soin de leurs beaux bijoux en argent. Ces derniers se teintant de noir avec l'usage et le temps, elles pensaient à leur faire prendre un bain de jus de citron régulièrement. Puis elles les frottaient avec une vieille brosse à dents. Elles les rinçaient ensuite à l'eau chaude : ils étaient comme neufs !

Nettoyer l'argenterie

Les couverts et les plats en argent ont tendance à se ternir et à se teinter de taches noires avec le temps. N'allez pas changer votre argenterie pour autant : Mamie avait une solution très simple pour les faire briller de nouveau. Elle les faisait tremper dans du jus de citron pur. Puis elle les rinçait à l'eau chaude et les essuyait avec une peau de chamois.

Nettoyer l'acier

Vos couteaux en acier font grise mine ? Grand-mère savait comment leur redonner leur éclat d'antan. Il suffit de leur faire prendre un bain d'eau citronnée (à raison d'un volume de citron pour 5 volumes d'eau). Laissez agir quelques instants puis frottez-les avec de la laine d'acier. Rincez, séchez avec un chiffon doux.

Nettoyer l'aluminium

Faites d'une pierre, deux coups : nettoyez et ravivez l'éclat des bibelots et plats en aluminium grâce au citron. Il suffit de les frotter avec une éponge imbibée de citron. Pensez à ne pas utiliser le grattoir, qui pourrait rayer l'aluminium. Rincez à l'eau claire et séchez avec un linge doux.

Vaisselle fêlée

De petites fêlures sur votre assiette ? Vous ne pouvez pas vous permettre d'en acheter de nouvelles à chaque fois ! Grand-mère savait comment les masquer. Mélangez 50 cl de lait, 1 blanc d'œuf et le jus d'un citron. Faites bouillir le tout. Laissez refroidir un peu, puis plongez l'assiette dans la préparation : la fêlure s'en trouvera atténuée.

Vitres sans traces

Même des vitres propres peuvent paraître sales lorsqu'elles ne sont pas bien essuyées. Après avoir nettoyé vos vitres, et employé un chiffon pour les sécher grossièrement, terminez la séance en décrivant de grands cercles sur vos carreaux avec du papier journal roulé en boule. Il absorbera les restes d'humidité et laissera vos fenêtres vierges de toutes traces.

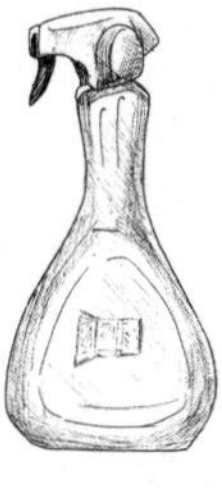

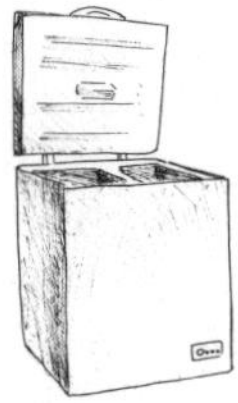

Vérifier le fonctionnement du congélateur

Pour vous assurer que le congélateur a bien fonctionné pendant vos vacances, déposez un glaçon dans une coupelle avant de partir. Si, à votre retour, le glaçon a disparu ou a considérablement réduit, plus de doute : vos aliments n'ont pas été bien conservés.

Vitres sans buée

Pour éviter la formation de buée sur vos vitres, frottez-les avec un linge sur lequel vous aurez fait couler deux gouttes de liquide vaisselle ou de glycérine. Cette astuce peut être utile aux automobilistes (rétroviseurs) et aux motards (visière du casque).

Utiliser le savon noir

N'encombrez plus vos chariots de produits ménagers. Si vous avez l'esprit écolo, adoptez le savon noir. Il s'achète en pâte ou liquide, et trouve son origine dans un mélange d'huile d'olive et de potasse. Dans sa version liquide, vous le diluerez sans peine à une bassine d'eau chaude pour nettoyer les sols, la cuisine, ou encore la salle de bains.

Teindre ses vêtements

On peut teinter ses vêtements avec des déchets végétaux : ces teintures sont un peu moins profondes que les teintures du commerce mais plus le tissu est clair, plus le changement de teinte sera visible. Le tissu doit être préparé. Pour cela, on le fait tremper une journée dans de l'eau additionnée d'alun, puis on le rince. Pour préparer la teinture, on fait bouillir la matière première dans une grande cocotte pleine d'eau jusqu'à obtenir une couleur profonde et on filtre. On plonge le vêtement dans le jus colorant, on laisse frémir sur le feu tout en remuant, pour que la couleur soit bien répartie. Plus le vêtement séjourne dans l'eau, plus sa couleur sera intense.

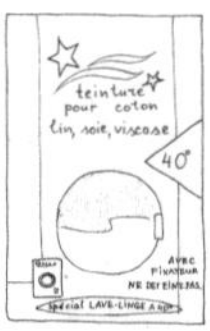

Tache de lessive

Lorsque les machines à laver prennent de l'âge, elles essorent ou rincent moins bien. Il peut donc arriver que des petites traces ou des petites boules blanches, qui sont des restes de poudre de lessive, se déposent sur vos vêtements. Si vous n'avez pas les moyens de changer de machine, le remède est simple : passez à la lessive liquide !

Tache de cire

Pour enlever de la cire de bougie qui a coulé sur un vêtement, il vous suffit de repasser la tache en glissant, entre le fer et votre habit, une feuille de papier.

Tache d'eau sur bois ciré

Vous avez renversé votre verre d'eau sur votre belle table basse en bois ciré ? Épongez rapidement les dégâts et laissez la tache sécher plusieurs heures. Pour l'éliminer, frottez-la avec un bouchon en liège propre, en décrivant de petits cercles.

Supprimer les bouloches

Voici deux méthodes pour éliminer les peluches. La première est douce : récupérez un vieux bas en nylon, enfilez-le sur votre main comme un gant et frottez le pull. La seconde est plus virile : munissez-vous d'un rasoir et « rasez » votre pull. Il est conseillé d'employer à cette fin un rasoir jetable (puisque celui-ci ne sera plus utilisable ensuite) de préférence déjà usé (la lame sera moins vigoureuse). Bien entendu, il faut garder la main légère.

Semelle de fer à repasser encrassée

Vous avez oublié votre fer à repasser sur votre petit débardeur et, catastrophe, le tissu a fondu et s'est collé à la semelle du fer. Vous ne pouvez malheureusement plus rien faire pour votre vêtement. En revanche, vous pouvez nettoyer la semelle du fer en la frottant avec un bouchon de liège trempé dans du sel fin.

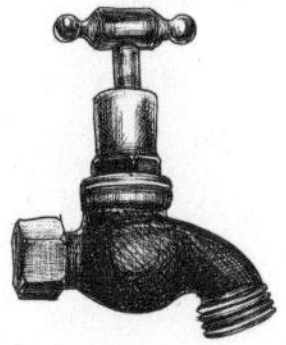

Robinetterie brillante

Pour redonner de l'éclat à une robinetterie un peu trop terne, frottez-la avec un peu de cendre de cigarettes.

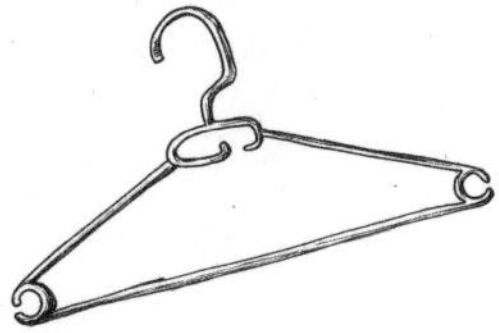

Rendre sa taille à un pull en laine

Pour étirer un pull en laine qui a légèrement rétréci en machine, plongez-le dans une bassine d'eau additionnée de shampooing. Ensuite, suspendez-le, alors qu'il est encore gorgé d'eau, sur un cintre. Pour l'étirer un peu, vous pouvez fixer un poids au bas du pull, mais il est important que ce poids agisse uniformément sur l'ensemble du vêtement pour ne pas le déformer. Pour redonner un aspect normal à un pull gondolé par un lavage inadéquat, vous pouvez également le faire tremper pendant une demi-heure dans une eau tiède additionnée de glycérine. Dans un cas comme dans l'autre, vous ne pouvez que réparer des dégâts mineurs : impossible de remettre à neuf un pull qui a perdu deux tailles !

Retrouver un objet de petite taille

Un petit objet s'est égaré sur la moquette du salon ? Avant de faire une crise de nerfs, empoignez votre aspirateur. Enlevez sa brosse et enfilez sur le manche un collant. Quand vous allumerez l'aspirateur, les petits objets viendront se coller sur le tissu. Attention, surtout si votre aspirateur est puissant, pensez à remonter le bas bien haut le long du manche et à le maintenir avec la main pendant toute la durée de l'aspiration.

Réparer une assiette en faïence

Une fêlure sur une assiette en faïence disparaît si vous plongez ladite assiette dans une casserole de lait que vous laissez bouillir trois quarts d'heure. Si l'aspect de l'assiette est restauré, celle-ci reste malgré tout fragile : mieux vaut désormais la réserver aux gâteaux secs ou à toute autre nourriture qui ne rendra pas l'assiette trop difficile à laver.

Réparer un marbre éraflé

Cette astuce ne vous permettra que de réparer les dégâts mineurs, éraflures ou fissures. Elle ne consolidera pas le matériau, mais aura pour but de lui rendre son esthétique d'origine. Il suffit de boucher la fissure avec de la cire de bougie fondue et de bien lisser.

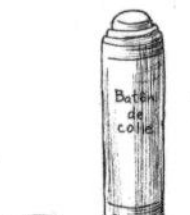

Réparer un collant filé

Ça n'est pas la panacée, mais vous prolongerez de quelques heures la vie de vos collants en passant, sur l'endroit abîmé, un peu de vernis incolore ou en vaporisant de la laque. Et si votre paire vous lâche en pleine journée, alors que vous êtes au travail, un stick de colle fera aussi très bien l'affaire.

Rendre bas et collants plus résistants

Vous rendrez vos collants plus solides si, avant de les porter pour la première fois, vous les trempez dans de l'eau froide additionnée de vinaigre. Ensuite, vous pouvez, au choix, soit les repasser en réglant le fer sur une température basse, soit les laisser séjourner un petit quart d'heure au congélateur.

Quand la machine à laver déborde

Si votre machine se met à déborder parce que vous avez mis trop de lessive, versez un demi-verre de vinaigre blanc dans la machine pour arrêter le débordement. Avant de réutiliser la machine, faites-la tourner une fois à vide.

Remplacer une craie pour la couture

Si vous aimez coudre, conservez les chutes de savon : elles peuvent encore servir. Une fois bien sèches, elles remplaceront vos crayons et craies de marquage pour le tissu.

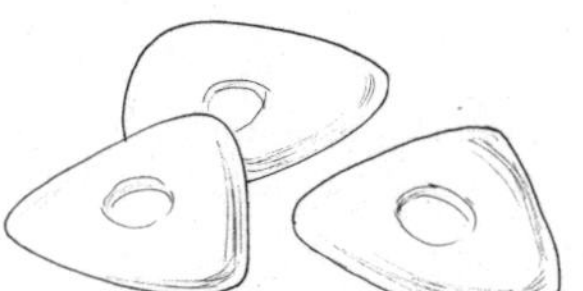

Pull qui gratte

La sensation de la laine qui frotte sur la peau est vraiment désagréable. Vous rendrez votre pull nettement moins agressif en lui faisant passer une nuit au congélateur. Pensez à le protéger dans un sac en papier.

Protéger sa gazinière

Lait bouilli, éclaboussures d'huile et de sauces... Votre gazinière en prend plein les brûleurs toute la semaine, et semble impossible à nettoyer le week-end. Pour limiter les dégâts, ôtez les grilles de protection et plaquez sur toute la surface de la gazinière une feuille d'aluminium. Percez des trous pour laisser passer les brûleurs. Il vous suffira de remplacer cette feuille chaque semaine. Vous pouvez employer cette même méthode pour protéger le bas de votre mur : prenez une plaque de contreplaqué mince et recouvrez-la d'aluminium.

Poubelle malodorante

Pour absorber les mauvaises odeurs qui se dégagent de votre poubelle, jetez au fond du bac un peu de litière pour chats (propre, bien sûr !).

Protéger les serrures du gel

Humidité, froid extrême : les deux ingrédients sont réunis pour favoriser un gel des serrures. En prévention, trempez vos clés dans de la glycérine. Jouez à fermer et ouvrir votre serrure avec la clé pour que la glycérine se glisse dans tous les interstices : votre serrure est à présent protégée.

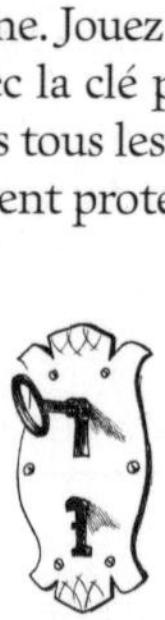

Porte qui frotte contre le sol

Prenez une feuille de papier de verre et fixez-la sur un carton épais. Glissez cet ensemble sous la porte, au niveau du gond. Déplacez doucement le carton vers l'autre bord de la porte pour trouver « l'endroit qui coince ». Une fois celui-ci localisé, ouvrez et fermez plusieurs fois la porte au-dessus du papier de verre. Autre méthode plus rapide : placez une personne de chaque côté de la porte pour tirer, chacun à son tour, sur le papier de verre. L'ensemble de la manœuvre doit se faire porte fermée.

Photos nettes

Dans un bol d'eau, ajoutez quelques gouttes de shampooing. Mélangez bien et humectez très légèrement un disque de coton avec cette solution (si vous pressez le disque, il doit y avoir suffisamment peu d'eau pour qu'aucune goutte de s'échappe). Cela vous permettra d'enlever les traces de doigts gras sur vos photos. Cette méthode ne vous servira à rien sur un tirage très ancien, qui peut être affecté par des décolorations ou des traces de moisissure. Seul un professionnel saura alors quoi faire.

Pâte à modeler maison

Un jour de pluie, deux enfants qui s'ennuient et rien pour les occuper ? Avec cinq ingrédients, vous pouvez fabriquer de la pâte à modeler maison. Commencez par diluer du colorant alimentaire dans un volume d'eau que vous verserez dans une casserole. Ajoutez un volume de farine, un demi-volume de sel de table, un demi-volume de Maïzena et deux cuillères à soupe d'huile. Chauffez doucement, tout en remuant, jusqu'à ce que la pâte devienne difficile à remuer.

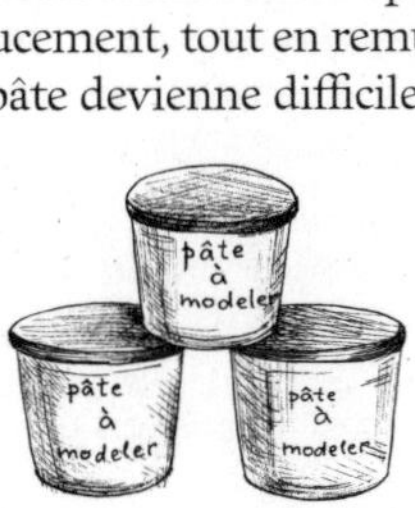

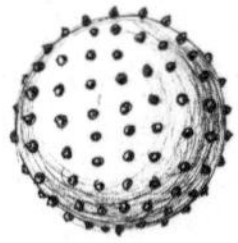

Parfumer la maison

Mieux qu'un parfum d'ambiance, et surtout beaucoup plus esthétique : vous pouvez parfumer votre intérieur avec quelques oranges dans lesquelles vous piquerez des clous de girofle. Amusez-vous à dessiner de belles formes avec vos clous de girofle (ellipses, spirales…).

Pour parfumer votre maison tout en passant l'aspirateur, choisissez une épice dont l'odeur vous paraît plaisante et aspirez-en une ou deux cuillères. À chaque fois que vous passerez l'aspirateur, il restituera l'odeur de votre épice préférée.

Ôter un carreau sans casser les autres

Pour remplacer un carreau cassé, il faut d'abord parvenir à déloger l'ancien sans endommager les carreaux qui l'entourent. Pour cela, il faut finir le travail, c'est-à-dire abîmer ledit carreau encore plus. Avec une perceuse, faites plusieurs trous dans le carreau. Dégager ces petits éclats vous demandera moins d'effort et moins de gestes brusques.

Grand-mère à l'attaque des petits bobos

Vos nouvelles chaussures vous ont fait une ampoule ? Le froid de l'hiver a gercé vos lèvres ? Faites comme nos grands-mères, soignez-vous sans recourir aux médicaments du pharmacien. Huiles essentielles, miel, ail et pommes de terre viendront à votre secours... Mamie vous explique comment faire !

Du thé vert pour la mémoire

La mémoire, ça se travaille ! Mais un petit coup de pouce naturel est quand même le bienvenu, n'est-ce pas ? Alors pour stimuler tout en douceur vos neurones, buvez deux à quatre tasses de thé vert par jour (à éviter chez les femmes enceintes). Vous limiterez ainsi les risques de développer des troubles de la mémoire.

Du houblon pour mieux dormir

Dans les pays nordiques, les anciens remplissaient les oreillers de houblon pour éviter les nuits agitées. Ils avaient bien raison, car aujourd'hui c'est prouvé, cette plante a des vertus apaisantes, notamment sur le sommeil. Vous pouvez aussi essayer en gélules, à raison de 1 par jour.

Se débarrasser d'un orgelet

Si vous voulez vous débarrasser d'un orgelet rapidement et sans complications inutiles, frottez tout simplement la zone avec 1 gousse d'ail cru épluchée. Répétez le nombre de fois nécessaire, jusqu'à disparition complète. Si l'orgelet gonfle ou devient très douloureux, n'hésitez pas à consulter.

Faire disparaître un orgelet

Un orgelet disgracieux vous déforme la paupière ? Voici un truc de Mamie qui se révèle gagnant à tous les coups : faites chauffer le manche d'une cuillère en bois (vérifiez au toucher que c'est suffisamment chaud sans être brûlant) et posez-le sur l'orgelet jusqu'à refroidissement complet.

Soulager l'herpès génital

Une poche de glaçons à appliquer sur les lésions pourra soulager brûlures et démangeaisons. Si vous avez également des brûlures à la miction, essayez d'uriner directement dans de l'eau (dans une bassine), vous aurez nettement moins mal. Dans tous les cas, prévoyez rapidement une consultation médicale pour traiter.

En finir avec l'herpès génital

Thé ou café ? Les deux. Nos grands-mères avaient plusieurs astuces pour combattre l'herpès génital ou tout du moins en diminuer ses effets. Au choix donc, en attendant une consultation, vous pouvez essayer les compresses de thé noir ou les compresses de marc de café à appliquer directement sur les lésions.

Soulager et accélérer la cicatrisation

Votre enfant a la varicelle ? Pas de panique. Bien qu'impressionnante et très gênante pour lui, la varicelle passe généralement en quelques jours. Pour le soulager et accélérer la cicatrisation des pustules, pensez aux flocons d'avoine. Vous pouvez baigner votre enfant dans un mélange eau et flocons d'avoine ou passer sur les boutons un gant de toilette mouillé et rempli de flocons d'avoine.

Varicelle et démangeaisons

Difficile d'expliquer à un bébé qu'il ne doit pas se gratter quand il a la varicelle. Après tout, se gratter est un réflexe inné ! Mais les boutons de varicelle risquent alors de laisser des marques ou de s'infecter. L'astuce de Mamie ? Lui mettre des moufles, tout simplement. Il ne risquera pas ainsi d'aggraver les lésions.

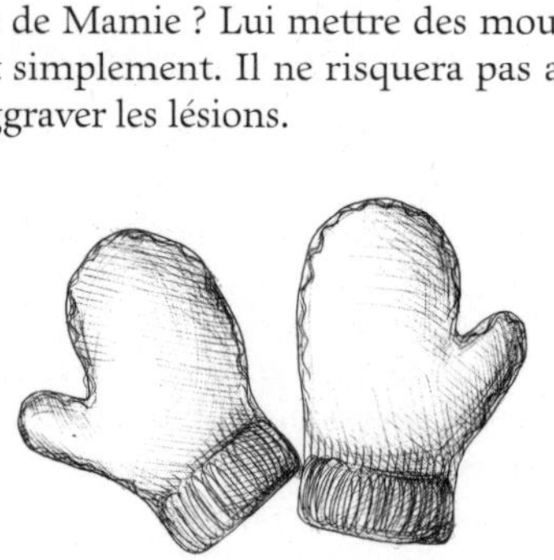

Halte à la varicelle

Tout le monde y passe normalement ! Maladie infantile par excellence, la varicelle est surtout redoutée pour les démangeaisons et les pustules qu'elle génère. Grand-mère affirme, elle, que pour guérir plus vite il y a une astuce toute simple : il faut entourer le malade de la couleur rouge ! Pourquoi pas !

La levure de bière contre le psoriasis

Vous vous battez contre un psoriasis depuis des années, sans grands résultats ? Vous en avez assez des crèmes à base de corticoïdes ? Voici une option plus naturelle qui était utilisée par nos grands-mères : la levure de bière. Un comprimé chaque jour en période de crise (attention, sur le long terme la levure de bière peut engendrer des désordres intestinaux).

Limiter le psoriasis

Vous l'aurez remarqué, si vous êtes atteint de psoriasis, votre état s'améliore toujours nettement quand vous êtes en vacances au bord de la mer. Grâce au soleil, mais pas seulement. Le sel de mer est aussi bienvenu. À la maison, prenez des bains de sel marin (4 cuillères à soupe dans l'eau bien chaude), à raison de 15 minutes chaque jour.

Des plaques d'eczéma suintantes

L'eczéma a la particularité de passer par plusieurs phases, les plaques démangent, puis suintent avant de s'assécher et de desquamer. Les démangeaisons sont toujours très vives quand les plaques suintent. Appliquez des compresses de tisane de camomille sur les plaques suintantes, vous serez soulagé.

Soulager et diminuer l'eczéma

Celles et ceux qui souffrent d'eczéma ont souvent essayé tout un tas de remèdes pour s'en débarrasser. Las, cette affection de la peau est particulièrement difficile à endiguer. En revanche, vous pourrez calmer les démangeaisons en vous octroyant un bain réconfortant (pas trop chaud) dans lequel vous aurez jeté plusieurs poignées de feuilles de noyer.

Contre la couperose

La couperose se caractérise par des rougeurs sur certaines parties du visage (nez, joues notamment) accompagnées souvent par de petits vaisseaux éclatés. Elle est difficile à traiter même avec les traitements modernes. Raison de plus pour essayer le céleri, légume chéri de Mamie pour éradiquer le problème. En compresses de soupe de céleri ou masque de céleri râpé.

Dermatite atopique

Les plus jeunes sont de plus en plus nombreux à développer une dermatite atopique. En cause notamment, les nombreux produits chimiques qui ont envahi nos produits ménagers. Retrouvez les gestes simples de nos grands-mères et lavez le linge avec du savon de Marseille en copeaux ou des noix de lavage ; et bannissez l'adoucissant.

Éliminer les dartres

Les dartres siègent généralement sur le visage, ce qui les rend encore plus difficilement acceptables pour celles et ceux qui en souffrent. Pour retrouver une peau de bébé, essayez les feuilles de potiron réduites en bouillie ou la pulpe de potiron. À laisser quelques minutes tièdes sur les lésions.

Contre les dartres

Vous êtes sensible aux dartres, ces plaques rougeâtres disgracieuses qui envahissent le visage ? Dès l'apparition des lésions, buvez une tasse de tisane de fumeterre pendant 8 jours (attention pas plus, car à trop forte dose ou sur le long terme, cette plante peut entraîner des anémies). Vous pouvez également tamponner les rougeurs avec une décoction de la même plante.

Crevasses et gerçures

L'hiver les mains trinquent. Écarts de températures, lavages de mains et grand froid expliquent ce phénomène même en cas de soins appropriés. Pour les cas extrêmes, faites confiance au traitement de choc prisé par les anciens : des compresses de graisse d'oie tiède à placer sur les zones les plus abîmées.

Des roses contre les ampoules

Vos pieds sont couverts d'ampoules ? Vous améliorerez nettement votre état avec ce bain de pied concocté spécialement pour vous par Grand-mère : une décoction de roses trémières. Faites bouillir les roses fraîches ou séchées 10 minutes dans l'eau puis faites infuser 10 autres minutes.

Fini le mal de dos

Mal de dos, mal du siècle, n'est-ce pas ? Charges trop lourdes, travail sur ordinateur, mauvaise literie, tout s'acharne pour que nous ayons mal au dos. Mais rassurez-vous, il existe un remède naturel et tout simple pour ne plus souffrir : l'oignon. Appliquez un cataplasme chaud d'oignons hachés et laissez poser au moins 15 minutes.

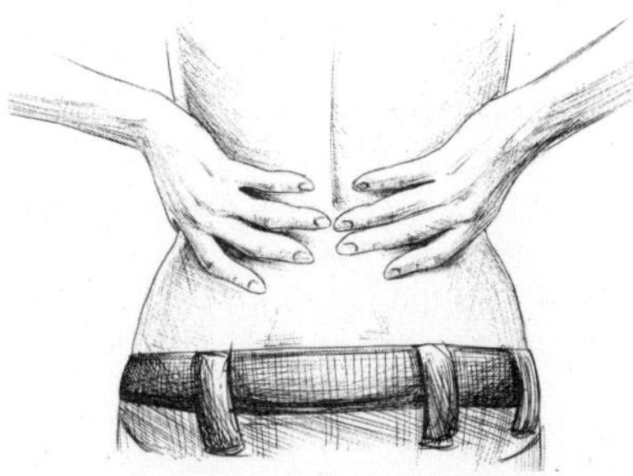

Sport sans courbatures

Faire un jogging ? Trois fois oui. Mais être incapable de marcher le lendemain pour cause de courbatures ? Trois fois non. Après la séance, prenez un bain dans lequel vous aurez dilué 2 cuillères à soupe de gros sel et 2 cuillères à soupe de chlorure de magnésium. Vous serez détendu et tchao les courbatures !

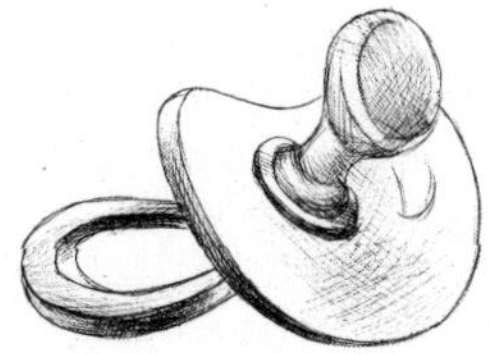

Contre le muguet

Certains bébés peuvent avoir le palais couvert de plaques blanchâtres, c'est ce qu'on appelle le muguet. Vous trouverez facilement de l'extrait de pamplemousse en magasin biologique. Mélangez-en 2 gouttes à un peu d'eau ou de jus de fruits et badigeonnez les plaques. Faites de même pour les tétines.

Faire tomber la fièvre

La fièvre est un phénomène normal en cas d'agression, c'est signe que l'organisme se défend. Pour autant, il n'est pas inutile de chercher à la faire descendre, pour se sentir mieux déjà, et pour éviter que la température monte trop. Asseyez-vous fesses nues dans une bassine d'eau très froide. C'est radical d'après Mamie.

Du poivre pour les dents

Si une carie s'est installée dans une molaire et l'a creusée à l'intérieur… vous le saurez fatalement quand la douleur sera vive. Pas d'autre chose à faire que de voir rapidement le dentiste. Mais en attendant, coupez un grain de poivre en deux et placez-le dans le trou, côté rond à l'intérieur, vous souffrirez moins.

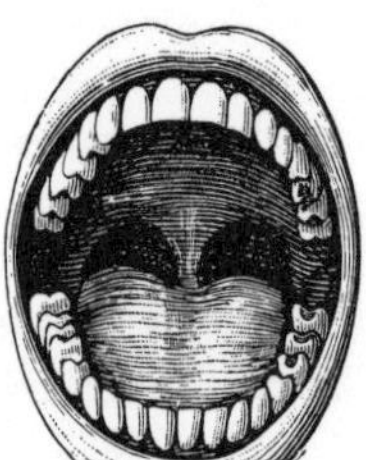

Contre le lumbago

Vous avez porté de lourds cartons. Ce qui devait arriver est arrivé, ce matin vous êtes cloué au lit avec un lumbago. Heureusement Grand-mère a dans sa besace un remède efficace : préparez une pâte avec de la farine d'avoine et de l'eau (4 cuillères de farine pour 50 cl d'eau) et faites chauffer. Appliquez chaud sur la zone douloureuse et laissez agir au moins 20 minutes.

Contre le hoquet de bébé

Votre nourrisson est agité par des soubresauts incontrôlables ? Il a le hoquet, très courant chez les tout-petits. Pas question de lui faire peur ou de lui faire boire un verre à l'envers, cela va de soi ! En revanche, déposez un peu de miel sur sa tétine. Votre bébé sera rapidement débarrassé de son hoquet bien dérangeant.

Éviter un pinçon

Vous vous êtes coincé le doigt dans une porte ? En plus de la douleur sur le moment, vous risquez de voir apparaître dans les heures ou les jours qui suivent un pinçon lui-même douloureux. Pour éviter le pinçon mais aussi soulager la douleur due au traumatisme, trempez immédiatement votre doigt dans de l'eau bien chaude, ce qui évitera la coagulation.

Faire mûrir un abcès dentaire

Si vous souffrez d'un abcès dentaire, vous n'avez pas d'autre choix que d'aller consulter en urgence votre dentiste, car la douleur peut rapidement devenir insupportable et s'accompagner d'une chique. En attendant, appliquez sur la dent douloureuse une demi-figue sèche que vous aurez fait chauffer dans du lait. Vous irez mieux.

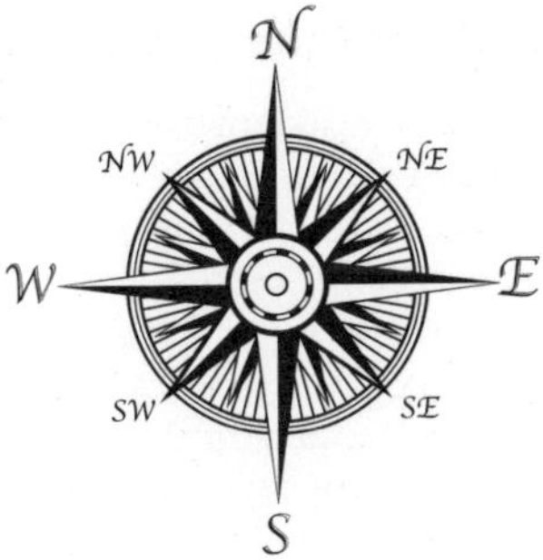

Bien dormir

Se sentir frais et dispos au réveil, voilà ce que vous aimeriez. Mais trop de choses peuvent venir perturber le sommeil et rendre la nuit peu réparatrice (réveils nocturnes, cauchemar et autres). Les anciens avaient une devise et une seule pour s'assurer de bonnes nuits : dormir la tête au nord. Alors, changez votre lit de place et bonne nuit !

Fini le mal des transports

La voiture et vous, cela fait deux ? Vous êtes barbouillé, mal à l'aise, nauséeux, le moindre trajet devient un véritable calvaire... Il existe bien des traitements chimiques, mais vous préférez les remèdes naturels et sans effets secondaires. Gardez en poche quelques bâtonnets de réglisse, en les mâchonnant vous limiterez le mal des transports.

Retirer des épines

Aïe, vous avez mis la main dans les cactus. Résultat, votre doigt est couvert de fines épines. À la pince à épiler, vous en avez pour la soirée assurément. Pour régler le problème en deux temps trois mouvements, faites couler un peu de cire tiède sur la zone. Une fois refroidie, vous n'aurez plus qu'à la retirer d'un coup et les épines viendront avec.

Une pomme pour rester en bonne santé

Une pomme pour rester en bonne « Une pomme par jour éloigne le médecin pour toujours » dit le dicton populaire. Une fois n'est pas coutume, ce dicton est plein de bon sens et de vérité. La consommation régulière de pommes a en effet des incidences directes sur le système cardio vasculaire, puisqu'elle abaisse le mauvais cholestérol. Alors, croquez !

Coupures et petites plaies

Une petite coupure, une plaie superficielle ? Rien de bien grave a priori. Mais plutôt que d'attendre que votre peau cicatrise d'elle-même, vous pouvez l'aider et accélérer la guérison. Pour cela il vous suffit de récupérer quelques feuilles de géranium. Écrasez-les et appliquez-les tout simplement sur la plaie.

Pamplemousse anti-déprime

Tous les ans à l'entrée de l'hiver, vous vous sentez moins bien, fatigué, sans entrain, plus sensible au surmenage, etc. Vous souffrez peut-être de déprime saisonnière, un problème courant finalement. Le pamplemousse peut être un bon recours : une 1 goutte d'huile essentielle dans le creux de chaque poignet, à respirer tout au long de la journée.

Contre les vomissements

Le saviez-vous ? Le cola était à l'origine un médicament, dont les vertus médicinales n'étaient pas imaginaires. Vous doutez ? Avalez un verre de cola (par petites gorgées) quand vous vous sentez l'estomac au bord des lèvres, c'est magique ou presque. Mais attention à le boire dégazéifié (en le remuant ou en le laissant ouvert).

Soulager vomissements et nausées

Nausées et vomissements peuvent avoir des causes très variées. Dans tous les cas, en même temps que l'on recherchera leurs origines, on pourra les soulager avec 2 gouttes d'alcool de menthe sur un sucre, que l'on peut prendre aussi en prévention avant le repas. À éviter en revanche si les nausées viennent de la grossesse.

Du bois pour le tonus sexuel

Incontournable aux Antilles, le bois bandé est encore utilisé aujourd'hui par des milliers d'hommes. Il faut dire que ce tonique passe pour l'un des stimulants sexuels les plus efficaces. Alors effet placebo ou réelle vertu, à vous de le dire ! Pour vous faire votre propre opinion, il vous suffit d'essayer.

Vitalité sexuelle retrouvée

Vos nuits ne sont pas à la hauteur de vos espérances ? Vous êtes à la recherche d'un petit coup de pouce ? Vous retrouverez une vitalité sexuelle au top en vous préparant ce petit stimulant qui a fait ses preuves chez nombre de personnes, aussi bien chez les hommes que chez les femmes : un mélange de jaune d'œuf et de miel (2 jaunes pour 1 cuillère à soupe de miel).

Épices et aromates aphrodisiaques

Depuis la nuit des temps ou presque, les hommes cherchent à performer sous la couette ! Plus souvent, plus longtemps, plus tout ce que vous voulez. Alors des aphrodisiaques, ils en ont déniché depuis le temps : moutarde, coriandre, noix de muscade, gingembre… À consommer sans aucune modération.

Des pieds au sec

Les pieds et les mains sont les deux parties du corps qui transpirent le plus, normal donc de ne pas toujours avoir les pieds au sec. Vous limiterez néanmoins cette transpiration excessive et désagréable en mettant quelques feuilles de sauge réduites en miettes dans le fond de vos chaussures.

Transpiration excessive

Si vous transpirez beaucoup des pieds et que cela vous gêne, essayez ce bain de pied. Grand-mère vous le garantit, vos pieds resteront au sec et sans odeurs. Laissez bouillir 20 minutes une belle poignée de feuilles de cyprès dans 1 litre d'eau, puis laissez tremper vos pieds 10 minutes par jour pendant 1 semaine.

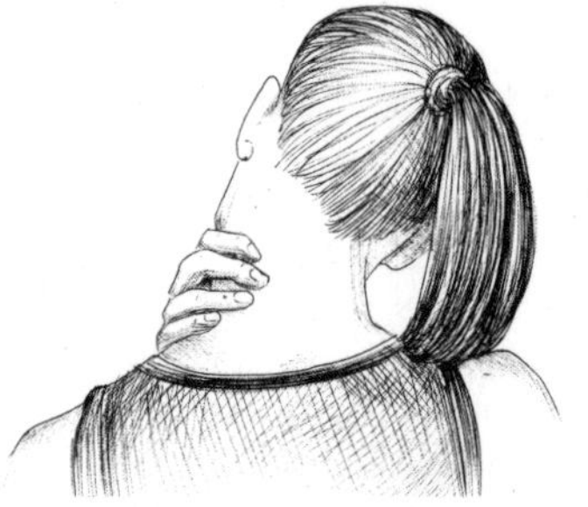

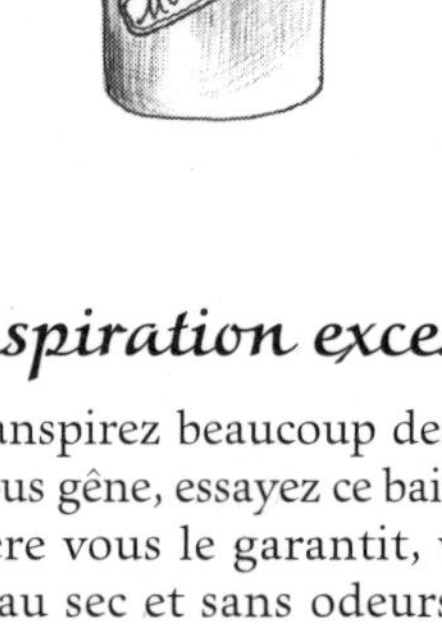

Massage anti-torticolis

Pour éliminer la contracture musculaire qui provoque le torticolis, la bonne idée est de masser longuement la zone endolorie. Pour booster l'effet du massage, préparez une mixture à base de fleurs de camomille hachées et d'huile (une huile de cuisine fait l'affaire). Vous pourrez l'utiliser chaude ou tiède.

Un glaçon pour arrêter les saignements du nez

Un coup ? Un traumatisme ? Un coup de soleil ? Une sinusite ? Un saignement de nez est si vite arrivé. Placez immédiatement un glaçon dans la nuque, le saignement s'arrêtera très rapidement. En revanche, en cas de saignements de nez répétitifs ou qui durent plus de 20 minutes, il est préférable de consulter.

Contre le torticolis

Il peut survenir à la suite d'un simple coup de froid, mais il est particulièrement pénible surtout quand on n'a rien sous la main pour calmer la douleur et la raideur. Rien ? Vous trouverez certainement une serviette de toilette ! Enroulez-la bien chaude (passez-la sous l'eau brûlante) autour de votre cou et recommencez si besoin.

Éliminer un torticolis

Il y a des matins où l'on préférerait rester couché, n'est-ce pas ? Notamment les matins où un méchant torticolis empêche tout mouvement. Pour soulager et redonner de la mobilité au cou, le chou n'a pas son pareil. Hachez-le et faites le cuire dans de l'eau. Égouttez et appliquez en cataplasme sur le cou et la nuque.

Contre la sinusite

Nez pris, maux de tête, vous connaissez ! La sinusite fait partie de votre vie. Pour soulager en cas de crise, Mamie avait une recette qui peut étonner, mais rudement efficace. Elle faisait revenir 1 ou 2 oignons ou émincés dans l'huile, puis elle mettait le tout dans un linge propre. Elle laissait poser sur les sinus pendant 30 minutes à 1 heure.

Soulager une sinusite

Les personnes sensibles à la sinusite ont souvent toutes les difficultés à trouver des traitements qui soulagent. Pourtant les remèdes les plus simples sont souvent les plus efficaces. Une inhalation au thym (quelques branches dans 1 litre d'eau) à respirer sous une serviette est en effet une excellente option.

Arrêter un nez qui saigne

Son nom savant, « épistaxis », est au moins autant impressionnant que le saignement de nez lui-même ! Pourtant, la grande majorité des saignements de nez sont bénins. Grand-mère ne s'en inquiétait pas trop non plus et pressait simplement la narine qui coulait en levant le bras du côté opposé. 5 minutes suffisaient !

Saignement de nez jugulé

Les saignements de nez bénins sont plus courants dans l'enfance, et disparaissent en général naturellement à la puberté. Pour limiter leurs survenues, nos aïeules avaient une technique peut-être surprenante mais qui fonctionnait : elles plaçaient une grosse clé maintenue par un fil autour du cou (côté dos) de leurs enfants.

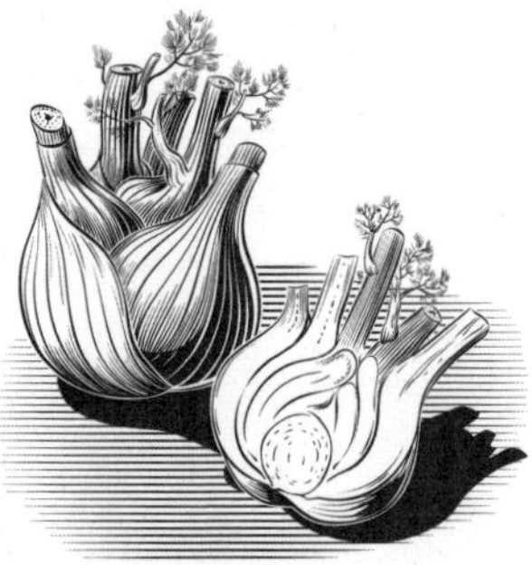

Calmer les règles douloureuses

Les règles douloureuses ? Malheureusement trop de femmes les subissent, en serrant les dents. Les antidouleurs ? Pas toujours envisageables sur le long terme. Vous voulez un remède plus doux et plus naturel ? Le fenouil est connu pour calmer les spasmes. Vous pouvez le consommer en tisane.

Oublier les règles douloureuses

Chez certaines femmes, la période des règles est un véritable cauchemar, elles sont pliées en deux par des douleurs très vives. C'est votre cas ? Vous apaiserez les contractions en posant sur votre ventre une serviette de toilette que vous aurez fait chauffer au four à micro-ondes. Restez allongée et faites réchauffer la serviette dès qu'elle est froide.

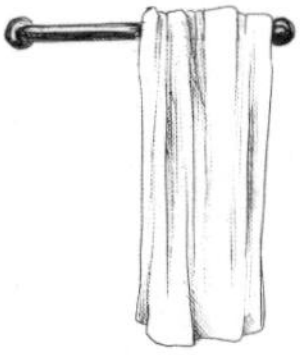

Réguler le flux menstruel

Des règles longues, ou courtes, peu abondantes, trop abondantes… le flux menstruel est toujours plein de surprise. D'autant que les contraceptifs peuvent encore un peu plus brouiller les cartes. Pour réguler tout cela, pensez à la tisane de coriandre. Faites infuser 1 cuillère à soupe de graines dans 50 cl d'eau, filtrez et buvez une à deux tasses par jour le temps des règles.

Diminuer le flux des règles

L'angélique, une plante très courante qui pousse partout en France, peut être une vraie aubaine pour celles qui sont gênées par un flux trop abondant pendant les règles. Préparez une décoction avec 1 cuillère à soupe de graines d'angélique que vous ferez bouillir dans 1 litre d'eau puis laissez infuser pendant 10 minutes. À boire pendant les règles.

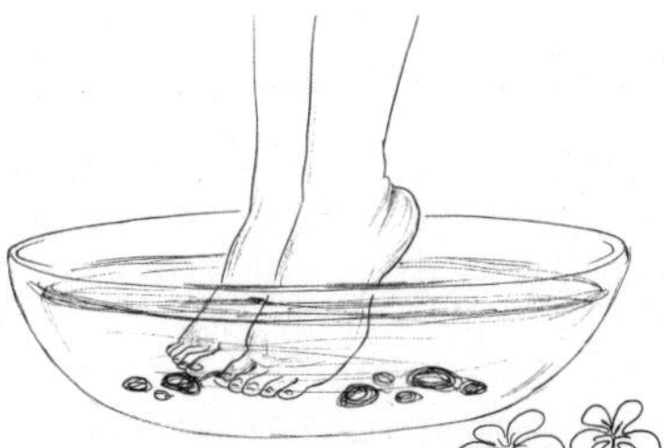

Stop aux règles abondantes

Les règles sont rarement un moment de plaisir pour les femmes. Mais si en plus elles sont abondantes, là, c'est carrément la bérézina. Un truc pour rendre les flux moins abondants ? Il vaut ce qu'il vaut, mais après tout autant essayer : tremper les pieds dans une bassine d'eau glacée tous les soirs pendant les règles.

Faire partir un point de côté

On ne sait pas trop à quoi est dû le point de côté (même si on suspecte le pancréas), mais une chose est sûre, quand il survient, c'en est fini ou presque du jogging. Dès les premiers signes, attrapez un caillou sur le bord de la route et serrez-le le plus possible du côté de la douleur. Respirez lentement.

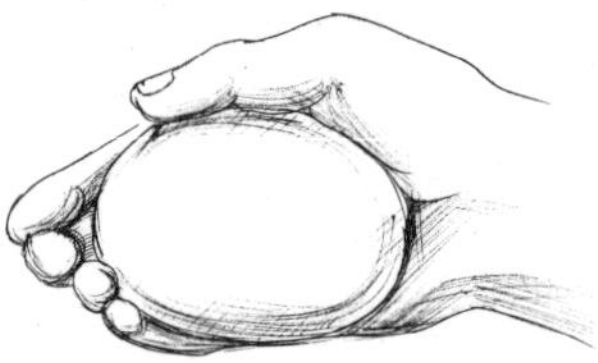

Accélérer la cicatrisation

Malheur, votre petit dernier, un intrépide, a fait une chute de vélo et ses genoux sont en piteux état. Une feuille de chou que vous aurez au préalable bien battue avec un rouleau à pâtisserie peut faire des miracles et stopper rapido tout saignement. Après lavage à l'eau et au savon, maintenez la feuille de chou sur la plaie jusqu'à coagulation.

Aider à la cicatrisation

Pour les plaies peu étendues ou les petites coupures bénignes, faites confiance aux remèdes des anciens, ils vous éviteront des allers et retours inutiles à la pharmacie. Le sel de mer notamment est connu et utilisé depuis des siècles pour accélérer la cicatrisation. Évidemment, si la plaie est suspecte, un avis médical est préférable.

Contre les piqûres d'orties

Nos grands-mères savaient parfaitement cueillir des orties sans se piquer, en les prenant par-dessous, dans le sens des « épines ». Vous avez bien essayé d'en faire autant, mais cela n'a pas fonctionné, vos mains sont couvertes de plaques. Vous soulagerez rapidement brûlures et démangeaisons en frottant avec de l'oseille fraîche.

Des démangeaisons dues aux orties

Les orties sont connues pour avoir de nombreuses vertus santé. Mais elles sont aussi connues pour provoquer une urticaire franchement désagréable. Vous avez mis la main où il ne fallait pas ? Pas de panique, vous devriez trouver aux alentours des orties du plantain, une herbe qui pousse généralement à proximité. En friction sur les zones touchées.

Soulager les démangeaisons

Une fois installé, le champignon responsable du pied d'athlète est bien difficile à déloger, d'autant qu'il est contagieux (on l'attrape un peu partout). En attendant d'en venir à bout, le mieux est de tout faire pour limiter les démangeaisons rapidement insupportables. La fleur de Calendula est très efficace. Faites infuser les fleurs séchées dans une casserole puis utilisez en bain de pied.

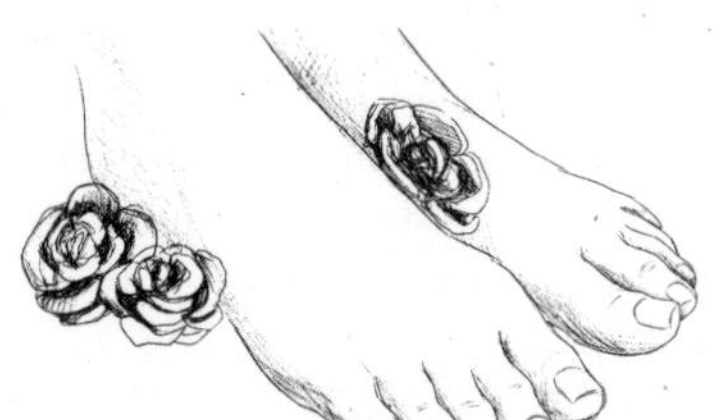

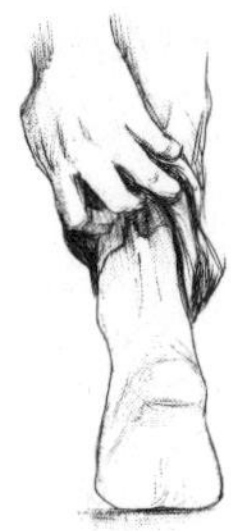

En finir avec le pied d'athlète

Le pied d'athlète adore les terrains humides et chauds ! C'est là que le champignon se niche et se développe. Alors, avant d'avoir recours à des traitements de choc, retrouvez les gestes anciens qui permettent de prévenir la venue de cette mycose. Prenez soin notamment de bien essuyer l'interstice entre les orteils après la douche et, si vous transpirez des pieds, pensez au talc.

Contre le pied d'athlète

Le pied d'athlète vous connaissez ? Une mycose qui se loge entre les orteils et qui démange atrocement. Pour en venir à bout, essayez l'ail qui a des vertus fongicides : faites bouillir 3 ou 4 gousses entières et pelées puis plongez vos petons dans ce bain de pied. À renouveler tous les jours pendant 2 semaines.

Perte d'appétit

Vous n'êtes pourtant pas du genre à picorer d'habitude, mais là rien de passe. Période de stress, convalescence, soucis variés, les causes peuvent être différentes, mais le résultat est le même : vous n'avez plus d'appétit. Vite, Grand-mère dégaine son produit miracle : la gentiane. Une plante qui se consomme sous forme de vin de gentiane (avec modération) ou en infusion.

Contre l'écoulement nasal

Aujourd'hui encore, les sprays que vous trouvez en magasin pour nettoyer le nez ne sont rien d'autre que de l'eau iodée, autrement dit de l'eau et du sel de mer. Mamie savait déjà, elle, que c'était la recette idéale pour le nez puisqu'elle nettoyait le sien avec une eau salée (faites bouillir un volume d'eau avec une poignée de gros sel puis filtrez). Plus économique !

Stopper le nez qui coule

Une rhinite vous empoisonne l'existence ? Ce nez qui coule sans arrêt perturbe vos relations aux autres. Misez sur la menthe, comme le faisaient nos aïeux, c'est très efficace. Vous pouvez l'inhaler en infusion ou tout simplement mettre 2 gouttes d'alcool de menthe sous chaque narine.

Dégonfler un coquard

Généralement impressionnants, les coquards n'en sont pas pour autant nécessairement graves. Si l'œil n'est pas atteint, l'hématome et le gonflement s'estomperont au bout de quelques jours. Mais pour accélérer le processus, rien ne vaut un beau steak frais, à garder au moins 1 heure, juste après le coup, sur l'œil fermé.

Fini le nez pris

Vous avez le nez pris ? Si vous arrivez à vous en accommoder le jour, la nuit, c'est une autre histoire. Impossible de dormir en respirant par la bouche sans vous réveiller régulièrement, la gorge complètement asséchée qui plus est. Émincez un oignon et laissez-le dans une coupelle sur votre table de nuit. Le résultat est bluffant.

Dégager le nez

Quand le rhume s'installe, c'est surtout pénible… la nuit. Car qui dit « rhume » dit « nez bouché » et donc « nuit agitée ». Pour dégager le nez et dormir comme un loir, fabriquez une décoction de feuilles d'eucalyptus (5/6 feuilles à faire bouillir dans 25 cl d'eau) et placez-en une petite tasse sur le radiateur de la chambre.

Le gingembre contre les nausées

Les femmes enceintes le savent bien, les nausées peuvent littéralement gâcher un trimestre (voire plus) de la grossesse. Certaines en souffrent seulement le matin, d'autres tout au long de la journée, certaines vomissent, d'autres pas. À essayer dans tous les cas : le gingembre, sous toutes ses formes (confit, en tisane, en jus).

Soulager la migraine

Soulager la migraine c'est bien. Se gaver d'antidouleurs, c'est beaucoup moins bien. Si rien ne vous soulage ou ne vous tente dans la pharmacopée traditionnelle, peut-être que Grand-mère aurait une bonne astuce pour vous ? Bien sûr. Maintenez une casserole en cuivre 10 bonnes minutes sur le front.

Contre le mal de tête

Trop de travail, trop de cris, fatigue et stress peuvent provoquer des maux de tête. Si à la fin de la journée, vous n'en pouvez plus, détendez-vous le temps d'un cataplasme d'argile que vous laisserez poser une bonne trentaine de minutes sur votre front. Si possible, au calme et dans l'obscurité.

Contre le mal de mer

Le bateau et vous, cela fait deux ? Tout le monde ne peut pas avoir le pied marin, cela dit. Mais pour éviter que la croisière se transforme en cauchemar, les anciens avaient un truc qui soulageait pas mal : le pamplemousse. Buvez ainsi de l'eau additionnée de pamplemousse pressé, par petites gorgées et tout au long du trajet.

Calmer le mal de mer

Quand ça tangue, que l'horizon est en mouvement constant, que le sol n'assure aucune stabilité… On a souvent l'estomac au bord des lèvres. C'est normal. Une question d'oreille interne et d'équilibre malmené en bateau. Ce n'est pas une raison pour rester le ventre vide, mangez plutôt une banane, par petites bouchées, vous vous sentirez mieux.

Mal de gorge

Le mal de gorge vous connaissez, vous êtes touché dès que vous mettez le nez dehors ! Et si pour une fois, au lieu des quantités de pastilles que vous avalez sans grands résultats, vous faisiez confiance à Mamie. Quand elle avait la gorge irritée, elle se préparait une boisson à base de lait, de miel et d'ail haché qu'elle laissait macérer au moins 24 heures.

Mal aux oreilles

Votre enfant se plaint d'avoir mal à une oreille ? Prenez rendez-vous chez le médecin sans tarder, c'est peut-être une otite qui peut demander une prise en charge médicamenteuse. Mais en attendant, vous le soulagerez en plaçant une serviette chaude ou une bouillotte (enveloppée dans un linge fin) sur la zone douloureuse.

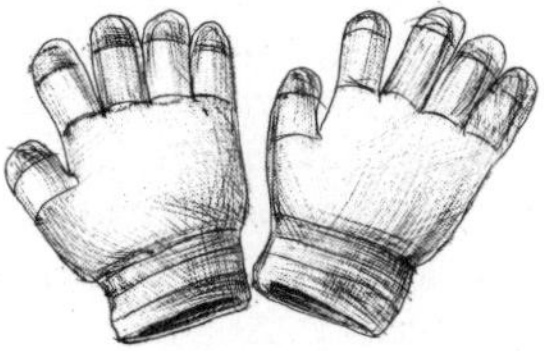

Stop aux mains gercées !

Le froid ou les lavages répétés abîment les mains. Rêches, sèches, elles peuvent même finir par se crevasser si vous n'en prenez pas le plus grand soin. Enduisez-les de crème matin et soir et portez des gants dès qu'il fait froid. Cela ne suffit pas ? Dégainez l'incontournable produit des fermes anciennes, la graisse à traire, en couche fine sur les mains le soir.

Soulager le mal aux oreilles

Une otite ? C'est une prise en charge rapide et obligatoire, surtout chez les plus jeunes (les plus touchés) car les otites à répétition peuvent avoir des conséquences sur l'audition. Néanmoins et avant la consultation, vous soulagerez le mal d'oreille avec 1 petite cuillère d'huile chaude à garder dans l'oreille toute la nuit, maintenue par un coton.

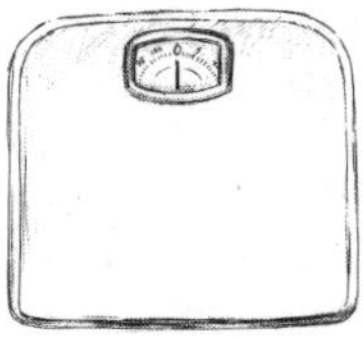

Aide-minceur

Vous avez un peu abusé ces derniers temps et la balance penche dangereusement du mauvais côté ? Vite une tisane pour faire disparaître rapidement ces excès encombrants. Voici une recette qui devrait vous réconcilier avec votre balance : pissenlit, menthe et baies de genièvre (à parts égales) à faire doucement infuser puis à filtrer.

Lutter contre les kilos

Un ingrédient efficace pour limiter la prise de poids et faire disparaître les kilos en trop ? Désolé, ce n'est pas le chocolat. En revanche, le jus de bouleau fait le bonheur de toutes celles (et ceux) qui surveillent leur ligne. Vous en trouverez très facilement aujourd'hui en parapharmacie.

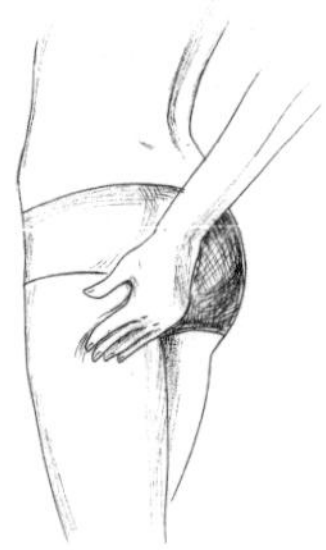

La cannelle pour stimuler le désir

Fatigue, baisse de moral, soucis, ou bien même problème physique, pas toujours évident d'être au top sur le plan sexuel. Car le désir est fragile et il ne faut finalement pas grand-chose pour qu'il s'estompe. Vous voulez booster un peu votre vie intime ? Mangez de la cannelle ! À râper sur les plats, en pâtisserie, ou en tisane, c'est au choix.

Une tisane pour la libido

Votre libido est raplapla ? Pas de panique, Grand-mère connaît une plante ou deux qui paraît-il font des merveilles pour revigorer le désir. En tête d'affiche, l'anis et le fenouil, ses préférées. Pour mettre du piment dans vos nuits, préparez-vous des tisanes bien corsées (faites infuser les graines au moins 20 minutes puis filtrez) que vous pourrez adoucir avec un peu de miel.

Anti-lèvres gercées

Vos lèvres ont tendance à sécher mais vous êtes du genre coquet, pas question de sortir sans une bouche bien maquillée ! Si vous ne voulez pas vous retrouver rapidement avec de vilaines gerçures, pensez à passer un peu de lanoline (ou de baume pour les lèvres gercées) sur vos lèvres avant d'appliquer le rouge.

Du beurre pour les lèvres

Vous avez les lèvres gercées et rien sous la main pour vous soulager ? Filez dans la cuisine, c'est là que se trouve le baume anti-gerçure le plus économique et naturel : le beurre. Tartinez généreusement vos lèvres abîmées avec du beurre ramolli, laissez poser toute la nuit, et le matin vous aurez retrouvé des lèvres pulpeuses à souhait.

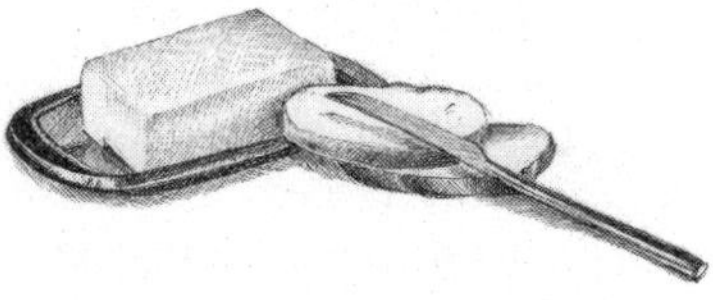

Améliorer la circulation sanguine

Si vous avez souvent des fourmillements, que vous souffriez régulièrement du phénomène de jambes lourdes, c'est que très certainement, vous avez un problème de retour veineux, ou de circulation sanguine. Pour améliorer la circulation sanguine dans les membres inférieurs, prenez l'habitude de dormir toujours les pieds surélevés.

Venir à bout d'un hoquet tenace

Vous avez bloqué votre respiration. Quelqu'un a pris un malin plaisir à vous faire peur. Vous avez bu un grand verre d'eau d'un trait. Mais rien à faire, un hoquet est en train de vous gâcher votre repas. Stop. Essayez ce truc imparable d'après Mamie : mettez un peu de sel au fond de votre gorge. Et voilà, disparu le hoquet !

Halte au hoquet

Le hoquet c'est pénible ! Et souvent difficile à enrayer. Il existe pourtant des dizaines de trucs et astuces pour en venir à bout. Autant en essayer un maximum quand le hoquet fait de la résistance. Par exemple, buvez un grand verre d'eau tout en maintenant un glaçon sur votre front. Il est passé ?

Des jambes légères

Il a fait chaud, vous avez piétiné, et voilà ! Vos mollets sont durs et douloureux au toucher, vos jambes ressemblent à des poteaux. Il est urgent de les soulager et de retrouver des gambettes de danseuse ! Offrez-vous un bain de pied froid dans lequel vous aurez au préalable fait infuser des feuilles de lierre.

Soulager les hémorroïdes

Le miel est connu pour ses vertus décongestionnantes et cicatrisantes. Voilà qui en fait un allié de choix en cas d'hémorroïdes (sauf si elles sont sanguinolentes). Pour un meilleur résultat ? Tournez-vous vers le miel de romarin que vous appliquerez en couches généreuses et rincerez après quelques heures.

Du poireau contre les hémorroïdes

Des hémorroïdes vous font régulièrement souffrir et aucun traitement ne vous satisfait ? Revoyez le contenu de votre alimentation car la constipation favorise le problème. En parallèle, préparez un jus de poireau (faites bouillir des poireaux puis filtrez pour ne garder que le jus) avec lequel vous tamponnerez délicatement les hémorroïdes.

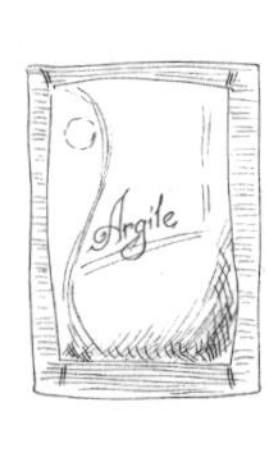

Contre les hémorroïdes

Voici un problème délicat que beaucoup préfèrent taire plutôt que de traiter. C'est dommage, car la gêne est bien réelle au quotidien. Si vous n'osez pas passer la porte de la pharmacie, essayez ce remède de grand-mère : un cataplasme d'argile verte à laisser poser quelques heures sur la zone douloureuse avant de rincer.

Une infusion contre la gingivite

La gingivite, cette inflammation des gencives, n'est pas à prendre à la légère car elle peut entraîner des problèmes buccodentaires comme le déchaussement. Consultez donc rapidement votre dentiste en cas de douleurs. En attendant vous calmerez la douleur avec une décoction de clous de girofle. Faites infuser une belle poignée dans un volume d'eau 10 minutes, filtrez et buvez.

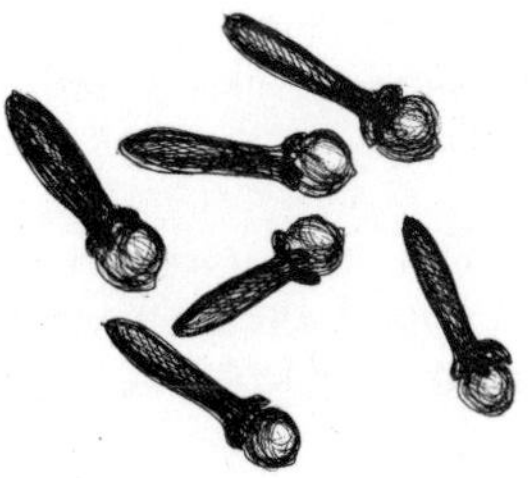

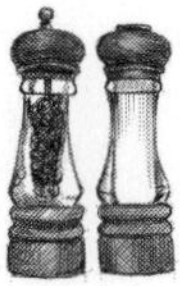

Des pieds au chaud

Dès que les températures dégringolent, c'est la même histoire, vous êtes frigorifié... au niveau des pieds ! Difficile en effet de superposer les couches ou de troquer les mocassins contre des après-ski. Pensez plutôt à mettre un peu de poivre dans vos chaussettes. Vous garderez les pieds au chaud.

Maintenir sa température corporelle

Vous avez beau mettre des pulls en laine, de grosses chaussettes, des gants et tout ce qu'il faut en hiver, vous avez toujours froid. Normal, vous avez oublié l'un des éléments essentiels qui composait la garde-robe de nos parents : le couvre-chef ! Car 20 % de notre chaleur corporelle s'échappe par la tête si elle est nue !

Du lait pour les fesses

Votre bébé a un érythème fessier et vous ne savez pas comment le soulager ? Si vous allaitez, rien de plus simple. Tartinez-lui les fesses avec un peu de votre lait maternel, on n'a rien inventé de mieux encore pour aider à la cicatrisation. Attention laissez bien sécher avant de lui remettre une couche.

Soulager l'érythème fessier

Vous avez mal au cœur lorsque vous découvrez les fesses tout abîmées de votre bébé ? C'est normal. On n'aime pas que les tout-petits souffrent. Plutôt que de les tartiner avec des crèmes à la composition incertaine, essayez un produit naturel : la fécule de pomme de terre. À saupoudrer dans la couche.

Contre les fesses rouges

La peau des fesses de bébé ? Il n'y a rien de plus fragile. Normal, à porter des couches toute la journée... Elles ont beau être « anti-humidité », « ultra-absorbantes », ou tout ce que vous voulez, rien n'y fait. N'attendez pas que l'érythème dégénère et que votre petit souffre, faites comme Mamie, laissez-le les fesses à l'air le plus souvent possible dans la journée.

Des pommes pour la fertilité

Avoir un enfant, n'est-ce pas la plus belle aventure de l'homme ? Mais parfois Dame nature fait des siennes et le moment tant désiré tarde à venir. Peut-être que les spermatozoïdes du futur papa manquent un peu de vigueur ? Pour stimuler leur vivacité, nos grands-pères mangeaient des pommes !

Booster la fertilité

Vous avez décidé de vous lancer dans les essais bébé ? Félicitations ! Pour mettre toutes les chances de votre côté, pensez à revoir votre régime alimentaire. Certains aliments sont ainsi connus depuis l'Antiquité pour booster la fertilité. En première ligne : les asperges, le fenouil et l'ail. Consommez-en aussi souvent que possible, y compris en infusion.

Halte à la fatigue

À l'entrée de l'hiver ou à la toute fin de la saison froide, il est normal de ressentir une plus grande fatigue. L'organisme doit s'adapter. Pour pallier ces périodes de fatigue, Grand-mère faisait des cures de gelée royale. Et retrouvait rapidement son tonus légendaire.

Contre la fatigue

Si la fatigue rend toutes vos activités difficiles, il faut agir sans tarder. Vérifiez avant tout auprès de votre médecin que cette fatigue ne cache pas une pathologie quelconque. Si le problème n'est pas médical, faites confiance au romarin. En tisane, tout au long de la journée, il devrait vous redonner la pêche.

Un cataplasme contre l'extinction de voix

La voix est fragile, les chanteurs le savent bien ! Ils la bichonnent, la ménagent, font des vocalises… et surtout ne crient pas. Si vous sentez que vous avez abusé ou si l'enrouement vous guette, bichonnez-la aussi en appliquant un cataplasme d'argile chaude sur votre cou. Vous éviterez l'extinction.

Contre les extinctions de voix

Malheur, vous avez une réunion super importante à animer demain et voilà que votre voix s'est fait la malle. Heureusement, Grand-mère a une potion pour vous sauver la mise : mélangez du chou haché avec du sucre et de l'eau de façon à obtenir une pâte assez liquide. Faites cuire 15 minutes puis prenez-en 1 cuillère plusieurs fois par jour.

Retrouver la voix

Vous avez trop chanté au mariage de votre ami, et ce matin, plus aucun son ne sort de votre bouche. Que faire, attendre que cela revienne ? Non. Essayez plutôt un mélange de son et de miel à allonger avec un peu d'eau chaude. À avaler dès que possible. Vous devriez pouvoir reparler très vite.

Limiter les malaises

Vous avez tendance à souvent avoir l'impression que vos jambes se dérobent sous vous. Pire, vous faites des malaises régulièrement. Pour limiter le problème, prenez une orange ou un pamplemousse le matin, car les carences en vitamines C peuvent générer ce genre de troubles. Et allez consulter votre médecin.

La tête qui tourne

Sans raison apparente vous avez souvent la sensation que votre tête tourne ! En dehors de toute pathologie, ce problème peut être dû au contenu de votre assiette ! Et notamment à une alimentation trop riche en sel. Alors limitez votre consommation de sel et rangez la salière au placard plus souvent.

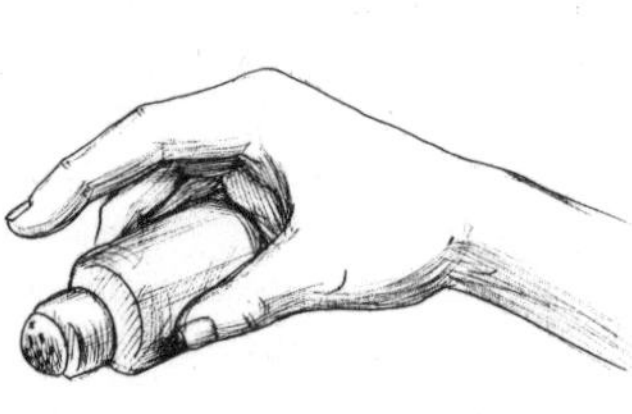

Lutter contre les étourdissements

Une mauvaise nouvelle, un choc émotionnel, une chute de tension… les raisons de faire un malaise bénin sont finalement plus courantes qu'on ne le croit. Si l'étourdissement est passager, il faut s'asseoir et se calmer. Et pour retrouver vos esprits plus rapidement, faites comme nos grands-mères, sentez un peu de parfum. Vous reviendrez très vite à vous.

Fleurs d'oranger apaisantes

Votre petit a bien du mal à s'endormir le soir. Il réclame un dernier bisou, se lève dix fois, voit des monstres dans sa chambre… Plutôt que de vous fâcher, proposez-lui une tisane de fleur d'oranger, connue pour ses vertus apaisantes. À essayer aussi en huile essentielle, 2 gouttes dans une coupelle à déposer dans la chambre.

Des graines de courge pour dormir

Vous avez tout essayé pour vous endormir, compter les moutons, boire des tisanes ou du lait, etc. Mais voilà, rien ne fonctionne sur vous. Grand-mère avait un remède secret pour les cas difficiles : les graines de courge. Faites les cuire 20 minutes dans un fond d'eau et mélangez avec un peu de miel. 1 cuillère le soir au coucher.

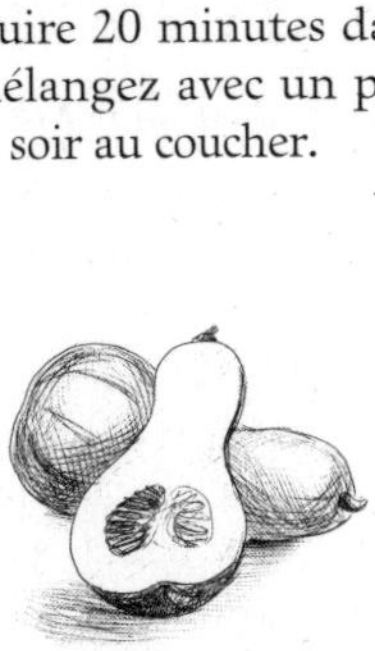

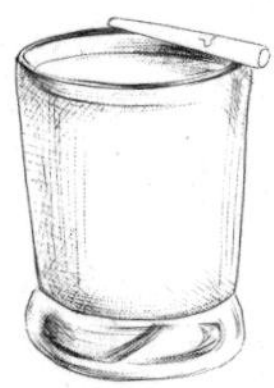

S'endormir sans difficultés

Le stress, les soucis ou même une trop grande fatigue parfois peuvent perturber l'endormissement. On se tourne, se retourne dans le lit, mais rien n'y fait, impossible de rencontrer Morphée. Essayez ce breuvage diablement efficace : un lait de poule, à base de lait chaud, jaune d'œuf, cannelle et fleurs d'oranger.

Enlever une écharde

Si elle est petite ou quasiment invisible à l'œil, une écharde est presque impossible à enlever avec une pince à épiler. Que faire alors ? La laisser ? Certainement pas, même en désinfectant la plaie, vous risqueriez les complications. Appliquez un cataplasme de mie de pain et de lait dessus, et après quelques heures, elle sortira comme par miracle.

Alléger la digestion

Certains systèmes digestifs sont plus sensibles que d'autres. Si vous êtes gêné par les aliments qui mobilisent plus les intestins, c'est parce que vous ne les préparez plus comme grand-mère le faisait : faire dégorger les concombres, dégermer l'ail, peler les poivrons, faire tremper les haricots ou encore blanchir les choux.

Arrêter la diarrhée

Pour stopper la diarrhée, vous connaissez le riz (bien cuit et avec son eau de cuisson de préférence) ! Mais pensez aussi aux carottes. Elles sont très efficaces et apportent en plus de bons nutriments. En revanche, attention à les consommer bien cuites pour ne pas fragiliser un peu plus les intestins.

Plus de diarrhée

Une vilaine diarrhée vous empêche de profiter normalement de votre journée ? Prévoyez un apéritif ! Mais attention pas n'importe lequel ! L'alcool d'anis aurait ainsi des vertus incroyables pour remettre de l'ordre dans un transit dérangé. Un petit verre pur, pas plus évidemment. Au risque d'être plus mal que bien.

Du miel contre le prurit

Face à un prurit, il est urgent d'en trouver la cause – piqûre, irritation, urticaire ou autres – pour la traiter. Car soulager les démangeaisons ne traite pas le problème. Mais en attendant, appliquez du miel en couches généreuses sur les zones qui démangent et vous constaterez rapidement que vous avez beaucoup moins envie de vous gratter.

Halte aux démangeaisons

Les causes des démangeaisons sont multiples, mais le résultat lui est toujours le même : ça démange, alors on se gratte, et au final on crée de l'irritation ou des micro-plaies. Pour éviter d'en arriver là, il vous faut un remède naturel qui calme les démangeaisons. Direction le potager pour récolter un beau poireau. Faites le cuire dans l'eau puis récupérez le jus que vous appliquerez sur la peau.

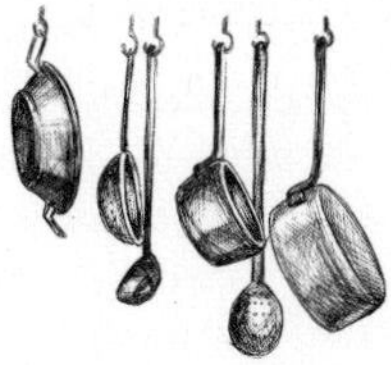

Ciao les crampes

Les crampes nocturnes font de vos nuits un cauchemar ? Voilà un truc surprenant pour les faire disparaître fissa : le cuivre ! Dès que vous sentez la crampe venir, courez chercher un plat ou une casserole en cuivre et frottez vigoureusement l'endroit de la crampe. Vous n'avez pas de cuivre, essayez avec de l'argent ou du fer. En prévention, placez un objet en fer, argent ou cuivre sous le matelas.

Soulager la cystite

Grand-mère nous a légué pas mal de remèdes pour prévenir ou faire disparaître plus rapidement la cystite. Mais pour soulager les brûlures, que faisait-elle ? Elle se tenait accroupie au-dessus d'une bassine d'eau brûlante. Pas très confortable mais rudement efficace d'après elle.

Du réconfort en cas de coup de soleil

Malgré vos précautions vous avez pris un coup de soleil ? Vous rafraîchirez efficacement la zone endolorie et calmerez le feu du coup de soleil en la recouvrant de tranches de pastèque (le melon fonctionne aussi très bien). N'oubliez pas d'hydrater correctement votre épiderme les jours qui suivent et, la prochaine fois, protégez-vous suffisamment.

Solution anti-cors

Les cors sont des callosités qui envahissent les pieds, les rendant inesthétiques et pouvant gêner la marche. Pour s'en débarrasser nos grands-mères ne juraient que par les bains de pieds. Et elles avaient raison, il n'y a pas mieux pour les ramollir. Le bain de pied le plus simple et le plus économique ? De l'eau bien chaude avec une belle poignée de gros sel. Poncez ensuite les zones rugueuses et appliquez éventuellement un traitement.

Marcher pour ne pas être constipé

Changement des habitudes alimentaires ou prise médicamenteuse, et vous voilà constipé. Ne laissez pas le problème s'installer et essayez plutôt de vite remettre les choses en place. Si les pruneaux, les fruits ou les astuces traditionnellement efficaces ne fonctionnent pas, tentez le dernier secret que Mamie gardait précieusement : marchez pieds nus sur un sol très froid !

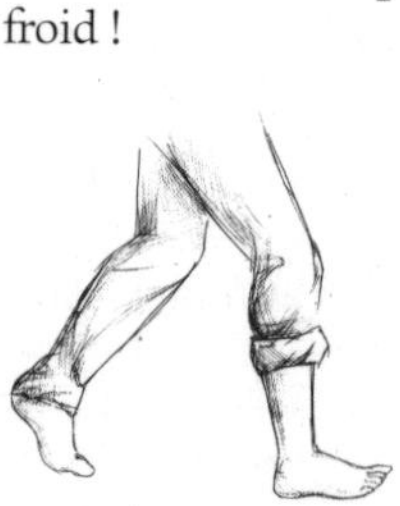

Halte à la constipation

Même si elle est pénible, la constipation passagère ne demande pas forcément de prise en charge médicale. Les remèdes naturels hérités de nos grands-mères sont tout indiqués pour accélérer le transit. Parmi les gestes les plus simples, mais pas les moins efficaces, buvez un verre de jus bien frais au réveil.

Le Calendula contre la conjonctivite

Hautement contagieuse et vraiment gênante, la conjonctivite mérite que l'on déniche le meilleur remède pour s'en débarrasser fissa ! Faites infuser fleurs et feuilles de Calendula (fraîches en saison, séchées hors saison), puis filtrez la préparation. Imbibez ensuite des compresses de la décoction refroidie puis appliquez sur les yeux.

Contre les coliques

Si votre bébé est sensible aux coliques, ses soirées et ses nuits sont très certainement agitées. Pour l'aider à digérer en douceur et éliminer ses coliques qui lui empoisonnent la vie (et la vôtre), pensez aux remèdes de nos grands-mères : l'eau de fleur d'oranger notamment ou l'infusion de fenouil sont de bonnes options, 1 cuillère à café dans le biberon du soir.

Calmer les coliques du nourrisson

Bébé se tortille comme un ver et hurle pendant ou juste après la tétée ? Il est sans doute sujet à des coliques. Après avoir écarté tout autre problème plus sérieux, et si vous êtes sûr qu'il ne souffre pas d'autre chose, vous devriez pouvoir le soulager rapidement en lui massant longuement le ventre avec de l'huile d'olive chaude.

De l'oignon contre les brûlures

Aïe ! Vous avez approché trop près votre main de la cocotte chaude, et vous vous êtes brûlé. Rien de grave, heureusement, c'est une brûlure légère qui ne demande pas de consultation. Ce n'est pas une raison pour souffrir inutilement ! Pour calmer la douleur, appliquez sur la brûlure un oignon haché mélangé à une pincée de sel.

Arrêter le feu d'une brûlure

En cuisine ou dans la buanderie, les risques de brûlures domestiques sont partout. En cas de brûlure superficielle, refroidissez immédiatement la zone touchée sous l'eau froide. Puis appliquez une feuille de laitue et laissez poser sur la rougeur. Cela devrait aller rapidement mieux.

De l'aspirine contre l'herpès

Difficile d'empêcher un bouton de fièvre de pointer son nez à la moindre fatigue, au moindre virus. En revanche, vous pourrez largement diminuer son impact et vous en débarrasser plus vite si vous agissez dès le début… avec de l'aspirine. Humidifiez le bouton naissant et déposez dessus un peu d'aspirine réduite en poudre. À renouveler régulièrement.

Assécher un bouton de fièvre

Il existe de nombreuses astuces, léguées par nos aïeules, pour assécher et faire disparaître plus vite un bouton de fièvre. Si vous n'avez pas encore tenté, essayez la mélisse. Vous pouvez soit utiliser de l'eau de mélisse que vous tamponnerez doucement sur le bouton, soit faire infuser des feuilles. Vous récupérerez les feuilles pour tapoter le bouton et boirez l'infusion.

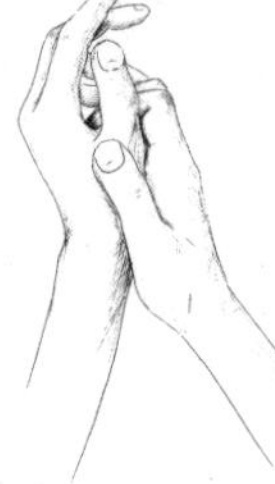

Du beurre contre les coups

Les coups sont souvent bénins mais peuvent entraîner des bosses ou des hématomes impressionnants. Si la glace ou la pièce de monnaie peuvent diminuer le gonflement, Mamie avait aussi un truc pour ensuite éliminer fissa toute trace de l'hématome ou de la bosse : un massage tout doux avec un mélange de beurre et de persil frais haché.

La bosse en or

Le petit dernier a trébuché et le voilà affublé d'une belle bosse au beau milieu du front. Après vous être assuré que le traumatisme est bénin, posez sur la bosse la plus grosse pièce de monnaie que vous pourrez trouver et maintenez-la en place avec un foulard ou une écharpe. La bosse dégonflera comme par miracle.

Digérer sans ballonnements

Repas avalés trop vite ou trop copieux, excès de gaz dans les intestins… autant de causes qui peuvent expliquer les ballonnements, qui rendent la digestion très inconfortable, voire douloureuse s'ils s'accompagnent de gaz. Pour éviter le problème, le mieux est de manger léger et lentement. Après coup, optez pour le charbon végétal (en parapharmacie).

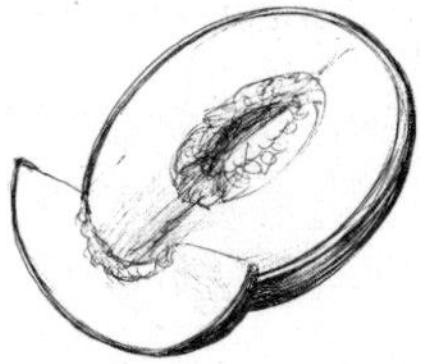

Un tonique au melon pour la peau !

Pour nettoyer la peau et la préparer à recevoir un soin pour la nuit, essayez cette recette ! Mixez la chair d'un demi-melon après avoir ôté les pépins et mélangez-la avec 100 g de fromage blanc. Mettez un peu de cette préparation sur un mouchoir en papier et nettoyez votre visage.

Ciao les aphtes !

Vous avez mangé des noix et vous voilà la bouche pleine d'aphtes, des plaies toutes petites certes mais terriblement gênantes. Vous soulagerez les picotements et guérirez plus vite avec la pierre d'alun, connue depuis l'Antiquité pour ses propriétés antiseptiques. Mouillez-la, frottez votre doigt dessus et passez doucement sur les plaies.

Une épice contre le psoriasis

Vous le savez probablement si vous souffrez de psoriasis, votre meilleur allié contre cette maladie de peau reste le soleil. Et en complément, essayez un cataplasme au curcuma sur les zones à traiter ! N'hésitez pas non plus à prendre des bains de soufre et à consommer de la vitamine C et de la vitamine E.

Soulager une angine

Pour traiter une angine bénigne, prenez 2 pommes de terre, faites-les bouillir avec la peau. Laissez-les refroidir et entourez-les avec un torchon assez épais. Appliquez alors l'ensemble sur la gorge pendant 15 minutes de préférence le soir. Après une bonne nuit, le lendemain, il ne devrait plus rien y avoir.

Calmer les douleurs liées à l'arthrose

Que diriez-vous de profiter des bienfaits d'un bain pour soulager la douleur en douceur ? Pour cela, délayez 5 gouttes d'huile essentielle de genévrier dans 3 cuillères à soupe de lait. Ajoutez ensuite 1 jaune d'œuf au mélange. Versez cette préparation dans le bain et immergez-vous durant une bonne quinzaine de minutes…

Une tisane contre le rhume des foins

Pour une fois, que diriez-vous d'anticiper ? Pour que le printemps ne soit plus synonyme de galère et de rhume des foins, essayez cette tisane maison ! Faites infuser des fleurs de sureau pendant plusieurs minutes. À boire régulièrement plusieurs semaines avant la période critique.

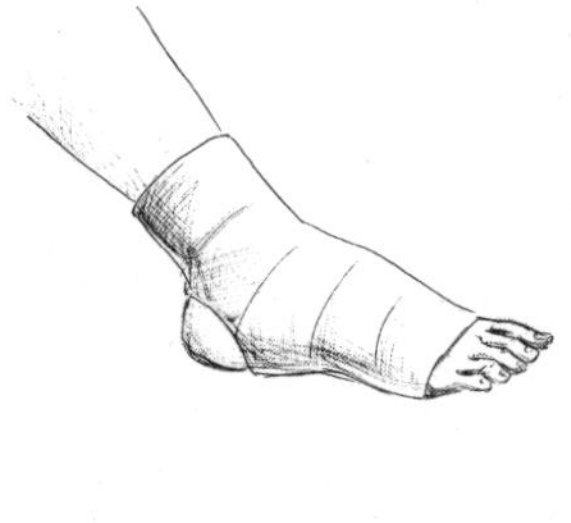

Soulager une entorse

Bien sûr, une entorse n'est pas à prendre à la légère et nécessite d'être vue par un médecin. Mais rien ne vous empêche néanmoins de soulager la douleur. Et pour cela, il existe une méthode naturelle qui consiste à déposer une petite poignée de fleurs de bruyère dans un linge que vous mettrez ensuite à chauffer au four. Reste plus qu'à appliquer sur l'entorse.

Un sirop maison contre la grippe

Attention, ce remède maison est exclusivement réservé aux adultes ! Et il ne dispense en aucun cas d'une visite chez le médecin… Mélangez un verre de jus d'orange avec un 1/2 verre d'eau bouillante. Ajoutez ensuite un verre à liqueur de rhum et 2 cuillères à soupe de sucre glace. À boire au moment du coucher.

Du raisin contre la bronchite

Dès les premiers symptômes, faites tremper une bonne poignée de raisins secs dans l'équivalent de trois verres d'eau pendant 15 minutes. Transférez ensuite le raisin dans 1 litre d'eau froide que vous mettrez à bouillir une vingtaine de minutes. Buvez cette préparation dans la journée.

Fini les brûlures

Aïe, lorsque vous avez cuit le poisson, l'huile a éclaboussé tout ce qui se trouvait à proximité et vous n'avez pas échappé à de petites brûlures. Superficielles certes mais douloureuses quand même. Pour les soulager, appliquez de l'huile froide dessus. Cela atténuera la douleur et supprimera les marques sur la peau.

Les cloques disparaissent

Les ampoules sont dues à la répétition inhabituelle d'un mouvement qui entraîne un frottement responsable des cloques. Bricolage, jardinage, sport… n'importe quelle activité peut en engendrer. Chaque mouvement devient ensuite une torture. Pour les faire disparaître plus vite, essayez ce remède vieux comme le monde : appliquez des compresses d'eau salée sur les cloques.

Guérir les ampoules

Aïe ! Vos chaussures neuves vous font atrocement souffrir et vous laissent en cadeau de belles ampoules fort dérangeantes. À part ranger les chaussures au placard, vous ne savez que faire. Filez au cellier prendre un bel oignon. Faites le cuire épluché au four puis écrasez-le à la fourchette. Appliquez encore chaud en cataplasme sur l'ampoule. Si vous manquez de temps, essayez à cru.

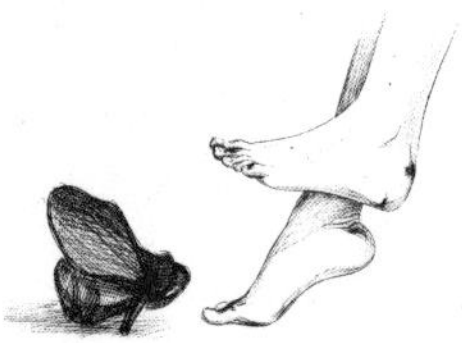

Plus de lait

Allaiter son bébé est une expérience à nulle autre pareille. Mais que faire si la production de lait est insuffisante ? Nos grands-mères avaient pour habitude de stimuler leur lactation en buvant de la bière. Mais alcool et allaitement ne faisant pas bon ménage, préférez-la sans alcool.

Anti-crevasses

Les mamans le disent, allaiter permet de se sentir très proche de son bébé et de lui donner le meilleur pour sa santé. Mais parfois l'expérience vire au cauchemar à cause de vilaines crevasses, très douloureuses. Séchez consciencieusement vos mamelons après les tétées et pour accélérer la cicatrisation, appliquez délicatement un peu de miel sur les lésions.

Menu anti-aigreurs

Vous avez invité tante Berthe, adepte de la bonne chère, et vous-même aimez vous faire plaisir. Jusque-là, pas de souci. Sauf que votre estomac, lui, est très sensible aux excès en tous genres. Vous voulez éviter les aigreurs et profiter sereinement de votre après-repas ? Préparez une choucroute, un plat anti-aigreurs… si vous ne mangez que le chou.

Soulager les aigreurs

Vous avez abusé ? Trop de graisses, trop d'alcool, de trop grosses quantités ? Votre estomac vous présente la note : des aigreurs vous cisaillent et rendent votre digestion plus que désagréable. Il vous faut vite une astuce pour apaiser ces douleurs ! En voilà une toute naturelle et qui devrait vous soulager rapidement : la réglisse. À mâchonner en bâton ou à boire en tisane.

Du chou pour crever l'abcès

Un poil incarné, un furoncle, une écharde... les origines de l'infection sont nombreuses. Si l'abcès s'étend ou s'accompagne de fièvre, il faut impérativement consulter. Mais pour un abcès peu étendu, vous pouvez essayer le chou ! À faire cuire doucement au four puis à appliquer tiède en cataplasme sur le gonflement. En quelques heures, vous devriez constater une amélioration.

Limiter l'acné

Des boutons disgracieux qui fleurissent comme la nature au printemps ? La hantise de tous les adolescents, mais pas seulement ! L'acné peut survenir à n'importe quel âge, surtout lors de modifications hormonales. Pour assécher naturellement et en douceur les pustules, direction le frigo ! Récoltez le jus d'un concombre et appliquez comme une lotion avant de rincer.

Faire dégonfler un abcès

Un gonflement qui s'accompagne d'élancements, de rougeurs ? C'est un abcès. Un amas de pus enfermé sous la peau. Pour faire « mûrir » un petit abcès et s'en débarrasser plus vite, nos grands-mères avaient une habitude un peu surprenante : un morceau de foie de veau cru à laisser poser sur l'abcès pendant 1 ou 2 heures.

Favoriser l'expectoration

Il s'agit là d'expulser les sécrétions qui encombrent les voies respiratoires. Pour cela, préparez une décoction de dattes séchées (50 g par litre d'eau chaude). Laissez refroidir et buvez plusieurs tasses dans la journée. La datte permet en effet de lutter contre les affections des bronches et des poumons.

Moins mal en cas de foulure

Super ces nouvelles chaussures avec des talons d'une hauteur indécente mais voilà, par excès de confiance ou simple maladresse, vous vous êtes foulé la cheville. Pas grave… Faites macérer une tête d'ail dans 250 ml d'huile et massez doucement. Bandez, dormez, vous voyez, ça va déjà mieux…

Favoriser la recalcification

Après une fêlure, cette fissure de l'os, sans déplacement, due à un choc traumatique, l'important est de consolider. Et vite si possible. Pour cela, mettez le soir 1 œuf frais entier dans un bol et recouvrez-le de jus d'orange. Au réveil, buvez. Changez l'œuf à chaque fois et renouvelez l'opération durant 1 mois.

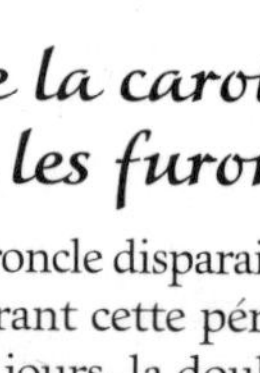

De la carotte contre les furoncles !

Avant qu'un furoncle disparaisse, il faut qu'il mûrisse. Et durant cette période, qui peut durer plusieurs jours, la douleur est parfois lancinante avec élancements et autres irritations. Pour éviter de trop souffrir, pensez au pansement de carottes râpées ! À renouveler régulièrement. Effet anesthésiant garanti !

Soulager les élancements dus à un furoncle

En plus d'être inesthétique, un furoncle, cette inflammation du follicule pileux et de la peau alentour, peut s'avérer particulièrement douloureux. Pour soulager les élancements, fabriquez une compresse à l'aide d'un oignon cuit au four. Appliquée sur la lésion, elle calmera la douleur immédiatement.

Éliminer un furoncle

Contre le furoncle, Grand-mère connaît une méthode indolore et naturelle. Elle commence par mélanger 1 jaune d'œuf avec du lait. Puis elle prépare un cataplasme de mie de pain trempée dans ce mélange. Bien sûr, pour éviter toute complication, il est néanmoins conseillé de consulter un médecin.

De la crème fraîche pour éliminer un furoncle

Pour faire mûrir un furoncle plus rapidement et ainsi le vider, préparez une pommade tiède de crème fraîche et de savon de Marseille râpé en copeaux. Ensuite, appliquez cette mixture en cataplasme durant 24 heures sur le furoncle. Voilà qui devrait vous aider à en venir à bout.

Soulager une crise de goutte

La goutte touche le pied, souvent pendant la nuit, provoquant ainsi sensation de chaleur, gonflement, rougeur, légère fièvre et, bien sûr, douleur. Pour vous soulager, faites cuire des navets et écrasez-les en purée. Déposez cette mixture en cataplasme chaud sur le pied enflammé. À renouveler dès que le cataplasme est froid.

De la purée contre la goutte !

Pour éviter une crise de goutte nocturne, préparez une pommade à base de purée de pommes de terre à laquelle vous aurez ajouté 3 gousses d'ail pilées. Faites-en un cataplasme dans un linge fin, entourez la partie enflammée et gardez-le toute la nuit. À renouveler jusqu'à disparition de la douleur.

Une soupe de cresson pendant la cystite

En plus d'être douloureuse, une cystite se caractérise par un besoin incessant d'uriner. Aussi faut-il boire beaucoup afin d'augmenter le débit urinaire et diminuer ainsi la concentration en bactéries. Et préparez aussi une bonne soupe de cresson, à consommer matin et soir pour ses vertus diurétiques.

Une recette contre l'arthrite !

Inflammation aiguë des articulations, l'arthrite est très douloureuse. Pour vous soulager, massez au moins 15 minutes les zones concernées avec un mélange tiède d'huile d'olive et de jus de pamplemousse. Puis recouvrez d'une bande pendant toute la nuit. Au réveil, buvez un verre d'eau tiède additionnée de miel.

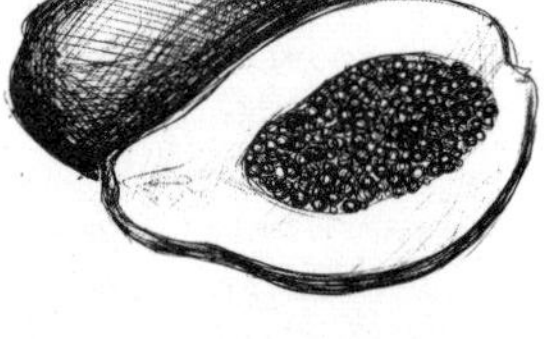

Contre la digestion difficile

Contre la nausée, les ballonnements, les brûlures d'estomac, la langue chargée et l'haleine fétide, il faut éliminer les toxines. Pour cela, Grand-mère connaît une astuce infaillible. Elle mange des papayes et des pamplemousses matin et soir en cures régulières. Le bon tempo ? 1 semaine tous les 2 mois.

Soulager des troubles vésiculaires

Langue chargée, foie paresseux, constipation, difficultés à digérer… Contre tous ces troubles, le radis noir est particulièrement efficace. En cure de 1 semaine, matin et soir, à croquer ou en jus… Il stimule le foie et la vésicule, facilitant ainsi l'élimination de la bile et augmentant sa sécrétion.

Soulager un ulcère à l'estomac

Bien sûr, un ulcère doit être diagnostiqué et suivi par un médecin. Mais apportez un coup de pouce au traitement médical avec du jus de pommes de terre ! Mettez des pommes de terre crues dans la centrifugeuse. Buvez un 1/2 verre du jus obtenu quatre fois par jour pendant 1 mois. Ajoutez du miel pour améliorer le goût.

Fini les renvois acides

Voilà une astuce qui devrait plaire à tous les gourmands. Pour limiter les renvois acides, il faut renforcer le sphincter œsophagien en mangeant, par exemple… des amandes ! En voilà une bonne nouvelle ! Bon, évidemment, à 10 calories l'unité, on essaie tout de même de limiter les dégâts…

Suer pour combattre la fièvre

L'idéal pour diminuer la fièvre : stimuler la circulation du sang et transpirer. Et pour transpirer, quoi de mieux que de mettre le feu à votre assiette ? Ajoutez du poivre de Cayenne à tous vos plats, usez et abusez de son principe actif, la capsaïcine, élément piquant que vous trouverez également dans le piment.

Diminuer la fièvre

Saviez-vous que drainer le sang vers les pieds peut contribuer à faire diminuer la fièvre ? Aussi pensez au bain de pied à la moutarde qui stimulera la circulation sanguine… Pour cela, remplissez une bassine d'eau. Ajoutez-y 2 cuillères à café de poudre de moutarde par litre et plongez-y les pieds.

Du lait contre l'eczéma !

En cas de crise et même si cela vous semble insurmontable, ne vous grattez surtout pas ! Pour vous soulager et diminuer considérablement la sensation de démangeaison, appliquez plutôt un gant trempé dans du lait glacé sur la zone irritée. Et évitez les bains trop chauds et les douches à rallonge…

Soulager les fesses de bébé

En cas d'érythème fessier, et contrairement aux idées reçues, il est préférable d'éviter le talc qui contient des additifs susceptibles d'aggraver la situation. À la place, utilisez plutôt de la farine de maïs que vous mélangerez à une crème douce pour bébé et appliquez cette mixture sur les fesses irritées.

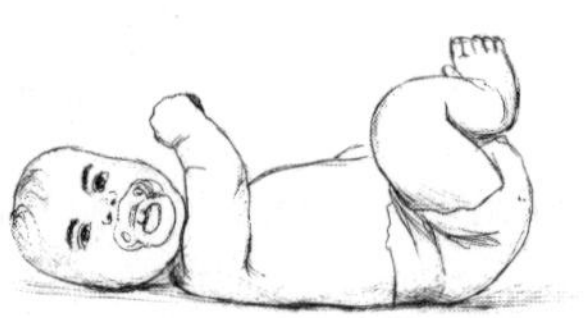

Une plante anti-déprime !

Moral dans les chaussettes ? Baisse de forme ? Essayez une cure de millepertuis ! À raison de 300 mg trois fois par jour, le millepertuis redonne un coup de fouet au moral. Attention néanmoins, cette plante augmente également la sensibilité de la peau aux rayons du soleil. À éviter donc avant un voyage sous les tropiques…

Une infusion contre la bronchite

Pour fluidifier les mucosités et soulager les muqueuses irritées, préparez une infusion de molène, également appelée bouillon-blanc. Pour chaque tasse d'eau bouillante, ajoutez 2 cuillères à café de fleurs séchées. Laissez infuser 10 minutes puis filtrez soigneusement. Buvez trois tasses par jour, pas plus.

Accélérer la disparition d'un bouton de fièvre

Une fois que les vésicules se sont rompues, une croûte jaunâtre apparaît et tombe après une semaine environ… Pour l'empêcher de se crevasser et de saigner, appliquez dessus un peu de vaseline. Utilisez de préférence un coton-tige, à changer à chaque utilisation, afin de ne pas contaminer le contenu du pot.

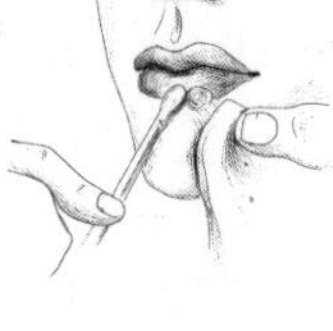

Le bon réflexe en cas de bouton de fièvre !

Le bouton de fièvre, ou herpès labial, est dû à un virus dont il est très difficile de se débarrasser une fois contracté. Mais il existe des traitements naturels contre l'herpès, et notamment la myrrhe. À la prochaine crise, appliquez un peu de teinture de myrrhe sur la lésion avec un coton-tige une dizaine de fois par jour.

Calmer une crise hémorroïdaire

Les hémorroïdes sont des veines dilatées dans et autour de l'anus. Si les internes sont souvent indolores, il n'en est pas de même pour les externes… Pour soulager la douleur, diminuer le gonflement et favoriser la coagulation, appliquez un sachet de thé humide et chaud sur les hémorroïdes.

Contre l'arthrose

Diminuez la douleur de manière significative en faisant appel à cette recette toutes les nuits ! Placez une grosse feuille de chou au four de façon à la dessécher. Ensuite, placez-la dans une sorte de pansement avec une feuille de papier absorbant sur la zone douloureuse et laissez poser toute la nuit.

Fini la diarrhée !

En cas de diarrhée, vos enfants gourmands préféreront de loin ce traitement à un médicament au goût incertain… Sans compter qu'il sera tout aussi efficace pour les soulager. Donnez-leur de la pâte de coing que vous aurez obtenue avec la pulpe des fruits. Pensez à en garder le jus pour faire des gelées…

Contre le dérangement intestinal

Nausées, brûlures gastriques, ballonnements… Contre tous ces problèmes, essayez cette petite recette. Faites infuser du thé (de Ceylan) pendant 20 minutes de façon à ce qu'il soit bien fort. Ajoutez 1 cuillère à café de rhum dans une tasse de ce thé. Buvez 2 gorgées toutes les 5 minutes, mais sans abuser bien sûr !

Un coup de fouet pour les enfants !

En cas de baisse de forme, les enfants ont parfois simplement besoin de repos et d'un petit remontant… Essayez celui-ci : battez 2 jaunes d'œufs avec du sucre en poudre et quelques gouttes d'eau de fleur d'oranger. Une fois que les œufs auront blanchi, ajoutez un verre de lait chaud, mélangez et faites-les boire. Résultat assuré.

Calmer les piqûres d'abeilles ou de guêpes

Pour soulager la douleur, l'inflammation et diminuer gonflement, démangeaison et rougeur, Grand-mère mélange de la racine de guimauve en poudre avec de l'eau de façon à obtenir une sorte de pommade assez épaisse. Elle l'applique ensuite sur la piqûre qui se fait rapidement plus discrète…

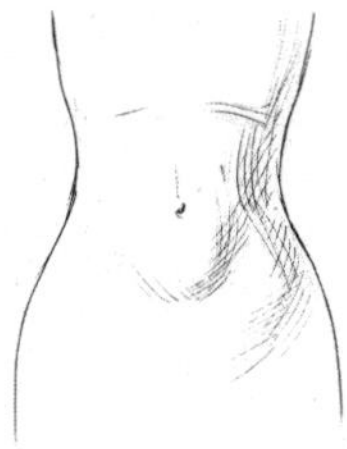

Contre le hoquet

Le nombril est relié au nerf phrénique qui transmet des influx nerveux au diaphragme, provoquant ainsi sa contraction et son relâchement. En cas de hoquet, c'est ce mouvement qui devient anarchique et incontrôlable. Pour y remédier, placez un glaçon dans le nombril. Le froid stoppera aussitôt les contractions.

Chasser le ver solitaire

Ce parasite intestinal peut atteindre la taille de 6 mètres ! Pour en venir à bout, prenez des graines de potiron (30 g pour les enfants et 80 pour les adultes). Mélangez-les décortiquées et pilées à du miel jusqu'à obtenir une pâte. Jeûnez une journée et mangez la pâte le lendemain au réveil en trois prises espacées de 30 minutes.

Fini le hoquet !

Le hoquet correspond à des contractions spasmodiques répétées et involontaires du diaphragme accompagnées d'un bruit provoqué par les vibrations de l'air chassé à travers la glotte. Pour le faire passer rapidement, mettez quelques gouttes d'éther… dans le nombril ! Eh oui, celui-ci est directement relié au diaphragme !

Soulager la laryngite

Un bon moyen, naturel et économique, de calmer maux de gorge et autres irritations du larynx en cas de laryngite ? Des compresses d'eau chaude sur la gorge. Le tout en ménageant vos cordes vocales, en évitant de parler et, surtout, de fumer ou de boire de l'alcool durant plusieurs jours.

Éliminer l'acné

Si la peau de votre ado est trop fragile pour encaisser des traitements agressifs, essayez cette méthode contre l'acné. Placez sur le visage des rondelles de tomate durant 15 minutes puis nettoyez avec un savon surgras. Le lendemain, remplacez les tomates par des feuilles d'oseille froissées. Poursuivez jusqu'à disparition des boutons.

Contre une laryngite

Faites infuser 50 g de fleurs de lavande dans 1 litre d'eau bouillante. Laissez reposer une vingtaine de minutes. Buvez quatre tasses de cette tisane, aussi chaude que vous pouvez le supporter, dans la journée (vous pouvez ajouter du miel de lavande pour un goût plus sucré). Voilà qui devrait rapidement calmer les symptômes.

Soigner un abcès

Faites mariner une bonne poignée de pétales de lys dans une eau-de-vie à 90° pendant minimum 3 semaines et idéalement 1 bon mois. En cas d'abcès, appliquez plusieurs pétales sur l'inflammation et laissez agir une vingtaine de minutes. Renouvelez l'opération quatre à cinq fois dans la journée jusqu'à ce que l'abcès se perce.

Soulager une piqûre de guêpe

Aïe, une piqûre de guêpe peut se révéler vraiment douloureuse. Mais sachez qu'il existe des moyens simples, efficaces et naturels de vous soulager rapidement. Par exemple, après avoir, si besoin, ôté le dard, frottez la piqûre avec des feuilles de plantain. La douleur devrait ainsi rapidement s'atténuer.

Calmer une crise d'urticaire

En cas d'urticaire, la médecine traditionnelle chinoise propose une décoction de gingembre. Versez 60 g de sucre en poudre brun et 30 g de gingembre frais dans 20 cl de vinaigre. Portez à ébullition pendant quelques minutes. Diluez ensuite avec un peu d'eau chaude et appliquez sur un coton. À tamponner plusieurs fois par jour.

Du sucre contre les piqûres

Pour soulager une piqûre et éviter qu'elle ne vous démange atrocement, mouillez simplement un morceau de sucre. Placez-le ensuite directement sur la peau à l'endroit du délit… Voilà qui devrait diminuer l'inflammation et stopper les démangeaisons pour quelque temps. N'hésitez pas à renouveler l'opération.

De la papaye contre les verrues !

La papaye contient de la papaïne. Ça tombe bien, cet enzyme aide à faire disparaître les verrues. Comment faire ? Entaillez la surface d'une papaye, pas encore mûre, et recueillez le jus. Une fois épaisse, mélangez-le à de l'eau et appliquez-en sur les verrues matin et soir. Un remède naturel et indolore !

Retirer une écharde

Vous avez encore oublié de porter des gants pour bricoler et vous voilà avec une belle écharde dans le pouce… Pas de problème ! Écrasez un morceau de banane et appliquez sur le bobo. Recouvrez de papier absorbant et entourez de film étirable. Laissez poser la nuit. Au réveil, l'écharde est remontée et se retire sans peine !

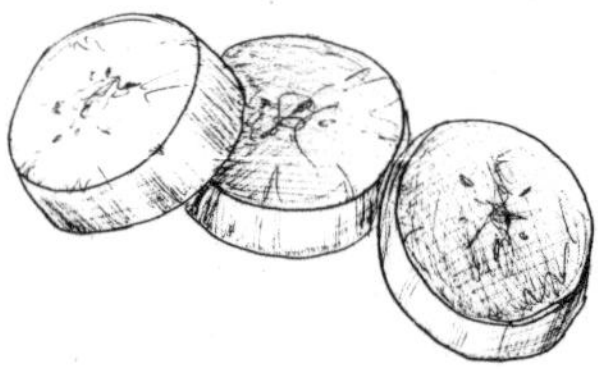

Des médicaments faciles à avaler

Contrairement à une idée reçue, ce n'est pas en penchant la tête en arrière que l'on facilite l'ingestion de pilules et autres médicaments. En effet, mieux vaut faire l'inverse. Placez le médicament sur le fond de la langue, buvez de l'eau et penchez-vous en avant. Et voilà, avalez, c'est pesé !

Diminuer la fièvre

Mouillez un gant de toilette avec de l'eau de fleur d'oranger froide. Tamponnez délicatement le front. Voilà qui devrait aider à faire tomber la température mais qui ne vous dispensera pas d'une visite chez le médecin… Il faudra en effet trouver la cause de cette poussée de fièvre !

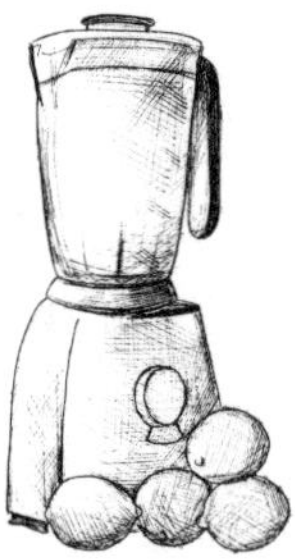

Dépuratif naturel

Vous cherchez à éliminer les toxines de votre corps ? Mamie a la recette qu'il vous faut : coupez en morceaux 4 carottes pelées. Passez-les au mixeur avec le jus de 2 citrons et 8 gouttes d'huile essentielle de géranium. Un liquide homogène un peu épais doit se former. Buvez cette mixture tous les matins à jeun. L'effet est radical.

De la chaleur contre les règles douloureuses

Pour un soulagement rapide en cas de douleurs menstruelles, et en l'absence de bouillotte, remplissez une bouteille d'eau du robinet très chaude. Placez-la sur le bas-ventre, sur un linge fin pour éviter une brûlure. Le chaud soulagera la douleur et évitera que le corps se crispe, diminuant ainsi les tiraillements.

Exit le mal de ventre

Bien sûr, un mal de ventre accompagné de fièvre doit faire l'objet d'une visite chez le médecin… En revanche, en l'absence de température, essayez ce remède maison. Faites chauffer 50 cl d'eau auquel vous aurez ajouté 1 cuillère à soupe de cumin. Un 1/2 verre toutes les quinze minutes devrait soulager les douleurs.

Soulager les brûlures d'estomac

Très fréquentes chez les femmes enceintes, les brûlures d'estomac et remontées acides, en plus d'être douloureuses, ont tendance à gâcher les repas, mais aussi les nuits. Si vous ne pouvez prendre de médicament, buvez tout simplement un verre de lait tiède. Cela devrait vous soulager rapidement.

Fini les mains moites !

Vous n'aurez plus jamais honte de serrer la main avec cette petite astuce toute simple… Faites infuser 60 g de feuilles de sauge dans 50 cl de vin et 50 cl d'eau (les deux liquides tièdes) pendant une douzaine d'heures. Passez la préparation et buvez-en un petit verre au moment du coucher.

Contre l'urticaire

Qu'elle soit liée à une allergie à un médicament, au pollen, aux acariens, à l'alimentation, au froid, à un contact avec un tissu irritant… l'urticaire provoque sensations de brûlure et démangeaisons des plus désagréables. Pour les soulager, mangez au réveil des rondelles de radis noir et un cœur d'artichaut. Résultat assuré !

Fini l'agitation au moment du coucher !

Irritable, excité, énervé même… Parfois votre enfant a du mal à tenir en place ? Et le moment du coucher peut alors devenir un vrai calvaire entre caprice et crise de nerfs… Pour le calmer avant de lui faire rejoindre son lit, essayez le bain de pied dans de l'eau tiède, très salée. Un vrai rituel apaisant.

Soulager l'eczéma

Pour calmer les démangeaisons et irritations liées à l'eczéma, Grand-mère utilise… de la myrtille en décoction ! À badigeonner sur les lésions trois fois par jour pour un résultat optimal. Une fois la crise passée, pensez à hydrater très régulièrement la peau pour éviter de nouvelles poussées.

Calmer les enfants avant le dodo

Si vos enfants sont un peu agités ou s'ils rencontrent parfois des difficultés à s'endormir, ajoutez à l'eau de leur bain une décoction de tilleul (100 g par litre d'eau). Ensuite, juste avant le coucher, faites-leur boire une tisane, là encore de tilleul, que vous aurez laissé infuser une dizaine de minutes…

Plus jamais engourdi

Fourmillement, jambes lourdes, perte de sensibilité, difficultés à marcher… Autant de symptômes pénibles mais faciles à soulager. Pour cela, faites macérer pendant 2 semaines une vingtaine de gousses d'ail hachées dans 100 g d'alcool à 70°. À raison de 30 gouttes par jour dans un verre d'eau, vous sentirez vite la différence.

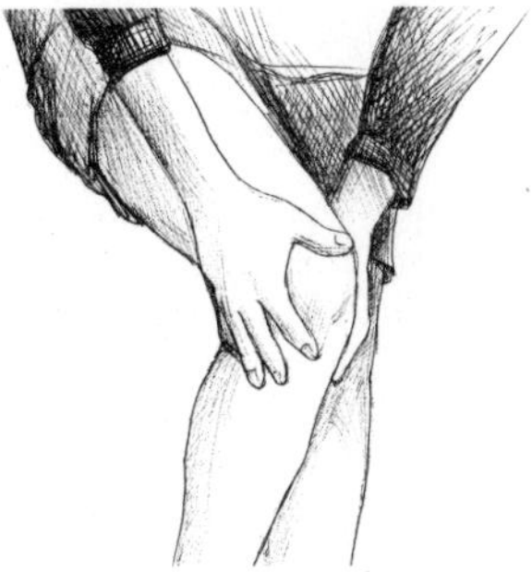

Contre les jambes lourdes et l'engourdissement

Après un après-midi de shopping à piétiner dans les allées des magasins, les jambes sont lasses, il est parfois même difficile de se mouvoir. Essayez alors la décoction d'artichauts ! Pour cela, faites macérer durant 15 minutes 50 g de feuilles par litre d'eau. Trois tasses par jour et c'est reparti pour les soldes !

Soulager les jambes lourdes

Fini la lassitude dans les jambes ! Faites macérer durant 1 semaine 500 g d'oignons hachés dans 1 litre de vin blanc sec. Filtrez et ajoutez ensuite 100 g de miel… Deux à trois verres par jour de ce remède maison devraient vous remonter après de longues promenades hivernales.

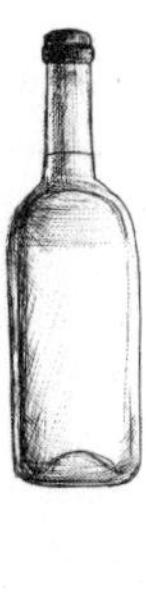

Respirer grâce au pin

Les affections respiratoires ont trouvé leur ennemi : le pin. Faites macérer une quinzaine de bourgeons de pin dans 1 litre d'eau pendant 1 heure puis portez à ébullition pendant 2 minutes. Laissez reposer et filtrez. Reste plus qu'à boire quatre tasses par jour dès les premiers signes de gêne respiratoire.

Prévenir les engelures

Avant toute sortie par temps très froid, si vous êtes sujet aux engelures, trempez longuement vos mains et vos pieds dans un bain d'eau chaude dans lequel vous aurez préalablement jeté 500 g de sel marin. Voilà qui devrait vous protéger, en plus des gants et des chaussettes épaisses bien sûr !

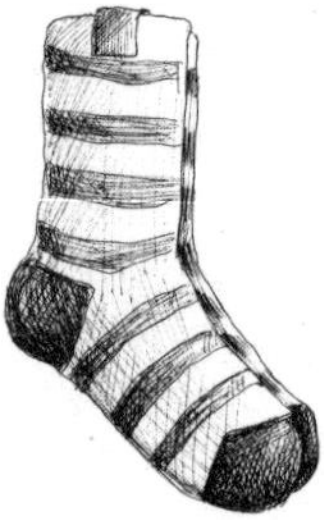

Soulager un œdème solaire

L'allié des peaux présentant un œdème solaire ? Le melon ! En broyant sa chair avec ses graines et en faisant un cataplasme d'une dizaine de minutes de la mixture obtenue, vous soulagerez l'œdème rapidement. Le melon possède en effet des vertus anti-inflammatoires et adoucissantes.

Du céleri contre les engelures !

Les engelures, dues au froid, entraînent démangeaisons, irritations et autres sensations de tiraillement. Pour vous soulager, faites cuire un pied de céleri dans 1 litre d'eau pendant 1 heure. Trempez ensuite les zones atteintes dans l'eau de cuisson aussi chaude que vous pourrez le supporter. À renouveler deux à trois fois par jour.

La grippe ne passera pas par là !

Au moindre signe qui pourrait laisser présager une grippe, coupez simplement un oignon en deux et posez-le sur votre table de nuit. Ce dernier agira en effet comme une sorte d'éponge et absorbera ainsi tous les microbes présents alentour. Bien sûr, il est interdit de consommer l'oignon le lendemain !

Contre un coup de froid

Frissons, maux de tête, courbatures… Un coup de froid peut entraîner un état de fatigue général. Pour le faire passer au plus vite, faites frissonner un grand verre de champagne avec deux morceaux de sucre dans une casserole. Laissez un peu refroidir et buvez. Filez sous la couette pour transpirer un maximum.

Prévenir l'apparition des varices

Les varices sont en fait des dilatations excessives des veines. Souvent dues à un mauvais état veineux général, on peut néanmoins en limiter l'apparition en buvant du vin d'orange. N'hésitez pas non plus à manger la peau des agrumes, vous éviterez ainsi la sensation désagréable de « jambes lourdes ».

Dynamiser la circulation sanguine

L'idéal contre les jambes lourdes ? Pratiquer quelques mouvements tout simples pour augmenter la résistance du système veineux et favoriser la circulation. Pour cela, chaque matin avant le lever, tendez les jambes à la verticale avec les pieds en équerre. Ensuite, contractez puis détendez dix fois de suite vos orteils.

Stopper les vomissements

En cas de vomissements bénins, c'est-à-dire sans trace de sang, de bile ou tout autre signe clinique indiquant une infection plus grave, une infusion d'aneth soulagera le malade. Il suffit de faire infuser 10 g de fruits secs d'aneth dans 1 litre d'eau bouillante et d'en boire une tasse toutes les 4 heures.

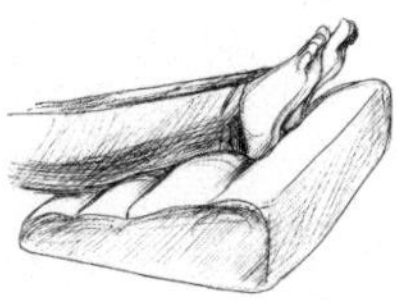

Agir contre la constipation

Pour faciliter l'évacuation des selles, grand-mère connaît un truc imparable. Elle fait tout simplement cuire une dizaine de pruneaux et boit leur jus. Sans oublier de manger les pruneaux eux-mêmes bien sûr. Une solution gourmande pour soulager rapidement et efficacement la constipation.

Massage pour les jambes lourdes

Quoi de mieux après une séance shopping qu'un massage pour soulager les jambes endolories par des piétinements incessants ? Mélangez 50 ml d'huile d'amande douce avec 5 gouttes d'huile essentielle de lavande et 5 gouttes de menthe poivrée. Et massez vos jambes, toujours de bas en haut. Ou, mieux, faites-vous masser.

Stop aux ballonnements !

Après une tartiflette, une choucroute, ou encore une raclette, pensez à servir à vos invités une infusion de coriandre. Vous leur éviterez ainsi ballonnements et autres dérangements digestifs. Pour cela, faites infuser environ 30 g de coriandre dans 1 litre d'eau bouillante. Filtrez et servez chaud.

Éliminer les toxines

Tentez une cure détox avant l'hiver ! Pour cela, buvez, au réveil et à jeun, une tasse d'eau tiède agrémentée de 1 cuillère à soupe d'eau de fleur d'oranger. Un rituel oriental qui vous aidera à commencer la journée du bon pied… À essayer aussi pour faciliter la digestion avant le coucher.

Soulager bébé quand ses dents le chagrinent

Fièvre, joues rouges… Votre bébé est grognon, crie… Bref, il fait ses dents et vous ne savez plus comment le soulager… Eh bien essayez de lui donner une banane épluchée congelée. Dès qu'il va la sucer, la chair va ramollir et le froid va soulager ses gencives… Pensez juste à lui retirer avant qu'elle ne soit en bouillie !

À adopter en cas de gorge enrouée

Votre équipe de foot préférée a gagné, non sans vos encouragements ? Vous souffrez d'une laryngite ? Quelle qu'en soit la raison, votre enrouement peut être soulagé… Faites cuire des pommes, reinettes de préférence, puis pressez-les dans un linge propre pour en extraire le jus. Ajoutez du sucre et gargarisez-vous avec le mélange obtenu.

De l'estragon contre l'aérophagie

Pour éviter d'être ballonné après un dîner un peu trop copieux, faites infuser un bouquet d'estragon dans 1 litre d'eau bouillante pendant une bonne dizaine de minutes. Buvez-en une tasse après chaque repas ou chaque fois que le besoin s'en fait sentir… Et les repas riches se termineront en toute légèreté.

Contre les affections de la gorge

Les glaires chez les enfants en bas âge peuvent aller jusqu'à provoquer des spasmes tant ils sont gênés. En effet, nos chères têtes blondes ne savent pas avaler ni cracher. Pour soulager votre enfant, faites-lui boire 1 cuillère à café de jus d'ananas bien mûr toutes les 2 heures… Sa gorge devrait être vite dégagée.

Même pas peur des aoûtats

Les aoûtats sont un calvaire pour les amoureux des promenades bucoliques à la fin de l'été… Et les démangeaisons qu'ils provoquent, une vraie calamité. Pour vous soulager, coupez une tête de poireau en deux et frottez vigoureusement la zone touchée. À renouveler jusqu'à disparition des piqûres.

Lutter contre l'insomnie

Si votre enfant ne trouve pas toujours facilement le sommeil ou si vous-même souffrez de difficultés pour rejoindre les bras de Morphée, buvez simplement un petit verre de lait chaud avec une cuillérée de miel 1 heure avant le coucher pour un endormissement tout en douceur. L'idéal ? Du miel de lavande.

Du champagne pour mieux dormir !

L'abus d'alcool est dangereux pour la santé. En revanche, pour tous ceux qui ont du mal à trouver le sommeil, il peut être un véritable allié. Mais attention, pas n'importe quel alcool ! Le champagne ! Eh oui, en boire une petite coupe 1 heure avant le coucher donne à tous les coups une envie irrépressible de dormir…

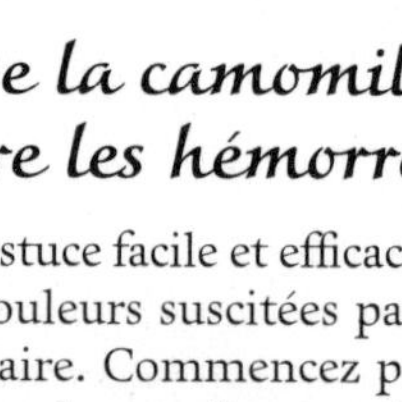

De la camomille contre les hémorroïdes

Voici une astuce facile et efficace pour soulager les douleurs suscitées par une crise hémorroïdaire. Commencez par porter à ébullition une bonne cinquantaine de fleurs de camomille dans 1 litre d'eau. Laissez infuser 15 minutes avant de verser cette décoction dans l'eau de votre bain. Ca va déjà mieux…

Fini les pipis au lit !

Votre enfant souffre d'énurésie ? L'incontinence chez les enfants est fréquente. L'important ? Dédramatiser bien sûr. Et lui donner 1 cuillère à café de miel avant le coucher. Ce dernier retient l'eau en excès dans l'organisme jusqu'au réveil. Et son bon goût sucré devrait en plus enchanter votre enfant !

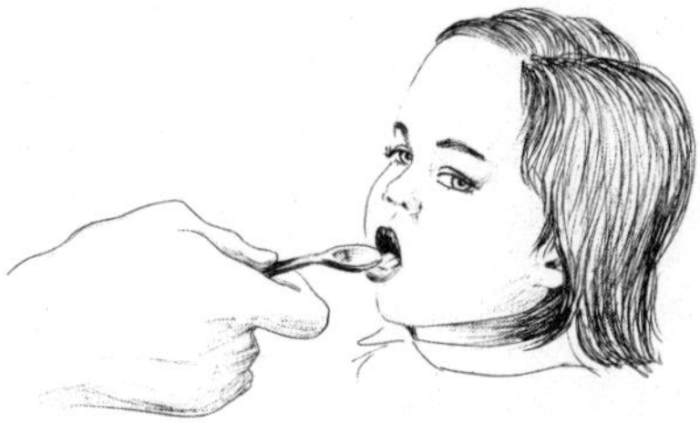

Des démangeaisons apaisées

Qui n'a jamais entendu que les carottes rendent aimable ou qu'elles donnent des cuisses fermes ? Eh bien pas seulement… En effet, elles soulagent aussi les picotements et autres grattouillis. Pour cela, il suffit de les râper finement et de les appliquer en cataplasme dans un linge fin sur la zone qui démange.

Contre la constipation

Lorsque vous êtes constipé, essayez cette recette toute simple pour faciliter l'évacuation des selles de manière naturelle. Laissez tremper une dizaine de figues sèches dans un grand bol d'eau tiède toute la nuit. Le matin, à jeun, buvez le jus et mangez les figues. Effet laxatif assuré.

De la moutarde contre la migraine

Mamie connaît un truc infaillible pour soulager rapidement les maux de tête les plus virulents : un bain de pied dans de l'eau bien chaude. Ajoutez-y un peu de moutarde, et la migraine s'estompe illico… Comment ça marche ? La chaleur provoquée atténue la pression au niveau des vaisseaux sanguins du cerveau.

Supprimer une verrue

L'ail est connu pour éliminer les verrues, mais son odeur peut vous rebuter. Autre astuce : placez sur la verrue un petit morceau de ruban adhésif et laissez agir pendant 6 jours. Trempez ensuite dans l'eau chaude puis limez la couche de peau morte. Laissez une nuit à l'air libre et renouvelez l'opération jusqu'à ce que la verrue disparaisse.

Un remède anti-coup de pompe

La nuit a été rude ? Ou beaucoup trop courte ? Pensez à glisser un flacon de menthol dans votre sac à main avant de quitter la maison. Dès que vous piquerez du nez au bureau, versez-en quelques gouttes sur un mouchoir que vous respirerez à pleins poumons. Effet revigorant garanti !

Dans l'assiette en cas de bronchite

L'objectif ? Fluidifier les mucosités qui encombrent les voies respiratoires afin d'en faciliter l'expectoration. Et pour cela, rien de tel qu'un plat à base de piment de Cayenne ou de sauce piquante type Tabasco. Et pour un résultat optimal, les plus courageux n'hésiteront pas à croquer des piments verts.

Soulager un érythème solaire

En cas de coup de soleil particulièrement douloureux et étendu, commencez par prendre un bain froid. Frottez ensuite délicatement les zones atteintes avec une tranche de concombre bien frais afin d'éviter la tuméfaction. Et bien sûr, la prochaine fois, on évite de s'exposer aux heures très chaudes de la journée.

La tomate pour protéger la peau

Le lycopène, la substance qui donne à la tomate sa couleur rouge, serait reconnu pour protéger la peau des rayonnements nocifs du soleil. Un bon plan donc pour les personnes à peau claire que de consommer à outrance du concentré de tomates avant des vacances sous les tropiques ! Mais n'en oubliez pas pour autant la crème solaire.

La fin des crampes nocturnes

Les crampes musculaires sont parfois le signe d'une carence en potassium, en magnésium ou en calcium. L'alimentation joue donc un rôle primordial dans leur prévention. Sans compter qu'il faut boire beaucoup d'eau et faire de l'exercice régulièrement. Le truc en plus : un verre de soda contenant de la quinine avant le coucher.

Du thé contre les coups de soleil

En vacances, Grand-mère ne part jamais sans du thé vert. Elle en fait infuser un peu et laisse ensuite refroidir. Puis elle y trempe un linge propre qu'elle applique sur les coups de soleil des imprudents... En plus de réduire l'inflammation, le thé vert a la vertu de protéger la peau des méfaits du soleil. Du tout bon !

Contre la gingivite

Si, après un brossage un peu trop énergique, vos gencives saignent, mâchez un peu de cresson cru. Un bon moyen de raffermir les gencives et de stopper le saignement. En revanche, veillez toujours à utiliser du cresson de culture, et non du sauvage qui pourrait entraîner des aphtes.

L'ennemi des panaris

Qui est-il cet ennemi ? L'oignon ! Une fois que vous l'aurez fait frémir avec un peu d'eau dans une casserole, laissez tiédir l'oignon puis coupez-le en deux. Enfoncez ensuite le doigt douloureux dans une moitié. Après 10 minutes, désinfectez. Recommencez l'opération matin et soir jusqu'à ce que le panaris soit percé.

Exit la cystite

Gêne pour uriner et douleurs dans le bas-ventre peuvent être soulagées grâce à une infusion de thym. Jetez quelques branches de thym dans de l'eau bouillante et laissez infuser une bonne quinzaine de minutes. Passez le tout et buvez-en à volonté ! L'idéal ? Une tasse toutes les 3 heures…

Calmer une brûlure

Une astuce hivernale des plus efficaces : appliquer de la neige fondue sur une brûlure bénigne. Faites fondre un peu de neige dans une casserole sans la faire chauffer et trempez ensuite un linge propre dans l'eau obtenue. Tamponnez délicatement la zone abîmée : la douleur s'envole !

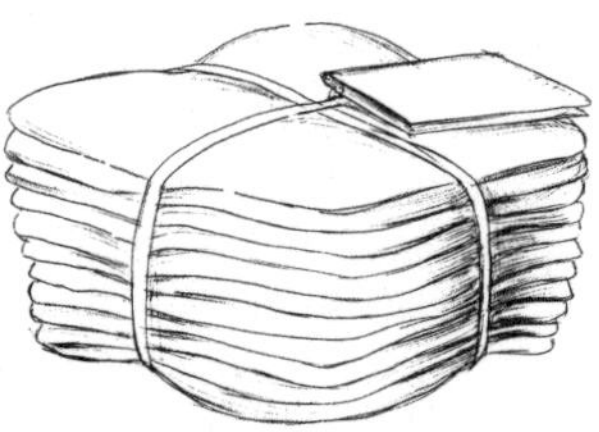

Soulager une brûlure légère

Même superficielle, une brûlure peut parfois provoquer une douleur lancinante des plus désagréables. Pour l'atténuer, il suffit tout bonnement d'imbiber un coton avec de l'eau déminéralisée et de tamponner l'endroit douloureux. Moins gras que la crème type Biafine et tout aussi efficace !

Éliminer les lentes

La tête du petit dernier grouillait de poux et vous en êtes finalement venu à bout. Mais les lentes elles sont encore bien là… Pour les éliminer définitivement, Grand-mère avait un truc : l'huile de table. Seul impératif, éviter l'huile d'olive. Elle en imprégnait la chevelure et laissait poser toute la nuit. Résultat assuré.

Vaincre la grippe

Quitte à être cloué au lit à cause d'une vilaine grippe, autant l'être avec un cataplasme chaud de moutarde sèche sur la poitrine… À laisser poser toute la nuit et évidemment sans mettre le nez dehors. Suées garanties. En 2 jours, la grippe ne sera plus qu'un mauvais souvenir.

Des lentilles de contact salées

Vous voilà en week-end dans un chalet isolé et étourdi que vous êtes, vous avez oublié le sérum physiologique pour nettoyer vos lentilles de contact. Bon, pas de panique, mettez un peu de gros sel à dissoudre dans une casserole d'eau bouillante puis laissez refroidir. Plongez-y ensuite tout simplement vos lentilles !

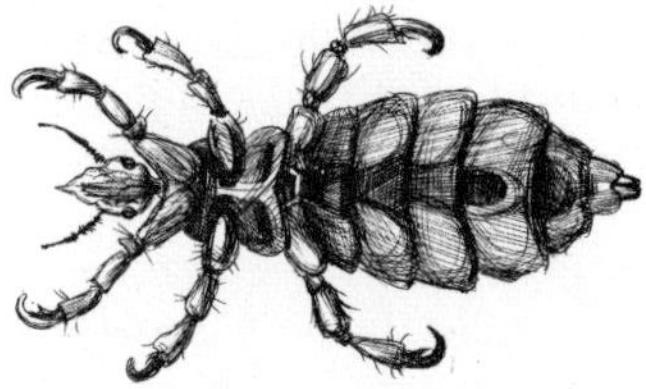

La chasse aux poux

Si vous êtes adepte des huiles essentielles, voici une recette radicale pour éradiquer les poux de vos chères têtes blondes… À l'aide d'un compte-gouttes, mélangez 4 gouttes de lavande, 4 de romarin, 4 d'eucalyptus et 4 d'origan dans le flacon de votre shampooing ordinaire. À utiliser tous les jours !

Un linge parfait en un rien de temps

Pas facile de se séparer de nos jeans préférés qui sont usés ou de renoncer à notre pull noir devenu gris ! Avant de perdre tout espoir, suivez ces quelques secrets de Grand-mère. Faire la lessive, désinfecter le linge ou garder la forme originale des vêtements deviendra un jeu d'enfants !

Du linge qui sent bon

Si, une fois sec, votre linge ne vous semble pas vraiment frais et ne sent pas aussi bon que vous l'auriez espéré, rien n'est perdu. Au moment du repassage, pensez simplement à ajouter quelques gouttes d'eau de Cologne à l'eau de votre fer. Évitez néanmoins le parfum, trop gras, il pourrait tacher le linge !

Contre les traces de stylo-feutre

Le stylo-feutre a laissé des traces sur votre tee-shirt ? Avant de le passer en machine, vaporisez sur la tache un peu de laque pour cheveux. Laissez sécher quelques instants, puis tamponnez la tache avec un peu d'eau. Brossez. Les traces de stylo-feutre sont envolées !

Un jean comme neuf !

Pour éviter qu'un jean se délave, il suffit de lui faire prendre un bain ! Versez la moitié d'un paquet de gros sel dans une bassine d'eau froide. Attendez que le sel se dissolve et plongez-y votre jean. Laissez tremper l'après-midi. Vous pouvez maintenant le laver normalement. Bien sûr, il n'est pas utile de renouveler l'opération à chaque lavage...

Nettoyer une tache de feutre sur un vêtement

Pour supprimer une tache de feutre sur un vêtement, Grand-mère ne fait jamais appel à un détachant acheté dans le commerce. En effet, elle préfère utiliser... de la laque pour les cheveux ! Elle en vaporise un peu sur la tache avant de passer le vêtement en machine et hop !, la tache disparaît.

Ranger foulards et cravates

Pour éviter les faux plis sur les foulards et cravates en les rangeant en piles dans votre placard, essayez le truc du papier aluminium ! Placer une feuille d'aluminium à plat sur l'étagère et déposez-les dessus. Enroulez ensuite le tout et rangez les rouleaux. Bonus ? Vous gagnez de la place dans l'armoire !

Fini les taches d'herbe !

Pour supprimer une tache d'herbe, Grand-mère connaît une astuce toute simple. Elle fait immédiatement tremper le vêtement dans une bassine d'eau froide additionnée de quelques gouttes de liquide vaisselle pendant plusieurs heures. Ensuite, elle frotte délicatement. Une fois sec, il n'y paraît plus !

Éliminer une tache d'herbe sur un pantalon

Pas franchement esthétique les genoux du pantalon tout verts… Pour supprimer ces taches, commencez par les mouiller avec de l'eau froide. Ensuite, saupoudrez simplement un peu de sucre. Il ne vous reste plus alors qu'à mettre le vêtement dans le lave-linge et voilà ! Les taches d'herbe ont complètement disparu !

Enfiler des bottes plus facilement

Ces bottes achetées en solde vous vont à merveille… une fois enfilées ! Mais quelle galère pour les mettre ! S'allonger sur le lit, se contorsionner… Tout ça, c'est fini grâce à ce petit truc tout bête : collez dans chaque botte, du talon au sommet, un ruban en satin. Eh oui, de cette façon, votre pied glissera sans difficulté.

Nettoyer les ceintures

Le truc infaillible pour prolonger et protéger le cuir de vos ceintures ? Le lait démaquillant. Idéal pour les nourrir, les faire briller et les nettoyer aussi souvent que nécessaire. En plus, le cuir n'est pas le seul à en tirer profit, les matières synthétiques, elles aussi, vous diront merci.

Soigner les chaussures vernies

Vous venez de craquer pour une paire d'escarpins vernis hors de prix mais tellement tendance… Pour les entretenir et les faire durer, pensez à les astiquer régulièrement avec un chiffon imprégné de lait. Voilà qui devrait les nourrir et les faire briller jusqu'à ce que vous vous en lassiez…

L'entretien des chaussures

Si vos chaussures n'ont plus d'allure, cette astuce est pour vous. Après un séjour prolongé dans les flaques d'eau ou sous la pluie, leur cuir est défraîchi, blanchi... Pour leur redonner de l'éclat, enduisez-les de vaseline que vous laisserez poser quelque temps avant de procéder au cirage.

Fini les gants égarés !

Chaque hiver, c'est la même chose. Ils reviennent de l'école en ayant égaré au moins un gant. Où est-il ? Aucune idée bien sûr ! Pour remédier au problème, prenez le temps de coudre un ruban au bout de chaque manche du manteau avec un gant à l'autre extrémité. Impossible de les perdre après cela... Sauf s'ils égarent aussi leur manteau !

Nettoyer une veste en daim

Inutile de foncer chez le teinturier à la moindre trace suspecte sur votre veste en daim ! Ouvrez plutôt une trousse d'écolier. En effet, en frottant très délicatement une éventuelle tache à l'aide d'une gomme, vous devriez éviter un traitement agressif, et souvent inutile, à votre veste. Un brin de toilette économique et naturel !

Un ciré comme neuf

Si votre ciré a essuyé tempêtes et autres intempéries sans jamais vous trahir, il est grand temps d'en prendre soin. D'autant plus s'il commence à se craqueler par endroits. Pour cela, badigeonnez-le tout simplement de lait entier. Et le voilà prêt à affronter une nouvelle saison hivernale !

Éliminer une tache d'encre

Un stylo qui fuit dans la poche de la chemise de votre homme et c'est la catastrophe : une grosse tache d'encre sur la poitrine ! Pour l'effacer à coup sûr, immergez la chemise dans une bassine remplie de lait. Frottez ensuite la tache avec les mains. Si la tache est plus étendue, n'hésitez pas à changer le lait et à renouveler l'opération.

Faire disparaître une tache de café

Bousculade au restaurant et le serveur renverse votre tasse. Et voilà, c'est la tache sur votre superbe chemisier tout neuf. Ne perdez pas de temps à incendier le pauvre serveur débordé, attrapez plutôt la salière la plus proche et saupoudrez immédiatement la tache. Le sel boira le café sur le tissu.

Nettoyer une tache sur du daim

Vos chaussures en daim sont fragiles. Aussi méritent-elles toute votre attention. Notamment pour les nettoyer. En cas de tache, appliquez du talc dessus et laissez reposer toute la nuit. Le lendemain, en frottant soigneusement, retirez le talc et… la tache du même coup ! Fonctionne aussi pour les vestes et manteaux bien sûr.

Chouchouter un pull en angora !

Fini les bouloches et les pulls qui perdent leurs poils avec cette astuce toute simple. Pour bichonner votre pull en angora, placez-le dans un sac plastique et déposez-le ensuite dans le réfrigérateur. Puis après un séjour de 2 ou 3 heures, mettez-le au congélateur, mais pas plus de 1 heure !

Laver un vêtement en laine

Qu'il s'agisse de votre pull préféré ou de l'écharpe que votre grand-mère vous a tricotée… Pour laver un vêtement en laine, fragile par conséquent, commencez par faire bouillir une vingtaine de feuilles de lierre dans 1 litre d'eau. Une fois que l'eau aura refroidi, trempez-y votre lainage et lavez-le délicatement.

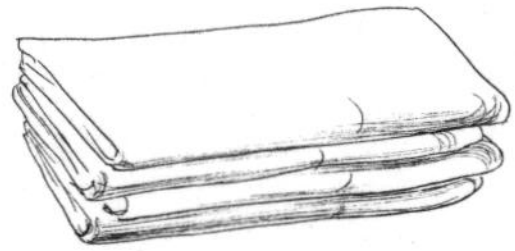

Le gel qui rend blanc

Pour redonner blancheur et éclat à son linge blanc, Grand-mère commençait, bien sûr, par le laver sans le mélanger aux couleurs. Ensuite, elle l'étendait dehors, sur sa terrasse… les soirs de gel ! Et le lendemain, quelle surprise de retrouver un linge plus blanc que blanc !

Fini la corvée du repassage !

Pour les allergiques au fer à repasser ! Annulez la fonction « essorage » de votre lave-linge et sortez le linge détrempé du tambour. Étendez-le ensuite tel quel, dehors. Le poids de l'eau lissera tous les plis ! Bien sûr, cette méthode est à éviter avec certains vêtements qui passeraient d'un 38 à un XXL !

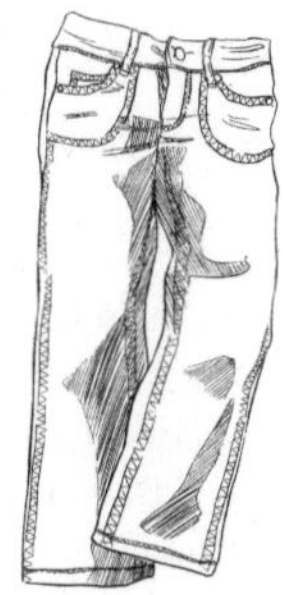

Défroisser un vêtement

Vous avez porté votre pantalon 2 heures hier et le voilà tout froissé. Le mettre au pressing pour si peu ? Pas question ! Pour le défroisser, il existe une astuce toute simple. Vaporiser dessus un peu d'eau et laissez sécher à l'air ambiant. Vous pouvez le porter une deuxième fois !

Sécher les pulls en laine

Nombre d'entre nous se sont déjà fait avoir : un pull en laine joliment cintré étendu sur un sèche-linge se détend... Pire, il finit carrément en nuisette. Pour éviter cela, placez le pull entre deux serviettes éponge et passez dessus un rouleau à pâtisserie. Séchage accéléré et forme du pull préservée.

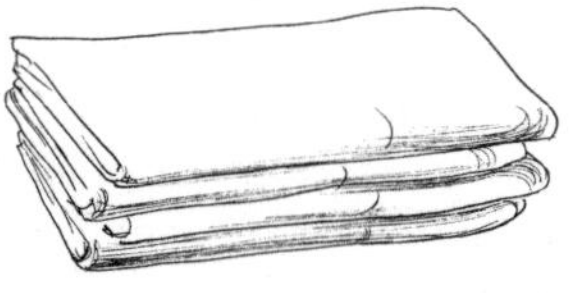

Des épinards pour la laine

L'écharpe noire que Grand-mère vous a tricotée est indémodable. Vous l'adorez. Seulement voilà, vous craignez que le noir passe au lavage... Mais c'est sans compter sur l'astuce que Mamie vous a glissée à l'oreille lorsqu'elle vous l'a offerte : la laver dans l'eau de cuisson des épinards !

Contre les marques de fer

Vous n'avez pas réglé le fer à repasser sur la température adéquate... Résultat ? Une traînée jaune est apparue sur la chemise blanche de votre homme. Pour la faire disparaître, frottez la trace avec de l'eau additionnée d'un peu d'eau oxygénée. Une fois la chemise rincée, mouillez la tache et saupoudrez de sel fin...

Lingerie en salade

Dentelles et passementeries ne s'entretiennent pas à la légère. Pour prolonger la vie de votre lingerie, et si le soleil est aux abonnés absents, préférez un tour dans l'essoreuse à salade plutôt que dans votre sèche-linge... Vos sous-vêtements fragiles vous en remercieront.

Le coton noir qui dure

L'entretien des vêtements noirs, on le sait, nécessite un lavage sur l'envers. En revanche, ce que l'on sait moins, c'est que pour prolonger l'intensité du noir, mieux vaut opter pour quelques gouttes de liquide vaisselle que pour de la lessive, qui contient souvent des agents blanchissants.

Tache de vinaigrette

Grand-mère vous a appris à faire la meilleure des vinaigrettes. Et elle vous a également appris à la nettoyer si, par malheur, vous la renversiez sur votre beau chemisier ! Ironie du sort, c'est l'eau vinaigrée qui éliminera pour sûr les taches de vinaigrette. Frottez avec une éponge, la trace ne devrait pas faire long feu.

De la bière pour le noir

Si votre jupe noire préférée est un peu passée… Si votre tee-shirt noir en coton préféré fait grise mine : inutile de les transformer tout de suite en chiffons à poussière. Lors du lavage, ajoutez plutôt de la bière à la dernière eau de rinçage : résultat garanti, il ressortira comme neuf !

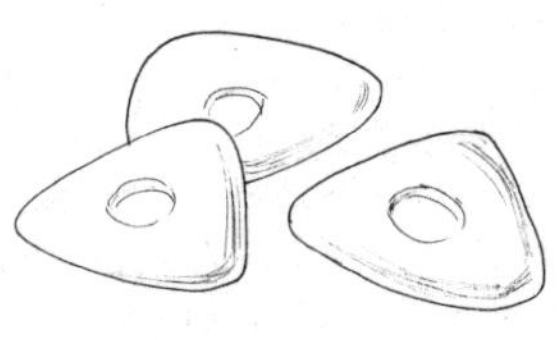

Tache de savon

Le savon a tendance à laisser des auréoles sur le tissu. Comment les éliminer ? Faites comme Mamie, qui avait toujours une bouteille de vinaigre sous la main. Elle employait du vinaigre pur, bien chaud, sur les marques. Puis elle lavait le vêtement normalement pour enlever l'odeur nauséabonde.

Des poignets de chemise parfaits

Vos poignets de chemise ont tendance à griser bien rapidement. Avant le passage en machine, pensez à les frotter avec un mélange de vinaigre blanc (2/5) et de bicarbonate de soude (3/5). Laissez agir cette pâte 30 minutes, puis procédez au lavage normal. Cela empêchera que les traces ne se fixent.

Tache sur du cuir

Le cuir est une matière délicate dont il faut prendre soin. S'il vous arrive d'avoir une tache sur vos vêtements ou vos chaussures en cuir, brossez-les et mouillez-les à l'eau savonneuse. Passez ensuite un peu de vinaigre blanc dilué avec de l'eau sur les taches. Rincez, laissez sécher, puis cirez.

Tache d'encre

L'encre a la réputation de laisser de vilaines traces, difficiles à faire partir... Heureusement, Mamie a toujours la solution à tout ! Elle trempait tout d'abord la tache d'encre dans l'eau froide. Puis elle apposait du papier absorbant imbibé de vinaigre blanc, jusqu'à ce que la marque s'en aille complètement. Attention, ne mettez pas de sel dessus, cela fixerait la tache !

Des cols de chemise parfaits

Avec la chaleur, vos cols de chemise en font les frais. Que ce soit la sueur qui laisse des traces ou le fond de teint qui coule, ils sont en piteux état ! Trempez le col dans de l'eau bien froide, puis frottez les marques avec une éponge imbibée d'eau vinaigrée. Si cela ne suffit pas, ajoutez-y un peu de liquide vaisselle.

Tache de feutre

Votre bambin vous a subtilement emprunté vos marqueurs pour aller gribouiller dans son coin. Résultat : son tee-shirt est maculé de traces de feutre ! Vous saviez comment cela allait finir… Pour en venir à bout, une solution : le vinaigre blanc. Tamponnez-en les marques avec du papier absorbant.

Tache de chewing-gum

Ne vous acharnez pas à enlever du chewing-gum sur un vêtement s'il n'est pas encore bien sec. Vous le ferez durcir en appliquant un glaçon dessus. Mais une fois enlevé, comment faire partir l'auréole restante ? Grâce à de l'eau vinaigrée ! Bien froide, et si la marque ne part toujours pas, brûlante.

Tache d'œuf

Vous vous préparez à manger votre délicieux croque-madame, mais il a préféré filer tout droit sur vos genoux. Vous voilà avec de belles taches de jaune d'œuf ! Retirez l'excès avec la lame d'un couteau, puis frottez la tache avec de l'eau additionnée de vinaigre blanc, ce qui éliminera par la même occasion l'odeur de l'œuf.

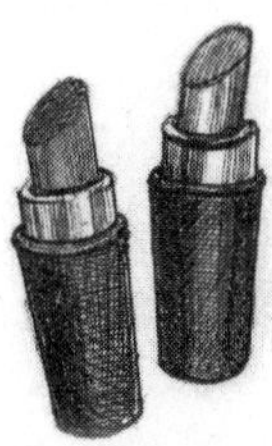

Tache de rouge à lèvres

Votre rouge à lèvres favori, c'est le rouge vif ! Et une marque rouge sur un chemisier blanc, ça n'est pas très discret. Grand-mère connaissait le moyen de la faire partir : elle la frottait avec un mélange à parts égales d'eau et de vinaigre blanc. Puis elle procédait à un lavage normal pour éliminer la forte odeur.

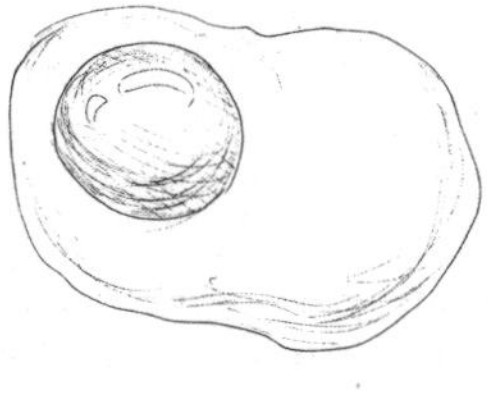

Tache de boue

Même si grand-mère vous l'interdisait, sauter dans les flaques d'eau petite était votre passe-temps favori. Vous vous retrouviez avec vos bottes et vos habits pleins de boue. Mais Mamie savait faire disparaître les taches : elle laissait d'abord la boue sécher, puis brossait le surplus. L'auréole restante partait avec un mélange d'eau froide et d'un peu de vinaigre blanc.

Mauvaises odeurs dans les chaussures

Plus il fait chaud et plus les chaussures sentent mauvais avec les fortes odeurs de transpiration ! Une fois imprégnées, difficile de les éliminer. Mamie va vous aider : nettoyez l'intérieur de vos chaussures avec un chiffon imbibé d'eau vinaigrée. Laissez sécher : plus besoin de vous boucher le nez !

Faire briller ses chaussures

Vos chaussures en cuir ont triste mine ? Lustrez-les avec du vinaigre blanc. Versez-en sur un chiffon doux et frottez-les avec. Finissez en essuyant avec une peau de chamois. Vous pouvez également utiliser le vinaigre de vin : versez un peu de vinaigre dans de l'eau et lavez vos chaussures avec cette eau. Laissez sécher naturellement.

Tache de rouille

Vous venez de bricoler dans votre jardin et vous voilà avec de belles traces de rouille sur vos vêtements. Mouillez les taches avec du vinaigre de vin, puis versez du sel dessus. Frottez, puis laissez sécher au soleil. Lavez ensuite vos vêtements à la machine et ajoutez 50 cl de vinaigre dans l'eau de lavage et les traces disparaîtront.

Entretien du daim

Les chaussures en daim ont tendance à s'abîmer facilement, le daim étant fragile. Vous ferez partir les taches à l'aide d'une brosse à dents à poils souples trempée dans du vinaigre blanc, sans trop appuyer. Après séchage, brossez avec une gomme à daim. Quant au vinaigre de vin, il ravivera les couleurs du daim. Passez sur vos chaussures une éponge imbibée de ce dernier.

Tache de déjections

Les déjections d'oiseaux ou encore les chiures de mouches peuvent faire bien des dégâts. Utilisez les propriétés du vinaigre blanc pour venir à bout de ces taches nauséabondes. Enlevez le surplus, puis frottez les marques avec un chiffon imbibé de vinaigre blanc.

Tache de cire de bougie

Vous avez fait couler de la cire de bougie sur votre robe ? Le bougeoir qui se renverse, la cire qui coule sur la nappe et patatras qui finit sur vos genoux. Retirez la cire incrustée dans le tissu en la faisant chauffer au fer à repasser, après avoir déposé du papier absorbant sous la zone concernée. Faites partir l'auréole restante avec un mélange d'eau et de vinaigre blanc : frottez !

Auréoles sur les chaussures

C'est l'hiver et vous avez passé la journée les pieds dans la neige ? Résultat : vos chaussures sont maculées de taches blanches dues au sel versé sur les trottoirs. Versez 1 cuillère à soupe de vinaigre blanc dans 20 cl d'eau. Imprégnez un torchon doux de cette préparation et frottez les marques avec. Laissez sécher naturellement : vos chaussures sont comme neuves.

Tache de sang

Les taches de sang sont des plus tenaces. Pour en venir à bout, un seul mot d'ordre : la rapidité. Ne laissez pas sécher la tache et occupez-vous-en aussitôt. Passez-la sous l'eau bien froide (l'eau chaude la fixerait) pour enlever le plus gros. Puis frottez l'auréole restante avec du vinaigre de vin ou du vinaigre blanc dilué avec de l'eau.

Tache de confiture

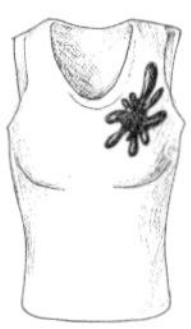

Vous vous régalez avec la bonne confiture de votre grand-mère, si bien que vous finissez par en mettre partout ! Vous ferez partir les taches de confiture en enlevant tout d'abord le surplus avec la lame d'un couteau, puis en y passant de l'eau bien froide, additionnée d'un peu de vinaigre blanc.

Tache de sauce

Que ce soit de la sauce tomate, sauce barbecue, sauce bolognaise… c'est gras, ça tache et c'est tenace ! Frottez la tache avec du vinaigre, puis avec un peu de liquide vaisselle. Mettez le vêtement à laver en ajoutant à l'eau de lavage 20 cl de vinaigre blanc.

Tache de bière

Un coup de coude malencontreux et c'est votre bière qui vole et finit sur votre tee-shirt. N'attendez pas pour vous occuper de la tache laissée : rincez-la à l'eau gazeuse, puis frottez-la avec une éponge imbibée de vinaigre. Frottez ensuite avec un peu de liquide vaisselle dilué dans de l'eau froide ou tiède.

Trace de brûlure légère

Faire le repassage, vraiment, ce n'est pas votre tasse de thé ! Vous avez malencontreusement fait chauffer votre fer à repasser à trop haute température, ce qui a causé de légères traces rousses sur votre chemisier. Comment le rattraper ? Imbibez un linge de vinaigre blanc et frottez les marques avec. Tamponnez ensuite avec un chiffon sec. Recommencez jusqu'à disparition des traces.

Entretien du satin

Le satin est un tissu fragile à manier avec précaution. Pour laver vos vêtements en satin, préférez un lavage à la main, à 30 °C. Ne les frottez pas, au risque de les abîmer. Faites deux rinçages : un premier à l'eau tiède, le second à l'eau froide, dans laquelle vous ajouterez quelques gouttes de vinaigre blanc. Ce dernier leur redonnera du peps et empêchera le ternissement des couleurs.

Pulls raplapla

Vos pulls en laine s'abîment inévitablement avec le temps. Ils boulochent, deviennent rêches et ont triste mine ! C'est là que Mamie intervient avec son ingrédient magique. Diluez 10 cl de vinaigre dans l'eau de rinçage de vos pulls. Ils retrouveront forme et douceur en un clin d'œil !

Le linge de bébé

Le bicarbonate de soude est idéal pour laver le linge de bébé. Il écarte tout danger d'irritation et d'allergie, contrairement à certaines lessives. Le bicarbonate de soude étant naturellement présent dans notre organisme, le corps de bébé ne l'identifiera pas comme une substance étrangère et nocive. Ainsi, il ne risque pas d'avoir de réaction à ce produit.

Auteurs : Élodie Baunard, Virginie Poussin, Sonia de Sousa, Sandrine Coucke-Haddad

EDITIONS ESI

60, rue Vitruve, 75020 Paris
Imprimé en République tchèque par Finidr